只要改變開始發生，
改變就會不斷發生。

只要改變開始發生，
改變就會不斷發生。

夢的實踐4

MAPS種子教師教學現場紀實

第四屆 MAPS 種子教師作者群

第四屆「MAPS 教學法推廣計畫」有四十八位種子教師，本書匯集其中十五位種子老師所提供的實證解方：

丁思與

丁丁老師、思路清晰、與時俱進。畢業於國立臺北教育大學課程與傳播科技研究所。認為身為一位教師要能運用「思路清晰」的頭腦，掌握學科本質的內容、看見學生的差異，照顧每位學生的學習需求。不斷「與時俱進」的將各項新知運用於課堂中，使得教學更貼近學生的生活經驗。現任教於新北市板橋區文德國民小學。FB、YouTube：「丁丁老師的教學叮叮噹」。

孫靖婷

一位初出茅廬的小菜鳥，對任何事物都充滿好奇，雖然畢業於教育系，卻選擇就讀法律研究所；在工作上不斷尋求更好的教學方法，喜歡將 iPad 學習融入課堂，也開始嘗試 MAPS 教學。這位有著多元興趣的老師，希望將多方探索的學習熱忱帶給學生。現任教於臺北市萬華區新和國民小學。

蔡惠玉

教書三十六年，熱愛教學工作，同時對於學習增能樂此不疲。教學生涯幾乎都擔任高年級導師，在閱讀與寫作上不斷進修、研習與創新。推廣讀經教育近二十年，連續十一年申請讀報實驗班，在校內外推廣讀報教育與讀寫合一的創新教學。曾榮獲新北 super 教師評審團特別獎殊榮。現任教於新北市板橋區文德國民小學。

黃郁珊

被學生暱稱為「玉山老師」的她，喜歡學生樂學時眼中的光芒，總絞盡腦汁把課堂變有趣，但更希望學生學得有趣又「有效」。因為常帶學生寫作，總被誤以為是語教系，實際是初教系畢業的她，為了教好國語，從夢N一路挺進 MAPS 種子教師的殿堂，誓言用暖身題引出學習興趣、基礎題紮深學習基底、挑戰題激起學習花火，當孩子語文學習的「護國神山」。現任教於桃園市楊梅區楊光國中小小學部。

葉翠婷

臺南人，一位喜愛繪畫的老師。自小受到小學老師的啟蒙，立志成為老師。秉持著用愛關懷孩子柔軟的心，以多元的教學方式，讓孩子從體驗中得到自信並認識這個世界，啟發他們對學習的興趣。在新北鷺江國小開始 MAPS 之旅，在二〇二三年來到了彰化，期許未來能讓 MAPS 的學習旅程，陪伴更多的孩子，一直延續下去。現任教於彰化縣彰化市大竹國民小學。

陳美珠

由鋼構界跨入教育，雖是偶然興起，卻真有意思——課程設計得燒腦有挑戰，有意思；教育現場與孩子鬥智，不同潛質不同策略，變招玩，總能收到意想不到的火花綻放，令人百玩不膩——教與學，玩真的，就是過癮！不畏過去的不足，不懼未來的挑戰，有夥伴有孩子們相陪，成長、學習就是這麼幸福、有趣！現任教於雲林縣元長鄉和平國民小學。

陳綵菁

「綵裳翩翩繪教育菁華」——熱愛學習，喜歡探索，不怕改變，是對自己的期許。教師是有趣又幸福的工作，每日都有挑戰要迎接，有難題要解鎖，還有爆笑與溫暖的時刻。感恩教育路上遇見的貴人，感謝生活裡的小確幸，感受孩子與自己的成長更是不變的日常。相信持續耕耘定能看見更多美景。現任教於嘉義縣布袋鎮布袋國民小學。

徐紫庭

熱愛教學，堅持走在這條名為教師的路上，喜歡在各種課程中嘗試不一樣的活動，也喜歡挑戰跨領域事物，並將生活融入教學中。在教學旅程中最有成就感的莫過於學生熱愛國文課的回饋，以及看見學生在學習路上的成長。現任教於新北市板橋區中山國民中學。

林育玫

北冥有魚名鯤，離水而起化為鵬，摶扶搖直上九萬里……年輕時讀〈逍遙遊〉，表淺的欣羨其靈變不羈；年逾不惑，在羊咩老師「心打開了，你才有機會蛻變成各種樣子」的註解下，切身體認到詮釋事物的方式多元——教學亦是如此！多年來練習突破思維框架，用憨膽將自己拖離舒適圈（雖然偶爾還是想偷懶），想看看自己究竟能鍛鍊至何種模樣？現任教於桃園市中壢區內壢國民中學。

沈賜宏

不是在教學就是在學習的路上，喜愛品味文字，更愛閱讀人生。以文學為索，見識為杖，和學生一同攀援成長的崎嶇，翻越學習路上的盈虛。立志陪伴每一位孩子在未來的汪洋中，探查航行的方向。成就每一位孩子，也豐富自己的生命風景。現任教於臺中市北屯區北新國民中學。

許鈴佑

因為MAPS，開始致力讓課程設計像是創作推理小說：在每回特定的文本情節中組織推理架構，讓學生成為解謎的偵探，從事件表象的觀察中，發現懸疑並尋找線索，經由連串的推論與辯證揭曉事件真相。也因為 MAPS，開始學習斂藏，讓學生成為課堂主角，在每回的偵察任務中漸次具備身為高級讀者的能力。現任教於臺中市北屯區北新國民中學。

官容任

來自臺北市文山區木柵國民中學。希望透過每日備課與練習講述的基本功，成就更精彩的課堂，讓師生都能從累計後的新起點開始相乘。在國民教育的最後階段，給孩子帶著走的能力。不管他們將要去哪個領域發展，都能擁有以言語或文字來表達與溝通的能力，在未來為自己解決問題。

林岑璟

一位從學生時代至今都遇到貴人老師的幸運兒，受挫時也總是被學生們鼓舞到，可能注定要走完這條春風化雨教師路。期許自己保持高顏值外，更能妥善運用 T-MAPS 優化課程，並帶著愛，陪學生走一段他們的故事。現任教於桃園市八德區八德國民中學。

葉憬忠

畢業於國立東華大學中國語文學系。喜歡閱讀以及探索各種學習，也希望透過各種研習精進，將所學化用於課堂。學習具有多重樣態，一如孩子擁有的多元天賦，更需要師生一同探索、開啟。相信教學是師生共創的歷程，在拋接的對話中，產生知識的火花，讓學習產生意義。現任教於花蓮縣花蓮市國風國民中學。

周盈均

熱愛文學，喜愛分享。畢業於銘傳大學應中所，教學理念來自於銘傳創辦人——「人之兒女，己之兒女」。遇見 MAPS 教學，看見教育的無限可能——在體制內保有彈性，在學生的表現中找到發展的可能性，看見每個學生的天賦。期許自己永保初衷，勇於創新。現任教於南投縣中寮鄉爽文國民中學。

（以上依篇目順序排列）

目次

● 總策劃序：十年磨一「見」 008

● 【國小領域】

1 **丁思與／i的MAPS：iPad在MAPS課堂的教與學**
- ☀ 山中大叔導讀 011
- ◆ 初衷，仔細寫下報名原因 012
- ◆ 頓悟，有效教學就是這樣 012
- ◆ 實踐，加入科技更上層樓 014
- ◆ 未來，無與倫比的美麗 022

2 **孫靖婷／我和孩子的MAPS奇幻航程**
- ☀ 山中大叔導讀 023
- ◆ 不知如何航行的那段日子 024
- ◆ 開著MAPS之船乘風破浪 025
- ◆ 朝著偉大的航道持續前行 034

3 **蔡惠玉／我的MAPS築夢之旅**
- ☀ 山中大叔導讀 035
- ◆ 追夢緣起 036
- ◆ 為夢出發 036
- ◆ 築夢踏實 040
- ◆ 擁夢翱翔 044

4 **黃郁珊／從「誤」人子弟到「悟」人子弟——我的MAPS教學歷程**
- ☀ 山中大叔導讀 049
- ◆ 當老師後才開始學當老師 050
- ◆ 改變的起點 051
- ◆ 一直走在實踐的路上 053
- ◆ 跟著MAPS繼續走 060

5 葉翠婷／走在 MAPS「教與學」的路上
☀ 山中大叔導讀 063
◆ 尋找「教與學」的方向 064 ◆ 探索「教與學」的道路 064
◆ 實踐 MAPS「教與學」的努力 065 ◆ 繪製獨特「教與學」的地圖 073

6 陳美珠／語文、跳躍、MAPS
☀ 山中大叔導讀 075
◆ 機緣來自分享 076 ◆ 實踐歷程——我的 MAPS 課程包 076 ◆ 帶著感謝與希望前進 090

7 陳綵菁／MAPS 如曙光，為我照亮教育前方
☀ 山中大叔導讀 091
◆ 尋覓前行的跡，自省穿越迷霧 092 ◆ 踉蹌歪斜的徑，擁抱信念如炬 093
◆ MAPS 的壯遊，持續揚帆出航 106

● 【國中領域】

1 徐紫庭／讓 MAPS 從「心」開始
☀ 山中大叔導讀 107
◆ 初遇的悸動 108 ◆ 相知的充實 109 ◆ 相惜的感動 115

2 林育玫／MAPS，教學上最美好的努力
☀ 山中大叔導讀 119
◆ 初聞 MAPS 時的問題 120 ◆ MAPS 黃金圈 121 ◆ MAPS 備課日常，是最美的努力 134

3 沈賜宏／以 MAPS 為路引：看見語文教學中的山與海

☀ 山中大叔導讀 135

◆ 與 MAPS 相遇在山海之間 136 ◆ 與學生心中的山與海交會 141 ◆ 與學生們攜手前行山海間 150

4 許鈴佑／從暗黑料理到米其林——打開教學聚光燈 MAPS！

☀ 山中大叔導讀 151

◆ 眾裡尋它：從發散到收斂的迷茫 152 ◆ 醍醐灌頂：有意識的立體設計與教學 154

◆ 八方百味：創造層次鮮明的學習體驗 156

5 官容任／我的 MAPS 實踐歷程

☀ 山中大叔導讀 163

◆ 現實的考驗 164 ◆ 量變而質變 165 ◆ 邁向新起點 172

6 林岑璟／厚積薄發的共感 T-MAPS

☀ 山中大叔導讀 175

◆ 夢的開始 176 ◆ 夢的實踐——T-MAPS 教學實踐歷程 176 ◆ 夢的延續 188

7 葉憬忠／有意識的教與學：讓 MAPS 長在「自己」的手中

☀ 山中大叔導讀 189

◆ 雲深不知處 190 ◆ 撥雲見霧 191 ◆ 踏霧前行 202

8 周盈均／走入 MAPS 帶一片風景走

☀ 山中大叔導讀 205

◆ 羈鳥戀舊林 206 ◆ 路轉溪橋忽見 207 ◆ 坐看雲起時 209

◆ 橫看成嶺側成峰 209 ◆ 千錘萬鑿出深山 215 ◆ 仁者樂山，智者樂水 219

總策劃序

十年磨一「見」

二〇二三年是MAPS創發的第十年，也是圓夢的一年。

因為MOXA的一路支持，MAPS種子教師培訓計畫完成了第一個五年，與此同時，二〇二二年底，我們舉辦了第一次MAPS核心講師的共識營，凝聚了彼此的信念，規劃了未來五年的藍圖。先是在二〇二三年七月舉行了第一屆MAPS講師認證培訓工作坊，確立了MAPS講師的願景與核心目標，讓中小學MAPS夥伴真正的成為了一個團隊；同時，更激動的是：MAPS官方網站終於上線了！這個網站匯聚了MAPS團隊的眾人心力，在MOXA的全力支持之下，我們花了十個月，歷經無數會議，團隊夥伴們在家務、課務、校務之餘，犧牲休息時間彙整資料、繪製圖卡、收集教案、撰寫QA、學習上傳等等，同心協力、無酬無私的建置了MAPS的家。

這個網站一定會為臺灣的中小學老師帶來無與倫比的貢獻，造福更多臺灣中小學的孩子，這是多麼令人振奮與激動的一個夢想成真時刻！

二〇二三年，更是MAPS邁向4.0的一年，我們向全臺灣展示了T-MAPS。

什麼是T-MAPS？

二〇二二年，我受邀參加某教育科技企業辦理的年會，擔任開幕演講者。會場氣氛歡愉而溫暖，接待細節隆重而氣派，看著滿座眾多中小學現場教師——多數被該企業認證或培訓成為旗下教學軟硬體品牌的講師，我還是決定照著我準備的演講內容，提出我的建議。

「你或許可以岸上旁觀數位浪潮，但你無法在疫情海嘯裡閃躲奔逃。」這是我的開場白。

過去，一個好老師被要求的基本功是：PCK俱足。

PCK俱足意指一個老師能夠清楚掌握學科知識內容（CK），也能理解並熟練各種教學法或學習策略或運課技巧的操作技術（PK）。能遇上這樣的老師，在數位浪潮來臨之前，是家長與學生的福氣。

隨著浪潮來臨，PCK老師面臨了TK的挑戰。

TK指的是運用科技工具或網路資源輔助教學的思維與能力，能夠熟練TK的老師，更能協助與帶領數位原住民的這一代孩子面向世界學習，更能克服城鄉學習資源差距，我想，沒有人，或者說沒有任何一個老師可以否認 TK 的必要性。

但教學現場的事實是：多少老師仍心存觀望？多少學生仍看得到用不到？多少平板或大屏只能用來看影片？

後來，疫情海嘯席捲而來，老師再也不能觀望了，誰都無法從線上線下同步非同步的教學新模式裡閃躲奔逃。

各家公司紛紛搶食這塊市場大餅，不論是從商業會議模式轉進教育模式的品牌，或者是教育本業起家，自願或非自願走進科技服務的企業，都開始嘗試整合軟硬體開發或推出能夠滿足（代勞？）教師遠距線上教學的產品。

於是乎，TK 成了顯學，網路同溫層精彩熱鬧，透過各種商業或微商業模式，大舉面向主要客群——親師生，展開行銷與影響。

我不予置評各種模式，我只在乎老師是否清楚明白與掌握自己的主體性。

只有 PCK，雖然多數學生還是能在實體課堂上，透過精彩講述獲得該獲得的學習內容，但疫情來襲，數位技能與線上策略的必須，已經無法讓這類老師置身事外，後疫情時代更是如此，面臨 TK 挑戰，的確需要與時俱進：只有 CK 與 TK（TCK），就是科技硬著陸，沒有考慮不同學科不同年段不同學習目標的各種教學設計，為了科技而科技，課堂成了科技產品軍火庫，沒有設計的教學內容是盲的，教與學容易

掌握PCK，能深入淺出教學
但面臨後疫情時代科技挑戰的好老師
教學法知識
(PK)
學科內容知識
(CK)

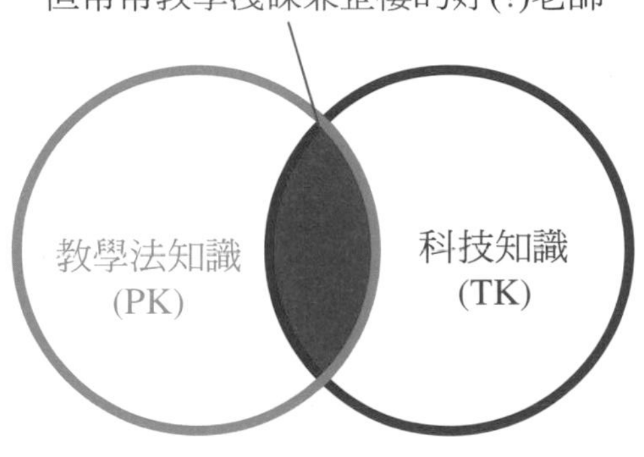
追求TPK，能求新求變教學
但常常教學淺碟兼歪樓的好(?)老師
教學法知識
(PK)
科技知識
(TK)

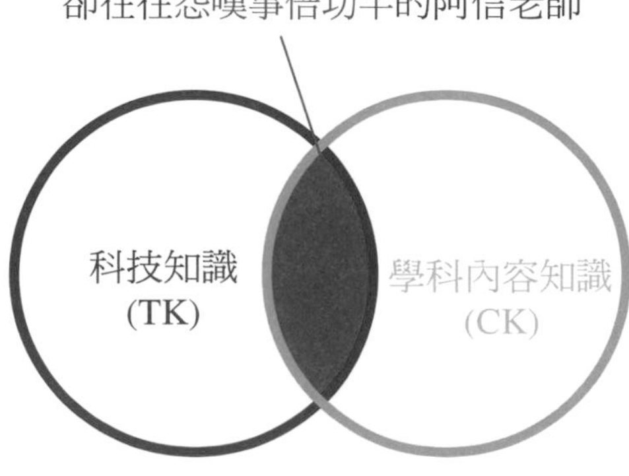
精進TCK，能與時俱進教學
卻往往怨嘆事倍功半的阿信老師
科技知識
(TK)
學科內容知識
(CK)

事倍功半，往往讓老師心累，怨嘆自己一片真心換來孩子學不好的絕情回應；只有 TK 與 PK（TPK），就是類教學，類素養。類就是沒有，這樣的教學充其量只是失焦或多焦的教學，學生的學習是歪樓的，在遊戲換裝特效工具包的熱鬧一節課之後，犧牲的是孩子需要的實實在在的深化的學習，這是極其危險的教學現場大災難。

「你 TPACK 了嗎？」我這樣結尾。

聚焦 CK，對焦 PK，柔焦 TK，教學不失焦，就是 TPACK。

你 TPACK 了嗎？

這不僅是對臺灣中小學老師的叩問，也是對 MAPS 的叩問。

MAPS 一路走來一向自詡 PCK 俱足，我也看見許多夥伴在課堂上勇敢嘗試許多數位工具融入 MAPS，讓教學效能更好。與其零星的單打獨鬥，MAPS 更在乎團隊作戰，於是我在二〇二三年初正式提出 T-MAPS。

T 有三個涵義。其一是 TK——數位整合 MAPS；其二是 Transform——數位在 MAPS 的整合層次不僅是強化教學效能與技術，更期待為教學現場帶來教學思維與設計的轉化；其三是 Taiwan——代表 MAPS 的臺灣在地精神。

二〇二三年七月的 MAPS 講師認證工作坊，所有與會的二十八位夥伴一起認識並承擔起開發、設計、實踐與傳播 T-MAPS 的任務，這是 MAPS 4.0，是未來臺灣教學與世界接軌的必經之路。

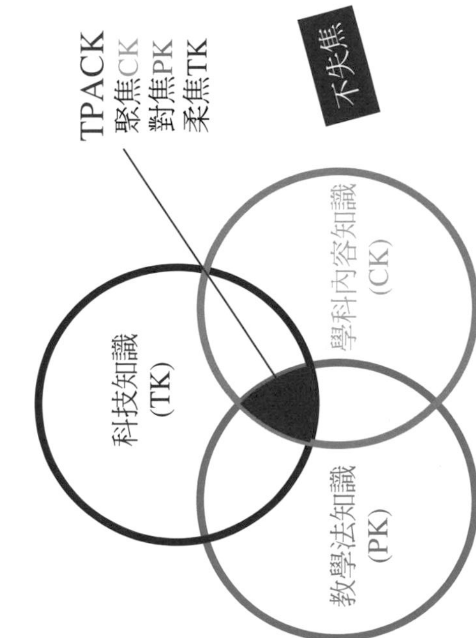

多麼精彩的二〇二三年，也是 MAPS 創發的第十年，十年磨一「見」，我們一起讓臺灣更多夥伴看見 MAPS 的好，一起讓世界看見 MAPS 的與時俱進。

【國小領域】

1

丁思與／i的 MAPS：iPad 在 MAPS 課堂的教與學

新北市板橋區文德國民小學

山中大叔導讀

丁丁老師渴望成為一位能教孩子如何學習的老師，使他們能夠將所學應用於未來的生活中。

MAPS 的訓練讓她發現基礎題設計的重要，理解文本分析需要練功，才能有效幫助學生理解課文的結構和內容；數位工具是丁丁的強項，她利用科技工具如 Keynote 和 iPad，整合 MAPS 融入課堂，使學生更具互動性，並能夠即時檢視學生的進度和作業。

科技更給力，MAPS 超有力，課堂風景越來越美麗。

◆初衷，仔細寫下報名原因

給孩子魚吃，不如教孩子怎麼釣魚。一直以來，我都期許自己能成為「教孩子如何學習」的老師，讓孩子學會學習的策略與方法後，能將所學應用在未來的生活中。

這天，一位積極進取的同事——惠玉老師，來我的班上問我：「要不要報名MAPS種子教師？暑假時一起去上課！」由於之前就有聽說過MAPS教學法，在我的國語課堂中也總會帶著學生畫心智圖，只是一直以來我都覺得無法很有系統與脈絡的教學生基於文本畫出心智圖。於是，我便立刻仔細的寫下為什麼想要報名MAPS的原因，勇敢寄出報名表，並期待收到錄取信的那一天……

◆頓悟，有效教學就是這樣

幸運的收到錄取工作坊的通知，倒數著暑假參與工作坊日子的到來。無奈受到疫情的影響，工作坊延至隔年的暑假辦理。一直以來，經常聽到與看到大家分享的MAPS提問設計，都是「暖身題－基礎題－挑戰題」，便以為教師在設計提問時也要按照這樣的順序來進行設計。

沒想到工作坊的第一天，就打破了我原本的「以為」，原來三層次提問是要先鞏固「基礎題」，提問設計首要是「基礎題」。基礎題是幫助學生文轉圖的核心，設計基礎題前必須先進行文本分析：讀懂文本，挑出訊息，接著將訊息進行分類，分類完後要找到相同主題，並將相同的主題進行收束，最後要轉成圖像（繪製出心智圖）。在工作坊實作的練習歷程中，大叔說的一句話令我印象深刻：「文本分析是一種選擇，沒有對錯，重點在有意識！」所以，老師要教學生心智圖，自己要先畫出心智圖，心智圖的繪製方法，呈現的就是老師的教學決定，也會影響到基礎題的提問。

基礎題的提問方向是「認識架構、訊息主題」，設計提問時會先設計Q0認識架構，讓學生得以對篇章全觀或對段落關聯有所了解。接著便根據心智圖的支線提問，一條支線一個提問，以Q1、Q2、Q3……為問題序號。要確定問題是否精準的好辦法就是每問出一個問題，自己先試著回答，一定要自己先回答得出來，不然學生一定也無法回答。設計暖身題時，提問的方向要能讓學生猜測想像出形式架構與內容主旨，連結學生的生活經驗，導入學習的情境脈絡，以便學生連結新舊經驗，更能對文本有感。設計挑戰題時，提問的方向要讓學生能從讀到寫，讀寫合一，對課文的觀點與想法進行探究，甚至能在班級經營與不同領域做跨域延展的教學。

三天紮實的學習，令我頓悟，啊！原來有效教學就是這樣！MAPS 是如此有系統的教學方法，三層次的提問環環相扣、層層堆疊！興奮的我，將所學整理成兩張圖卡，以便在設計三層次提問時，得以時時對照與檢視。

報名 MAPS 工作坊的原因？

1. 想要精進自己在課堂的教學，使國語課堂的教與學更有素養與品質。
2. 希望能教會學生帶得走的能力。

目前的課堂教學模式？

1. 預習課文。
2. 帶領學生標出自然段與歸納意義段。
3. 課文內容探究。
4. 心智圖。
5. 討論修辭。

希望在 MAPS 工作坊學到什麼？

1. 如何問出好問題。
2. 教學策略與方法。

參加 MAPS 工作坊後，想在課堂怎麼實踐？（簡述或條列）

1. 將學到的策略應用於教學，使學生能有更多刺激、互動、討論。
2. 將策略應用於 iPad 教學中。

▲我的 MAPS 種子教師報名表。

MAPS教學設計流程
內容｜大叔
製卡｜丁丁
讀懂訊息：讀懂文本 挑出訊息
發現關聯：訊息分類
收束主題：找相同主題
轉成圖像：心智繪圖
設計基礎題：走入文本 走出脈絡
設計暖身題：為基礎題醞釀 為挑戰題鋪墊
設計挑戰題
架構分類：寫作架構　文體相關　寫作通則／意義段落　訊息主題　單文個案
給架構標題讓學生切段落 v.+n. 給段落讓學生下標題
基礎題提問概念：問主題／問訊息／問主題+訊息
✓ 認識架構，為了挑戰題的讀寫合一
✓ 題幹埋入閱讀理解策略
✓ 答題模式切入 ✓ 來自文本分析
✓ 課堂處理心智圖的架構與主題
✓ 訊息課後處理：複習/內化/準備/口說
暖身題提問概念：
✓ 從標題猜測主題或想像內容
✓ 連結生活經驗
✓ 連結寫作架構或寫作手法新舊經驗
✓ 更多元的先備知識閱聽：影音資料/延伸知識
✓ 更多架構新舊經驗閱讀與運用
金句：文本分析沒有對錯，而是一種選擇！
挑戰題提問概念：
讀寫合一：詞語造句-句型仿寫-段落縮寫擴寫-觀點改寫-架構仿寫-主題作文
觀點探究：議題觀點-類文比較-主題閱讀-價值澄清-情意深化
跨域延展：連結在地-生活情境-班級經營

▲ MAPS 教學設計流程。

▲ MAPS 三種題型、目的、應用策略。

◆實踐，加入科技更上層樓

我對自己說：「學了，就要努力實踐！」在新學期開始之前，和四〇七小組共備夥伴們一起分工，一人負責設計二至三課的三層次提問，並將提問設計裝訂成一本閱讀理解教材，開學後就決定努力實踐。但回想加入MAPS種子教師的初衷以及學生每次拿到學習單哀嚎的表情，我便思考要如何結合科技，讓學生在課堂中能有更多刺激、互動與討論。於是乎，產出翰林版六上第一課〈印象花蓮〉的Keynote＋MAPS數位提問單。

什麼是Keynote？

Keynote是iOS系統用來製作簡報的APP，應用於教學中有以下優點：免上網、自動存檔、學生易上手、記錄學習歷程。教師設計完Keynote提問單後，透過iPad中的AirDrop，即使在沒有網路的狀況下，也能將Keynote數位提問單傳送給學生，學生便能在iPad上打開並開始完成三層次提問的任務。

基礎題：讀懂文本

設計提問前，老師要自己先畫出心智圖。為了讓

▲老師自己先繪製的〈印象花蓮〉心智圖。

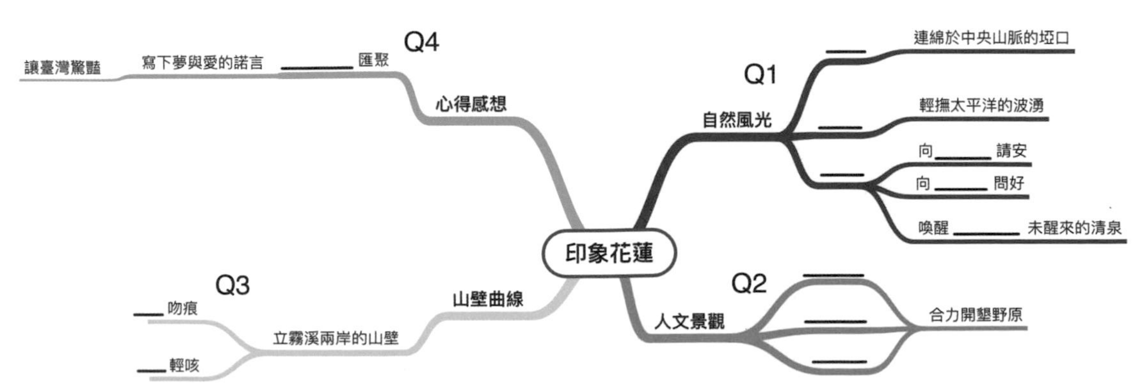

▲老師在心智圖上標上基礎題的題號並挖空。

學生可以習慣從提問中找答案，且難度不會太高，因此教師可以在一開始先將基礎題的題號標示在心智圖旁邊，讓學生一邊回答問題，一邊對照著心智圖，亦可將心智圖挖空讓學生填答，藉由標示題號和挖空的方式幫學生搭建鷹架，學生較容易進行心智圖的繪製。運用 Keynote 進行心智圖的繪製，可以讓學生在討論的歷程中隨時修正與移動答案，再加上「繪圖」的功能，學生可以直接在 Keynote 中為心智圖加上與課文內容契合的插圖。

《印象花蓮》這一課為詩歌，因此在基礎題的設計中，我希望學生在認識架構時，可以對段落之間的關聯有所了解，能分辨意義段落，甚至能將意義段落命名。因此Q0的設計如下圖，透過字卡的可移動性和表格可輸入文字的功能，讓學生能更聚焦於思考問題、同儕討論上，當需要修改時，也能快速即時的進行修正。

Q1－Q4的設計則是隨著心智圖的支線提出問題。與紙本學習單不同的地方是用 Keynote 製作的數位提問單，再搭配強大的網路搜尋功能，讓學生根據文本找尋訊息時，也一併在 Safari 搜尋文本中提到的奇萊北峰、秀姑巒溪、太魯閣峽谷的樣貌與資料，讓學生更能感受到這些自然景觀的美。同時，搜尋資料時，可運用 iPad 的分割顯示功能，畫面可以呈現一半是 Keynote，一半是 Safari，當學生查找到自然景觀的圖片時，透過長壓著圖片，並拖曳至 Keynote 裡，便可讓圖片立即出現於圓形的圖框中。數位時代來臨，讓資料搜集與整理變得既方便又快速。

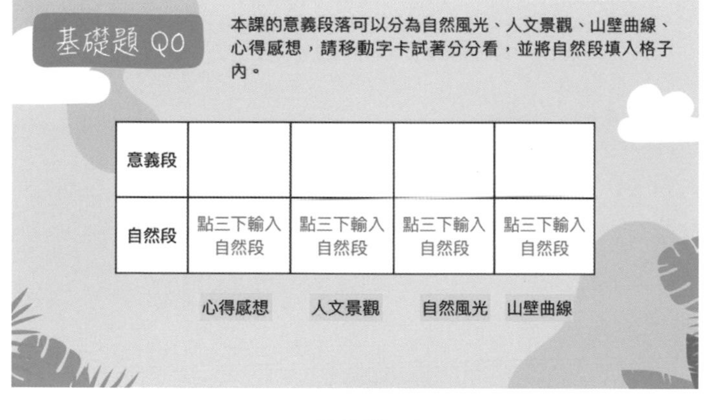

◀ Keynote 數位提問單設計——基礎題 Q0。

基礎題 Q0

本課的意義段落可以分為自然風光、人文景觀、山壁曲線、心得感想，請移動字卡試著分分看，並將自然段填入格子內。

意義段	自然風光	人文景觀	山壁曲線	心得感想
自然段	1～6	7～8	9～12	13～15

▶學生作品——基礎題 Q0。

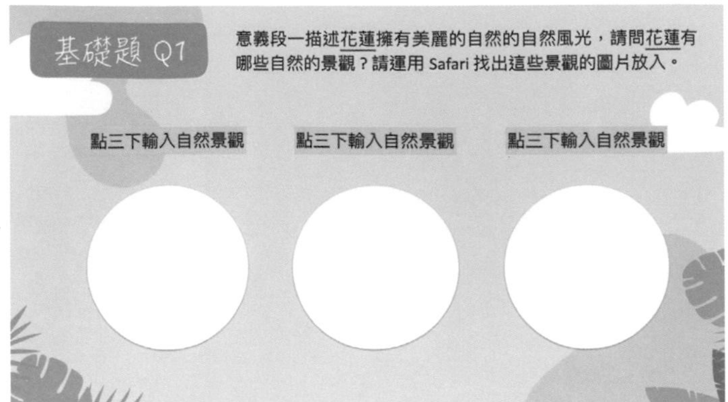

◀ Keynote 數位提問單設計——基礎題 Q1。

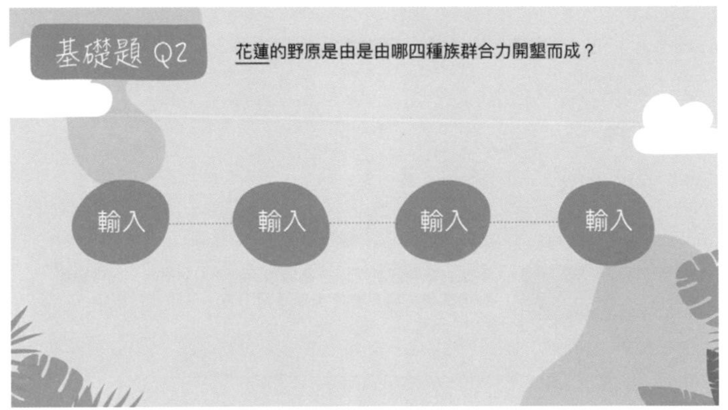

▶ Keynote 數位提問單設計——基礎題 Q2。

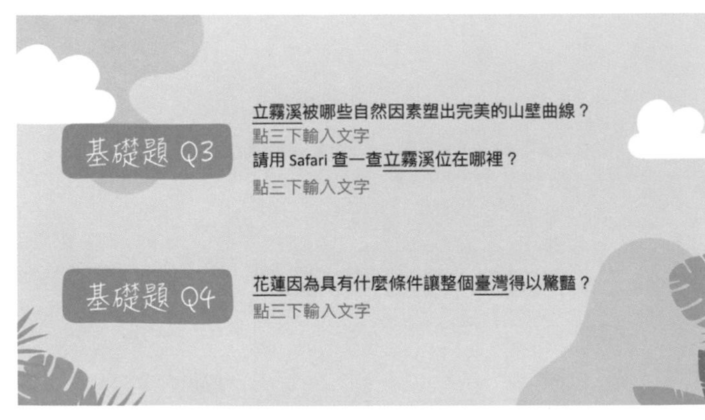

◀ Keynote 數位提問單設計 —— 基礎題 Q3、Q4。

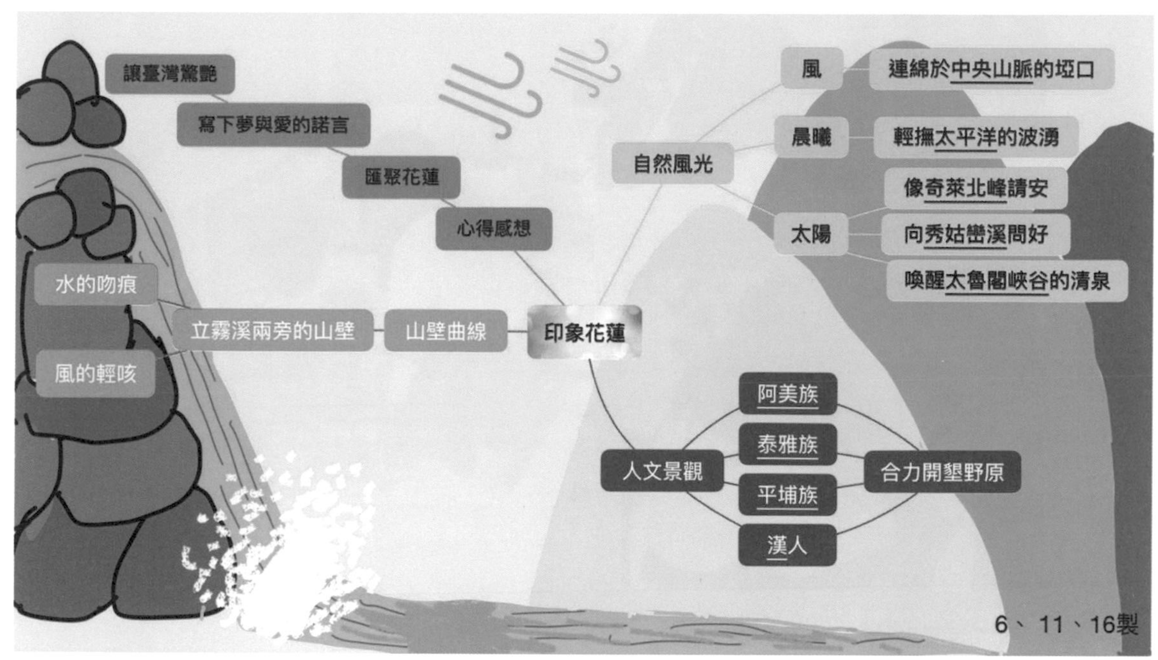

▲學生的心智圖作品。

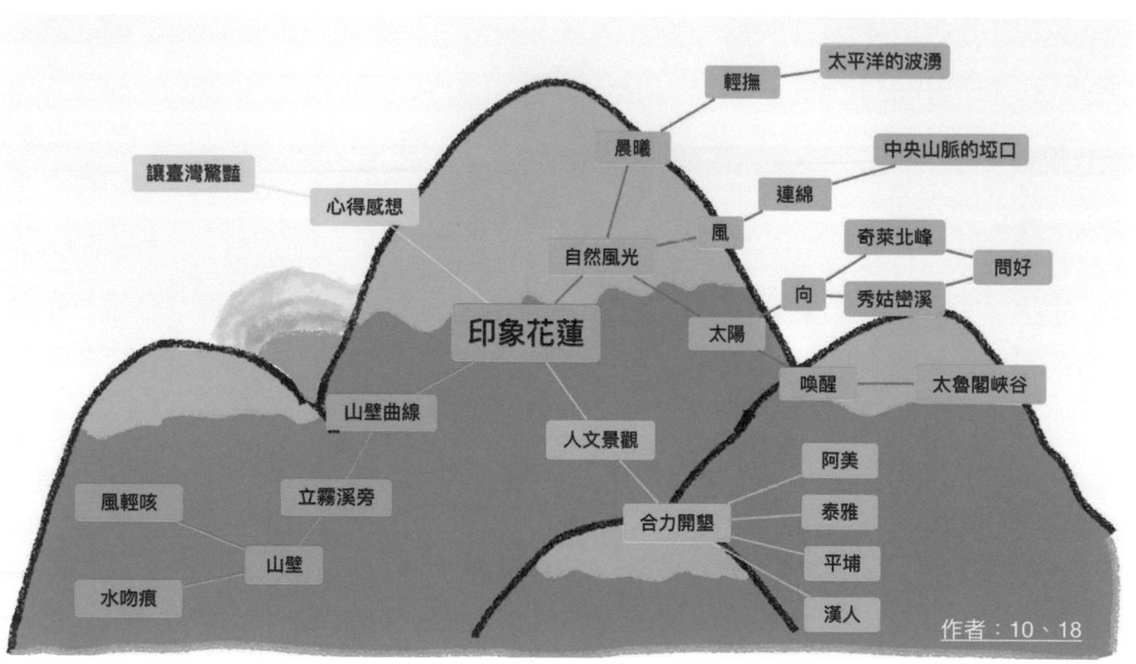

▲學生的心智圖作品。

▲同儕討論心智圖。

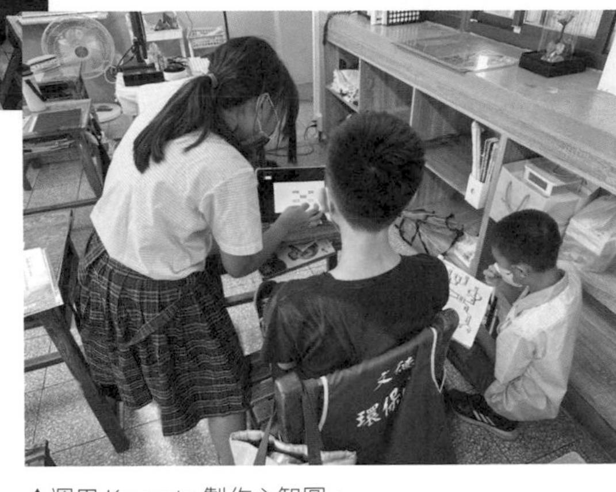

▲運用 Keynote 製作心智圖。

▲運用 Keynote 繪圖功能為心智圖加上圖畫。

暖身題：連結經驗

在設計暖身題時，想要讓學生猜測想像本課的形式架構與內容主旨，因此找了一首和本課同樣是在描寫花蓮的新詩補充，讓學生除了了解新詩的字數、句數、押韻以及表達方式未有限制之外，更讓學生從字、詞、句中去讀出對花蓮的認識。我以詩人楊牧的〈帶你回花蓮〉為教材，讓學生根據詩中的氣候、地形等推敲出原來楊牧的家鄉在花蓮，同時連結學生已學過的臺灣地圖舊經驗，一步步導入本課的情境，而有了Q1的設計。搭配 Keynote 裡的「繪圖」功能，讓學生圈出花蓮的地理位置，並使用「重點」的功能，將證據標示出來，讓學生學會從文本中找證據。

詩歌有四個種類，對於學生來說，舊有的閱讀經驗以新詩和近體詩居多。而高年級的學生，可以再帶領他們認識與學會樂府詩、古體詩、近體詩、新詩的異同，因此便有了Q2的提問。運用科技可以讓學生在新舊經驗並行時，善用網路學會搜尋資料，並且移動字卡做分類，當與同學所查找的資料不同或討論時的想法有異時，都可以迅速移動，立即修正。

挑戰題：讀寫合一

寫作一直以來都是學生的痛點，為了讓學生能有愉悅的寫作經驗，教師就要幫學生搭鷹架，讓學生根據鷹架產

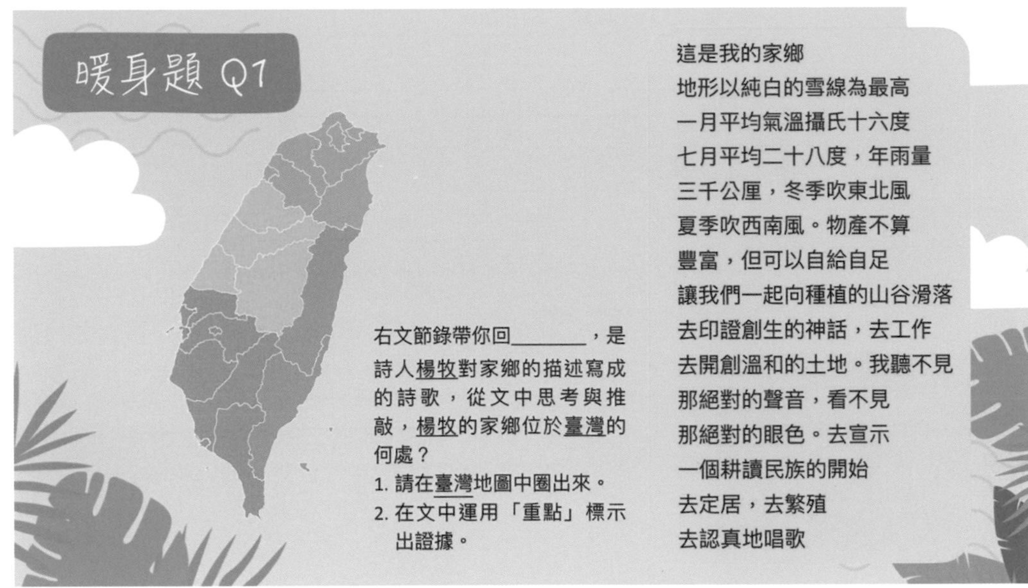

暖身題 Q1
右文節錄帶你回________，是詩人楊牧對家鄉的描述寫成的詩歌，從文中思考與推敲，楊牧的家鄉位於臺灣的何處？
1. 請在臺灣地圖中圈出來。
2. 在文中運用「重點」標示出證據。
這是我的家鄉
地形以純白的雪線為最高
一月平均氣溫攝氏十六度
七月平均二十八度，年雨量
三千公厘，冬季吹東北風
夏季吹西南風。物產不算
豐富，但可以自給自足
讓我們一起向種植的山谷滑落
去印證創生的神話，去工作
去開創溫和的土地。我聽不見
那絕對的聲音，看不見
那絕對的眼色。去宣示
一個耕讀民族的開始
去定居，去繁殖
去認真地唱歌

▲ Keynote 數位提問單設計——暖身題 Q1。

▲學生上臺發表暖身題 Q1。

暖身題 Q2

詩歌的分類包含了樂府詩、古體詩、近體詩、新詩，請用 Safari 查一查，並移動字卡做分類。接著再判斷本課課文為詩歌中的哪一個類別？

資料來源：
桃園市楊光國中小 黃郁珊老師

詩歌				
分類	樂府詩	古體詩	近體詩	新詩（現代詩）
朝代	兩漢	兩漢	唐	民國
字數	多長短句	多五七言	五七言	不限
句數	不限	不限	四句(絕句) 八句(律詩)	不限
表達	可歌	只可念	可念(後人亦有譜曲可唱)	皆可
文字	文言文			白話文
押韻	可以換韻 用韻自由		一韻到底 偶數句押韻 第一句可押可不押	押不押皆可
代表作或人物	長恨歌	古詩十九首	靜夜思(五絕)、題西林壁(七絕)	劉大白、徐志摩、楊喚、席慕蓉、余光中、林良

本課課文為（現代詩）類

▲ Keynote 數位提問單設計——暖身題 Q2。

◀一邊討論，一邊移動字卡做分類。

生自己的寫作架構，並進一步根據自己的寫作架構，完成描寫家鄉的新詩。寫作前，先以本課的意義段：自然風光、人文景觀、特色景點當作框架，並善用科技，幫學生搭鷹架，讓學生運用 iPad 搜尋家鄉的自然風光、人文景觀、特色景點，一邊搜尋，一邊將搜尋到的相關資料摘要並記錄在 Keynote 中。學生先根據自己對家鄉的印象，簡單羅列出家鄉的自然、人文景觀與特色景點，接著運用科技快速的搜尋相關素材，並練習摘要與列點。當有寫作的鷹架後，學生寫作時有架構可以依循，較不會無所適從，寫作也變得比較容易了。運用科技進行寫作時，學生不管是打字或語音輸入，都比原本手寫的速度快很多，寫完後，省下來的時間還能再反覆閱讀與修正，使文章更為流暢。

回饋與評量

使用科技融入教學中，經常會被詢問的問題就是：「這樣在上課的過程中怎麼即時檢視學生的檔案？」「怎麼收作業呢？」我的方法就是在課堂中，我經常使用的兩個 APP：課堂、Padlet。

※ 即時回饋：課堂

先運用「課堂」的 APP 綁定教師和學生後，教師上課時

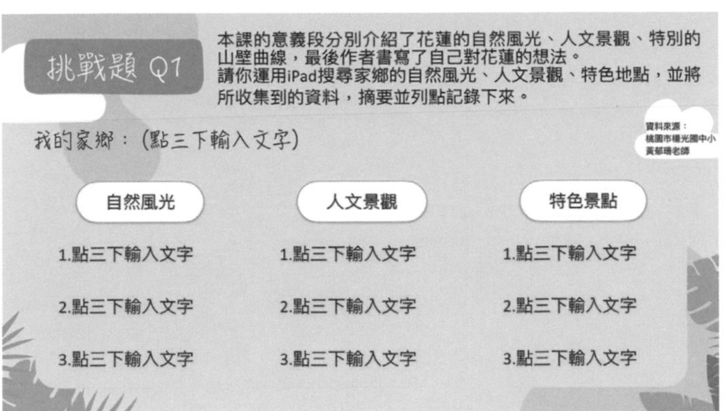

挑戰題 Q1
本課的意義段分別介紹了花蓮的自然風光、人文景觀、特別的山壁曲線，最後作者書寫了自己對花蓮的想法。
請你運用iPad搜尋家鄉的自然風光、人文景觀、特色地點，並將所收集到的資料，摘要並列點記錄下來。
我的家鄉：（點三下輸入文字）
自然風光
人文景觀
特色景點
1.點三下輸入文字
1.點三下輸入文字
1.點三下輸入文字
2.點三下輸入文字
2.點三下輸入文字
2.點三下輸入文字
3.點三下輸入文字
3.點三下輸入文字
3.點三下輸入文字

◀ Keynote 數位提問單設計——挑戰題 Q1。

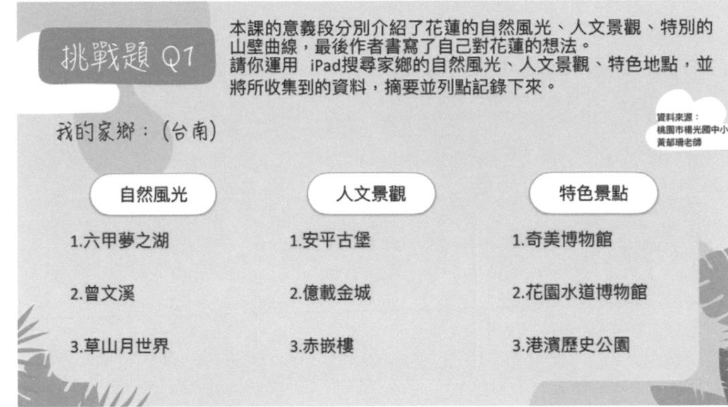

挑戰題 Q1
本課的意義段分別介紹了花蓮的自然風光、人文景觀、特別的山壁曲線，最後作者書寫了自己對花蓮的想法。
請你運用 iPad搜尋家鄉的自然風光、人文景觀、特色地點，並將所收集到的資料，摘要並列點記錄下來。
我的家鄉：（台南）
自然風光
人文景觀
特色景點
1.六甲夢之湖
1.安平古堡
1.奇美博物館
2.曾文溪
2.億載金城
2.花園水道博物館
3.草山月世界
3.赤崁樓
3.港濱歷史公園

▶學生完成的寫作架構。

印象高雄

海，拍打著停靠的船隻
風，與臺灣海峽玩鬼抓人
夕陽，天一黑就躲近山爺爺的家
向美濃黃蝶翠谷晚安
向新威森林公園說再見
且匆匆叫澄清湖下班回家
在高雄，天一黑月亮就造訪
鳳儀書院的書生疲憊的身軀
還有旗津漁港照亮海面的燈塔
以及淨園農場熟睡的動物們
讓高雄的夜晚增添了許多溫暖
讓高雄的夜晚充滿了些許寧靜

作者：10、18

◀學生作品〈印象高雄〉。

印象臺南

海，流動於地球的生命泉源
和風，吹拂且關懷臺灣的子民
破曉，打破一夜的寧靜
將六甲夢之湖照亮
將曾文溪喚醒
且輕輕喚起草山月世界特色百變的地形
在臺南，破曉時分早早就到來
安平古堡、億載金城與赤崁樓合力維護的城市
還有港濱歷史公園帶來的新世代公園
奇美博物館的展品和花園水道博物館的水道展覽
在臺南府的土地上
述說最精彩的文化
讓自然與人文全都聚集於臺南
印下文與武的結合
讓整個臺灣感嘆

6、11、16製

▶學生作品〈印象臺南〉。

可以運用「課堂」檢視每位學生的 iPad 畫面，可以了解每位學生進行三層次提問任務時，是否遇到問題，並即時協助學生解答問題。當學生完成任務後，教師也可以按下「檢視螢幕」，立即投影學生完成的 Keynote 數位提問單，並請學生上臺發表。課堂即時回饋在科技的輔助之下，變得快速又方便。

※ 收回作業：Padlet

學生完成 Keynote 數位提問單後，要如何收回學生的作業，當作多元評量的成績呢？這時候可以請學生運用 Keynote「輸出影像」功能，讓每一頁都變成圖片，上傳到 Padlet；或是運用 iPad 中的「螢幕截圖」功能，直接截下 Keynote 的畫面，上傳到 Padlet。Padlet 不但有作品收集的功能，也兼具展示櫃的功能，讓大家無須登入就可以直接看到每位同學的作品，甚至可以運用「評論區」給予回饋。另外，也能將 Padlet 的連結傳給家長，和家長一起分享班級學生的學習歷程與作品，家長不但可以「點愛心」給孩子們回饋，也能知道現在教育部的「生生用平板」政策是如何在課堂中實踐的。

◆ 未來，無與倫比的美麗

善用科技但不炫技！雖以科技融入教學，但學科本質才是課堂教學中的重點，如何使科技的加入讓師生的討論更聚焦，讓學生的學習鷹架搭得更好，這才是數位科技融入教學的靈魂。

在課堂中實踐 MAPS 教學法邁向一年了，運用 iPad 中的 APP（Technology）讓 MAPS 教學法（Pedagogy）與國語領域的學習內容（Content）更為彰顯，是我致力寫下的 TPACK 教學歷程紀錄，也讓學生跟我的學習歷程留下美好的記憶。未來，我的 i MAPS 課堂，並不會在這篇文章完成後就結束，而是不斷的努力與精進，持續譜出我與學生課堂中無與倫比的美麗！

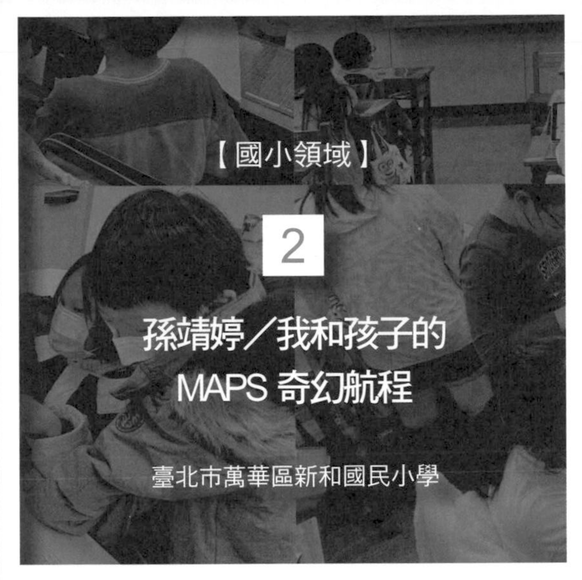

【國小領域】

2

孫靖婷／我和孩子的 MAPS 奇幻航程

臺北市萬華區新和國民小學

山中大叔導讀

這篇文章記錄了一位初出茅廬的菜鳥老師，如何在 MAPS 的協助下，師生一起成長與突破。從一開始的猶豫是否參加培訓，於是對班級和學校情況進行 SWOT 分析，接下來，在不同單元中逐步實施 MAPS 教學的過程，包括如何引導學生逐漸適應這種學習模式，以及如何運用科技元素（T-MAPS 教學設計）豐富教學。此外，靖婷還探討了如何培養學生的寫作能力、探究學習、小組合作和自主學習能力。

MAPS 不只讓學生成長，更讓教學菜鳥成長蛻變為教學專家。

◆ 不知如何航行的那段日子

一位初出茅廬的新鮮人

還記得剛結束教育實習，才開始教學生涯不久的我，在一次前輩老師詢問：「MAPS 種子教師培訓開始報名了，妳有興趣一起報名參加嗎？」我才第一次認識了「MAPS」，但因教師甄試將近，擔心研習時間與教甄撞期，我只能選擇婉拒……不久後，新冠肺炎疫情凶猛而至，學校全面停課，進入居家上課時期，我們也在疫情籠罩之下，度過了艱困的日子。一年過去，我成功通過教甄，成為正式教師。

然而，我對我的國語教學卻很沒有信心。回首這段時日，我常常覺得我的國語課堂上，好像只是根據教師手冊上的內容進行提問，不僅學生感到無趣，連身為授課教師的我都覺得很無聊，也不知道是否讓孩子學習到每一課的重點……這時，一位老師詢問：「妳還記得之前和妳提到的 MAPS 種子教師培訓嗎？現在還可以報名，有意願的話趕快跟我說喔！」沒想到，正當我為自己的國語教學能力煩惱時，這則訊息就像一盞明燈，為我點亮未來的方向。於是，我很幸運的參加了因疫情而延期一年的第四屆 MAPS 種子教師培訓。

▲第四屆 MAPS 種子教師培訓的夥伴們。

開始 MAPS 之旅前的準備

經過第一階段培訓之後，我就下定決心要好好的在班上實施 MAPS 教學，但想到自己是初任教師，接下來任教的也是新的班級，若要兼顧其他課程的教學品質以及班級經營的穩定，需要對班級，甚至是學校的整體情況有一定的了解。因此我運用 SWOT 分析法了解我任教的班級和學校概況，希望用最適合的方法在班上進行 MAPS 教學。

※ 優勢（S）

根據班上學生的基本學力檢測結果可以得知，學生的素質比較平均，有利於全班運用 MAPS 教學法學習。而授課教師也受過 MAPS 種子教師培訓，了解 MAPS 教學法如何在課堂上實施。

※ 劣勢（W）

班上學生雖然素質較為平均，但基本學力不足，導致學生學習意願較為低落，如何提升學生的學習興趣，且透過 MAPS 教學法提升學生的能力，是教師需要特別關注的部分。而授課教師雖然受過培訓，但尚未實際在課堂上實施 MAPS 教學法，且自身的教學資歷也不深，因此在未來的教學中，也需要多加準備。

※ 機會（O）

學校願意支持教師進行創新教學，班上家長也認同教師的想法，對教師的支持度高。更因應「生生用平板」政策，若授課教師能適時運用科技工具融入教學，將能提升學生的學習動機與成效。

※ 威脅（T）

因為本校目前沒有其他夥伴接受過 MAPS 種子教師培訓，因此沒有共備夥伴可以互相討論，授課教師需要花費較多力氣進行備課。

完成 SWOT 分析後，我的心裡也較為踏實了，不管接下來會遇到哪些挑戰以及困難，總是要開始嘗試吧！因此，MAPS 之旅就此啟航。

◆ 開著 MAPS 之船乘風破浪

五上，啟航！

在開學之前，我希望自己能夠運用暑假期間，完成整冊十四課的 MAPS 講義，讓自己不用在學期間花費大量時間備課，就能專注在課程教學上，陪著孩子「從零開始」。然而，對孩子而言，MAPS 是個陌生的學習模式，若一下子完全照著MAPS教學法進行課程，孩子可能難以接受，因此，我決定循序漸進，一步一步帶著孩子啟航。

※第一單元——夢的萌芽

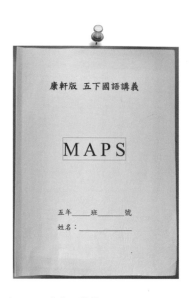

第一個單元的學習是孩子升上五年級後首先遇到的國語課程，因為班上孩子多半沒有學習心智圖的經驗，因此老師需要從頭開始引導。在基礎題的部分，我在提問設計中搭建許多鷹架，例如：第一層加上方框、第二層用單底線表示、第三層加上雙底線，讓學生可以從提問中迅速理解心智圖架構。由於學生第一次接觸MAPS，因此我都是運用課堂上的時間，一題一題帶著孩子討論，讓孩子知道如何根據提問，從文本中找尋答案，進而歸納出課文重點。在心智圖的部分，我採取挖空的方式，讓學生根據基礎題的答案填入正確的位置，幫助學生理解基礎題和心智圖之間的關聯。

※第二單元——夢的成長

經過四課的MAPS學習之後，孩子對基礎題和心智圖的架構有了初步的認識。在這個階段，我開始嘗試放手，讓學生以小組的方式討論一題基礎題的答案，待各組完成後，我再根據各小組的答案進行整課統整。而在心智圖的部分，我開始挖掉一個分支的心智圖，讓學生練習完成完整分支，奠

康軒版 五下國語講義

MAPS

五年____班____號

姓名：____________

▲ MAPS之旅，啟航！

▲循序漸進，帶領孩子進入MAPS世界。

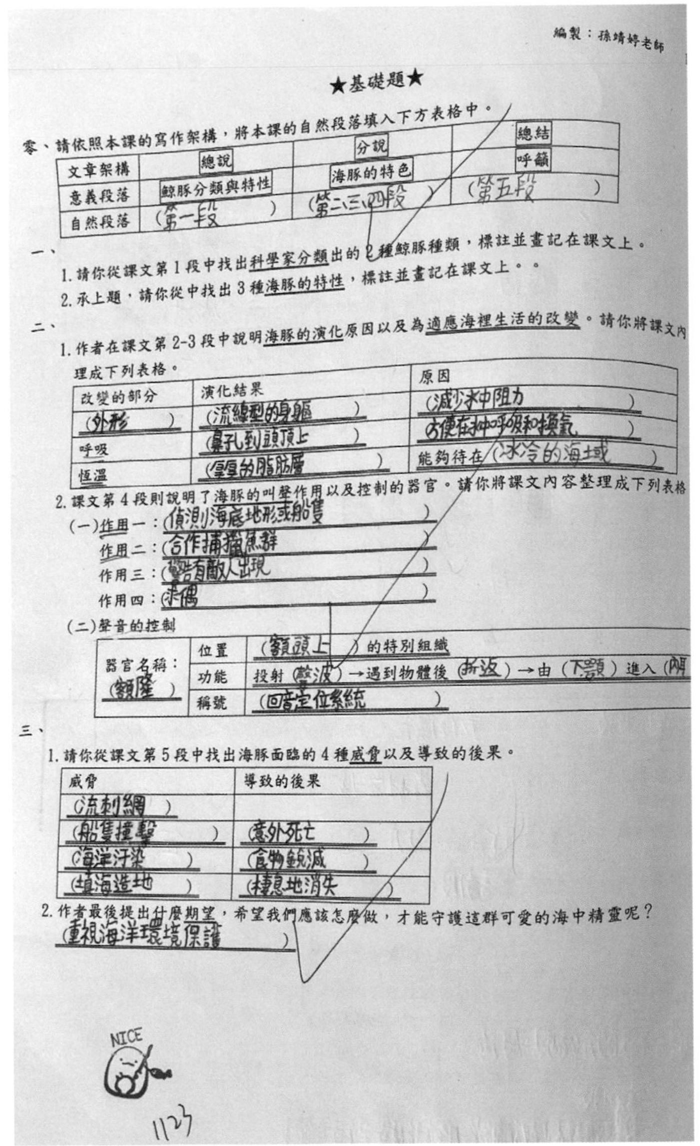

編製：孫靖婷老師

★基礎題★

零、請依照本課的寫作架構，將本課的自然段落填入下方表格中。

文章架構	總說	分說	總結 呼籲
意義段落	鯨豚分類與特性	海豚的特色	
自然段落	（第一段）	（第二三四段）	（第五段）

一、

1. 請你從課文第1段中找出科學家分類出的2種鯨豚種類，標註並畫記在課文上。
2. 承上題，請你從中找出3種海豚的特性，標註並畫記在課文上。

二、

1. 作者在課文第2-3段中說明海豚的演化原因以及為適應海裡生活的改變。請你將課文內容整理成下列表格。

改變的部分	演化結果	原因
（外形）	（流線型的身軀）	（減少水中阻力）
呼吸	（鼻孔到頭頂上）	（方便在水中呼吸和換氣）
恆溫	（厚厚的脂肪層）	能夠待在（冰冷的海域）

2. 課文第4段則說明了海豚的叫聲作用以及控制的器官。請你將課文內容整理成下列表格

（一）作用一：（偵測海底地形或船隻）
作用二：（合作捕捉魚群）
作用三：（警告有敵人出現）
作用四：（求偶）

（二）聲音的控制

器官名稱：（額隆）	位置	（額頭上）的特別組織
	功能	投射（聲波）→遇到物體後（折返）→由（下顎）進入（內
	稱號	（回音定位系統）

三、

1. 請你從課文第5段中找出海豚面臨的4種威脅以及導致的後果。

威脅	導致的後果
（流刺網）	
（船隻撞擊）	（意外死亡）
（海洋汙染）	（食物銳減）
（填海造地）	（棲息地消失）

2. 作者最後提出什麼期望，希望我們應該怎麼做，才能守護這群可愛的海中精靈呢？
（重視海洋環境保護）

NICE

1123

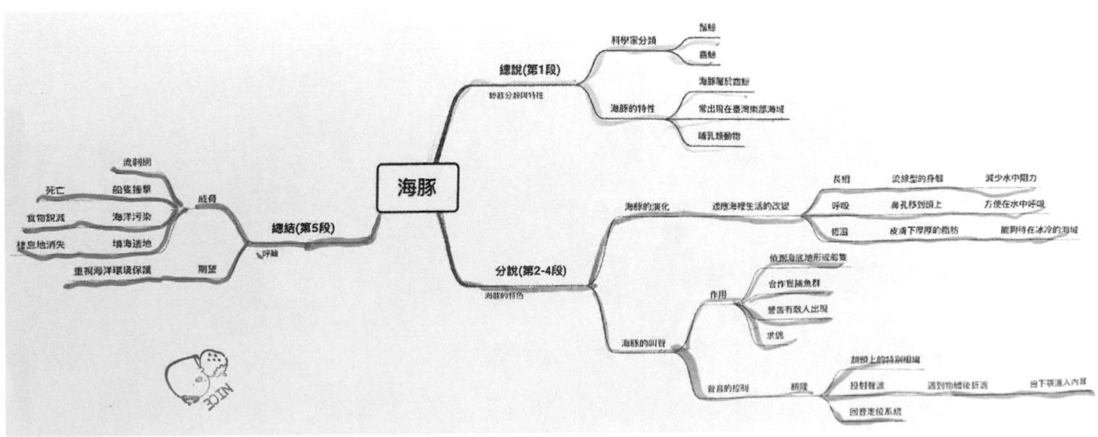

▲分組討論基礎題答案，最後進行統整。一組完成一個心智圖分支，最後由老師統整，全班組合成完整的課文心智圖。

定之後完成整課心智圖的能力基礎。

※第三單元——夢的茁壯

在這個階段，我持續讓學生練習分組討論，但此時學生已經開始練習討論整課的基礎題答案，我再隨機請小組發表一題的答案，並進行統整。同時也讓學生以組間互學的方式，一組完成一個心智圖分支，最後由老師統整後，全班組合成完整的課文心智圖。

※第四單元——夢的綻放

五上的最後一個單元，學生經歷了將近一學期的學習，循序漸進的慢慢熟悉 MAPS，同時在每一課的練習中，學生也不知不覺的成長。因此在這個階段，學生已經能夠小組共同完成整課的基礎題以及心智圖。透過小組成員互相合作學習，讓班上每一位孩子都能學到每一課的教學重點。我也在這個時候運用 iPad，讓學生以 Xmind APP 繪製心智圖，不僅提升孩子的學習動機，也能更迅速的完成每一課心智圖，產出最後的學習成果。

這個學期的 MAPS 之旅，可以說是和孩子從頭開始，不僅學生不了解，老師也是第一次嘗試，因此在課堂教學的時候，我一直告訴孩子：「不用害怕，我們一起學習，老師會

▲經歷了將近一學期的學習，小組已能共同完成整課的基礎題以及心智圖。

一直在旁邊陪著你們。」一開始，我都在課堂上帶著孩子完成 MPAS 講義的每一題，先讓孩子安心，也讓孩子不排斥這樣全新的學習方法。在孩子逐漸熟悉後，我才慢慢的放手，從教師本位的教學逐步轉變成學生自主的學習，也讓孩子能夠在 MAPS 學習之旅上逐漸成長，透過有層次、系統性的引導，讓學生能夠循序漸進的提升國語能力。

五下，破浪！

經過一個學期的 MAPS 學習之後，孩子已經完全適應這樣的學習模式，學生在課堂上已經能夠自主的完成所有學習任務，而不需要老師過多的引導。然而，在每一課的學習模式趨於固定的情況下，對孩子而言新鮮感已經慢慢下降，我也開始思考如何讓「MAPS」更有新意。於是，五下的航程就得開始破浪，披荊斬棘！

※ 口說心智圖

在一次 MAPS 種子教師共備時，聽到協作老師分享班上學生進行口說心智圖發表的歷程，我才赫然發現：「原來口說心智圖也是 MAPS 中很重要的一環啊！」在 MAPS 教學法中，「P」代表 Presentation，透過發表的歷程，檢視學生是否能根據心智圖內容說出課文重點，幫助學生再次複習課文

▲ MAPS 之旅，破浪！思考如何讓「MAPS」更有新意。

內容，加深學生的後設認知，也能讓學生在發表的歷程中獲得成就感，並逐漸培養自信心。因此，在五下的課堂中，我開始讓學生嘗試口說心智圖。首先，我先示範如何從心智圖中提取重點，並將這些關鍵語詞，透過適當的連接詞，串連成完整的語句，而這些語句的組合就是本課的課文大意。同時，我也希望學生以「說故事」的方式進行發表，培養學生上臺發表的能力。

一開始孩子對於上臺發表感到害怕，我會不斷鼓勵每個上臺的孩子，並適時給予獎勵，同時給予具體的回饋。漸漸的，孩子在一次一次的練習中，越來越有自信，也開始能運用肢體動作以及適當的手勢輔助發表。在臺下聆聽的學生也能從觀摩同學的發表，吸取優秀的經驗，同時不斷修正自己。看著孩子臺風越來越穩健，發表的內容越來越精確，他們的成長令我非常感動；而孩子也發現自己在每一次的練習中逐漸進步，更是令他們感到雀躍。在一般的課堂中，或許孩子不容易察覺到自己的成長，甚至可能是不斷的獲得挫敗感，但在MAPS課堂中，運用有系統的、循序漸進的學習，孩子就能對自己的進步「有感」。讓學生感知到成長，就是帶給孩子最大的正能量。

▲學生以「說故事」的方式進行發表，培養學生上臺發表的能力。

※T-MAPS 教學設計

從教育實習開始，我就時常運用資訊科技融入教學，因此使用平板載具進行課程教學，對我而言並不陌生；對班上孩子來說，因為他們時常使用３Ｃ產品，對平板的操作也可以說熟悉。在寒假參加回流課程的時候，政忠老師分享了「T-MAPS 教學設計」，也就是將科技融入 MAPS 教學當中，我們也在回流課程中產出了提問設計單。因此在五下的 MAPS 講義中，我將更多的科技元素融入教學設計。

在暖身題的部分，我運用 Padlet 進行問答及資料統整，也讓學生製作簡單的 Keynote 簡報。例如〈故宮藏寶趣〉一課，我讓孩子到故宮網站找到自己喜歡的寶物，將圖片以及介紹文字放到 Padlet 上，接著我將孩子蒐集的寶物依照朝代分類，讓孩子觀察隨著時代演進，寶物的做工以及精緻程度是否有所不同。在基礎題部分，讓學生運用 Xmind 製作心智圖，接著使用螢幕錄製功能，錄下學生口說心智圖的過程。最後在挑戰題時，我讓學生掃描 QR Code，進行多文本的閱讀及比較；也運用 Keynote 繪製圖畫，甚至錄製聲音，產出有聲畫作品。

在進行 T-MAPS 教學設計時，仍要以文本為主，切勿為了融入科技而融入，應時時檢視科技的融入是否能提升學生的學習動機以及學習成果，才能讓 T-MAPS 教學設計更加切

▲孩子到故宮網站找到自己喜歡的寶物，將圖片以及介紹文字放到 Padlet。

合教學目標。

在這個學期的 MAPS 教學實踐中，雖然我和孩子已經不像上學期那樣生疏以及迷茫，但加入新元素之後，對我而言仍然是一大挑戰，但教學生涯總會遇到困難以及挫折，當我們突破自己，就能克服重重阻礙，就像我們乘著 MAPS 之船，突破重重大浪，總有風平浪靜的一天，最後也終將抵達終點。

六上，遠航！

和孩子的 MAPS 之旅即將邁向第二年。第一年的我們乘著 MAPS 之船不斷航行，新的一年，我期許讓孩子在接下來的航程中，培養四項能力，進而帶著這些能力遠航。

※ 延伸寫作

我在進行教學時，發現班上孩子的寫作能力並不好，甚至大部分的孩子是不喜歡寫作的。因此如何透過 MAPS 教學，提升學生的寫作能力、培養寫作的興趣，是我需要持續關注的課題。接下來這一年的 MAPS 教學，我將持續運用提問設計，構築寫作鷹架，先讓孩子對寫作不感到害怕；接著透過小組討論或教師即時回饋，讓學生從中獲得成就感，逐漸提升寫作能力。

※ 探究學習

由於班上孩子即將升上六年級，也就是小學生涯中的最後一個年段，因此我希望在孩子畢業之前，培養孩子探究學習的能力。我會在課堂上讓孩子有更多的時間可以透過 PBL 學習法進行問題探究，透過平板或小組共同製作專題等方式，讓孩子跨領域的學習，並獲得解決問題的能力。

※ 小組共好

在我的課堂上，經常看到孩子以小組合作的方式進行 MAPS 學習，因為我始終認為，一個人可以走得很快，但一群人卻能走得更遠，因此我希望我的孩子能夠在班上培養團隊合作的能力，長大之後，能夠自然而然的與他人合作，完成每一項任務。

※ 學習自主

十二年國教課綱的核心精神即是培養孩子成為終身學習者，因此我希望透過這兩年紮實的 MAPS 教學實施，讓孩子逐漸習得自主學習的能力，讓孩子不管走到哪裡，都能持續學習、自主學習。

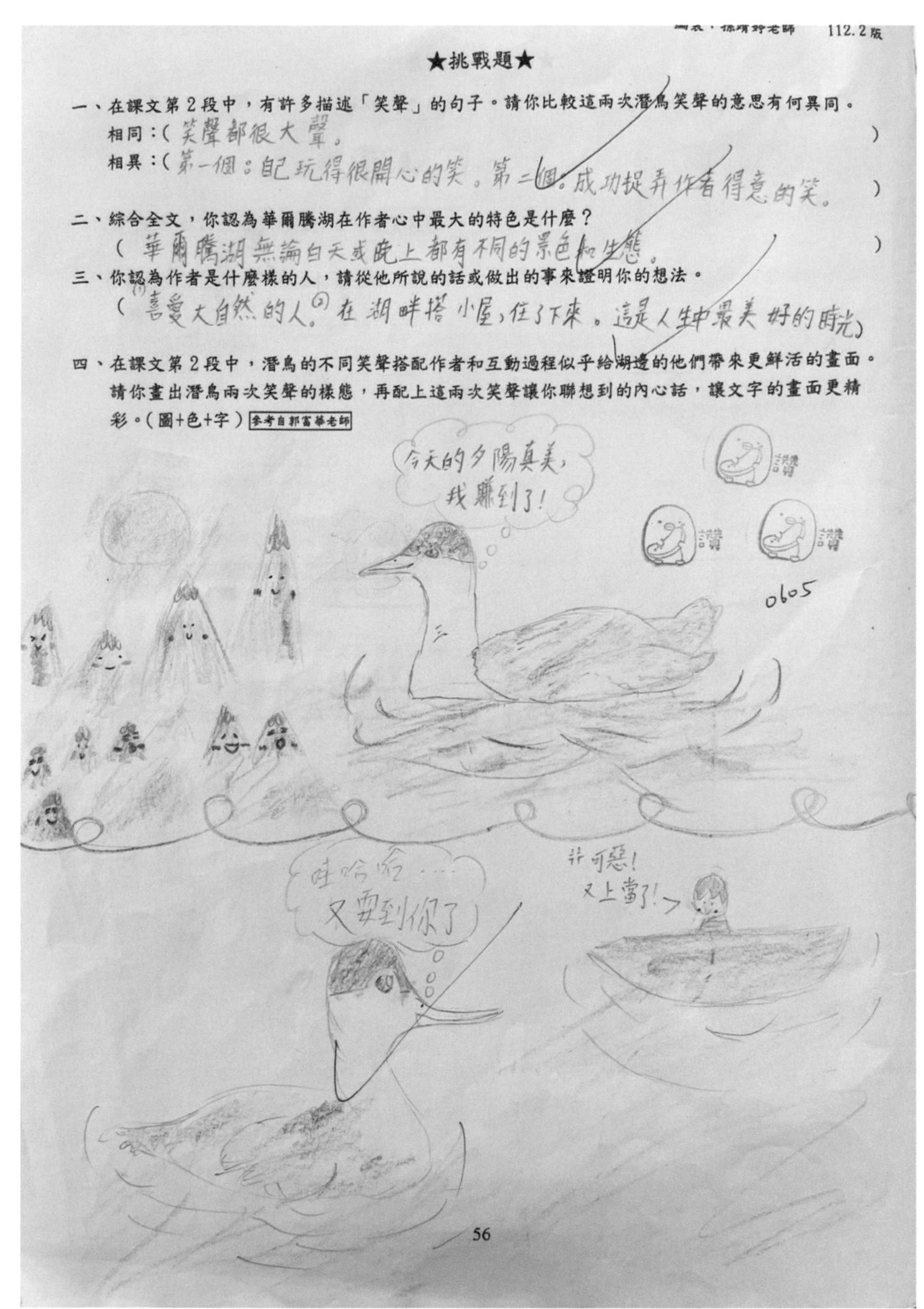
編表：孫靖婷老師　112.2版

★挑戰題★

一、在課文第2段中，有許多描述「笑聲」的句子。請你比較這兩次潛鳥笑聲的意思有何異同。

相同：（笑聲都很大聲。）

相異：（第一個：自己玩得很開心的笑。第二個：成功捉弄作者得意的笑。）

二、綜合全文，你認為華爾騰湖在作者心中最大的特色是什麼？

（華爾騰湖無論白天或晚上都有不同的景色和生態。）

三、你認為作者是什麼樣的人，請從他所說的話或做出的事來證明你的想法。

（(1)喜愛大自然的人。(2)在湖畔搭小屋，住了下來。這是人生中最美好的時光）

四、在課文第2段中，潛鳥的不同笑聲搭配作者和互動過程似乎給湖邊的他們帶來更鮮活的畫面。請你畫出潛鳥兩次笑聲的樣態，再配上這兩次笑聲讓你聯想到的內心話，讓文字的畫面更精彩。（圖+色+字）參考自郭富華老師

▲經過一年的 MAPS 教學訓練，孩子已能個別完成挑戰題學習單，作品令人驚豔。

▲謝謝政忠老師及四〇八的夥伴們。

◆朝著偉大的航道持續前行

回想一年前，那一股執意參加MAPS種子教師培訓的衝動，正是因為當初的那份堅持，才讓我順利完成這一年的實踐。這一年的MAPS航程，之所以能平穩的向前航行，是因為背後一群夥伴的支持。感謝政忠老師毫無保留的傳授MAPS教學法，手把手的教會如同白紙的我們。感謝MOXA心源教育基金會的支持，讓我們能夠安心的跟隨大叔學習。謝謝四〇八協作老師——姵妤老師，謝謝您這一年的指導與陪伴，總是在我們迷惘的時候給予指點；總是在我們灰心的時候給予鼓勵。謝謝四〇八的夥伴瓊分老師、慧卉老師，謝謝您們這一年的扶持，雖然我們都在各自的學校努力，但我知道，我們依然關心著對方。

謝謝新和國小五〇四的孩子們，謝謝你們陪著老師學習，看著你們一開始對MAPS講義的恐懼，到後來可以很驕傲的對其他班同學說：「這本講義是我們老師自己寫的，所以只有我們班才有喔！」聽到你們發自內心的肯定，對老師而言真的是最大的鼓勵。最後，我要謝謝我自己，謝謝自己不斷要求自己，一定要在假期完成備課和講義撰寫，學期中認真的實施MAPS教學，陪伴孩子成長。新的一年，我們朝著偉大的航道持續前行，MAPS之旅，我們攜手前進！

【國小領域】

3

蔡惠玉／我的 MAPS 築夢之旅

新北市板橋區文德國民小學

山中大叔導讀

惠玉老師，一個教學超過三十年的資深老師，讓我們先敬禮再說吧！

惠玉從個人的學習經驗談起，描述了自己在 MAPS 教學中的成長歷程。從一開始的追夢緣起，受到啟發並多次參加研習，克服種種困難最終成為第四屆的 MAPS 種子教師。

惠玉在豐富教學經驗基底之上，融入暖身題、基礎題、心智圖、口說發表、挑戰題等教學活動，並且嘗試科技融入 MAPS 教學，讓學生使用平板製作心智圖、大屏播放、無紙化學習單等等，不僅提高了學生的學習興趣，也使教學更加高效。

一個一輩子都期望能持續挑戰更高難度的教學，為學生的成長努力奮鬥的老師，我們怎能不敬禮？

◆ 追夢緣起

對 MAPS 的認識，是從聽政忠老師的演講開始，之後也追了好幾場演講與研習。祈願偏鄉夢想起飛的「夢一」報名未錄取，在夢一回娘家時，終於有機會到嘉義中正大學參加，內心的教育熱忱澎湃，一股熱血在心中沸騰。在夢N還沒遍地開花時，由於名額有限，熱門的研習常常秒殺，因此，在二〇一七至二〇一八年，我曾隻身從新北到屏東參加國小 MAPS 研習，為的就是更進一步了解 MAPS 的操作模式；之後又參加了夢N幾場 MAPS 的研習，也開始在課堂上進行 MAPS 教學。由於文本分析能力待磨練，對提問設計還不夠熟悉，所以參考了雅惠及富華老師的學習單進行教學，對 MAPS 產生濃厚的興趣。

看到第一屆種子教師簡章時，興奮的報名，卻石沉大海；第二屆種子教師報了名也沒錄取，到了第四屆，找了同學年的三位老師一起報名，還拜託女神陳佳慧老師當大家的推薦人（聽說要寫推薦人才容易錄取），結果同事都錄取了，我卻沒接到通知。失望之餘，仍鍥而不捨的找佳慧及基金會麗慧姐求助，雖然種子教師之路一波三折，但最後爭取到機會，我成為第四屆的種子教師！除了感謝佳慧老師及麗慧姐的美言，更感謝政忠老師加開名額，願意收留我，讓我進入 MAPS 種子教師學習的殿堂，一探究竟。這得來不易的機會，我將更加珍惜努力，願我這顆 MAPS 的種子，能在專業的政忠老師的帶領下，吸收團體中豐富而精彩的養分後，萌芽茁壯，並把學習收穫傳播出去，造福更多學子！

◆ 為夢出發

雖然成為種子教師之路一波三折，但我相當珍惜這彌足珍貴的機會，我的 MAPS 築夢之旅就要起飛了。暑假三天的種子培訓，寒假兩天的回流，在政忠老師手把手的教導下，我學到了很多，特別是暖身題、基礎題以及挑戰題的提問策略與文本分析。我們小組也紮紮實實的共備了六上第二課〈到不來梅當個樂師吧〉。當我們腦力激盪，產出熱騰騰的提問設計與心智圖時，那種喜悅無法言喻，就好像新手烘焙師端出親自烘焙的蛋糕一樣興奮。〈到不來梅當個樂師吧〉這課提問單與心智圖，如同我們生出來的孩子，尤其是政忠老師誇讚我們設計的提問很有水準時，我們的嘴角忍不住上揚，頓時感覺好有成就感喔！

MAPS 三層次提問是有脈絡、有準則與方向可以依循的。暖身題的提問方向除了讓學生猜測想像形式架構與內容主旨，還可以連結學生的生活經驗，導入學習的情境脈絡，以

▲ MAPS 研習夥伴們。

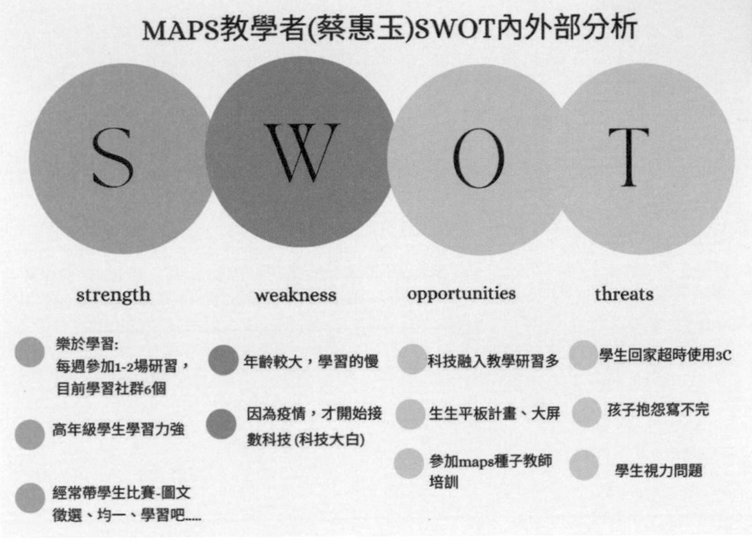

MAPS教學者(蔡惠玉)SWOT內外部分析
S
W
O
T
strength
weakness
opportunities
threats
樂於學習:
每週參加1-2場研習，
目前學習社群6個
高年級學生學習力強
經常帶學生比賽-圖文徵選、均一、學習吧.....
年齡較大，學習的慢
因為疫情，才開始接數科技 (科技大白)
科技融入教學研習多
生生平板計畫、大屏
參加maps種子教師培訓
學生回家超時使用3C
孩子抱怨寫不完
學生視力問題

▲ MAPS 教學者（蔡惠玉）SWOT 內外部分析。

便學生連結新舊經驗，更能對文本有感，也可以連結延伸討論的議題，或是作為挑戰題的前導。而基礎題的提問方向是「認識架構、訊息主題」，要根據心智圖擬題，提問可以融入閱讀理解策略，也可以運用文本中的字詞擬題。最後設計挑戰題，提問的方向要讓學生能從讀到寫，讀寫合一，對課文的觀點與想法進行探究，甚至能在班級經營與不同領域中做跨域延展的教學。

開學前，在協作盈安老師與組長思與老師的協助下，我們小組分工完成翰林版六上的閱讀理解講義，經過嘉賢老師幫忙排版之後，最後送印、裝訂成冊。整個過程雖然很燒腦，但是很有成就感！開學後，每個月的小組共備，組長及協作帶著我們分享彼此上課的情形、說一說實施 MAPS 教學覺得很棒的地方、有疑問提出來一起討論，再各自檢視講義，看看有沒有需要依照班上狀況微調。在小小的壓力下，每次的共備都讓我們有些許的收穫，有些微的成長，組員間感情也升溫了。我們也一起討論在教學上遇到的困難與疑惑，三個臭皮匠，勝過一個諸葛亮，在談笑中竟也為彼此解決不少困惑。我們是有革命情感的四〇七，超棒的四〇七！

第二課 到不來梅當個樂師吧

暖身題

Q1 用 iPad「地圖 app」搜尋不來梅在哪個國家？不來梅在（ 德 ）國。
於下面的地圖標示出不來梅的位置。再觀察不來梅的地理位置有什麼特色，正確的敘述請打勾✓？（可以利用飛行俯瞰的功能觀察）

- ☐ 在這個國家的東北端
- ☑ 鄰近河流並接到港口
- ☑ 城市四周被山脈包圍

Q2 掃描下面 QR CODE，觀看 YouTube 影片《格林童話_不來梅大樂隊》，再用 iPad 錄音的方式，於三十秒說出故事大意，必須包含「開端」、「發展」、「高潮」、「結局」（說故事流程：首先……，接著……，然後……，最後……。）

P 4

▲四〇七於種子教師培訓時腦力激盪完成的暖身題（翰林版六上第二課〈到不來梅當個樂師吧〉）。

基礎題

Q0：本課的意義段落可以分為原因、景點、故事、感想四個意義段，請試著分分看，並將自然段填入格子內。

意義段	起 原因	承 （ 景點 ）	轉 故事	合 感想
自然段	1~2	3~4	6~9	10

Q1：作者到不來梅旅遊的原因是什麼？（請用一句話將原因寫出來）

答：作者到不來梅旅遊的原因是喜歡格林童話而到不來梅。

Q2-1：在不來梅任何人都可以在這裡找到工作，所以它是一個什麼樣的城市？

答：港口城市。

Q2-2：在中世紀時，不來梅被認為是「文化沙漠」，但滿城都是富裕的商人，因而流傳哪一句諷刺的俗諺？

答：「來到不來梅當樂師」。

Q2-3：在不來梅舊市政廳的左後方，豎立著一座「不來梅樂隊」的塑像，請依據文本內容將塑像中的動物，填入圖中的正確位置。

Q3-1：意義段第三段在介紹「不來梅樂隊的故事」，老師將故事的結構分為「開端」、「發展」、「高潮」、「結局」，請依照此結構於課文中畫線並註記，並在下表中標示出 PL（P：第幾段、L：第幾行）

開端	發展	高潮	結局
P5 段、L3~5	P6 L 1~5	P7 L1~7	P7 L7~8

Q3-2：為什麼「不來梅樂隊」會成為家喻戶曉的故事？

答：因為收進格林童話。

▶四〇七於種子教師培訓時腦力激盪完成的基礎題（翰林版六上第二課〈到不來梅當個樂師吧〉）。

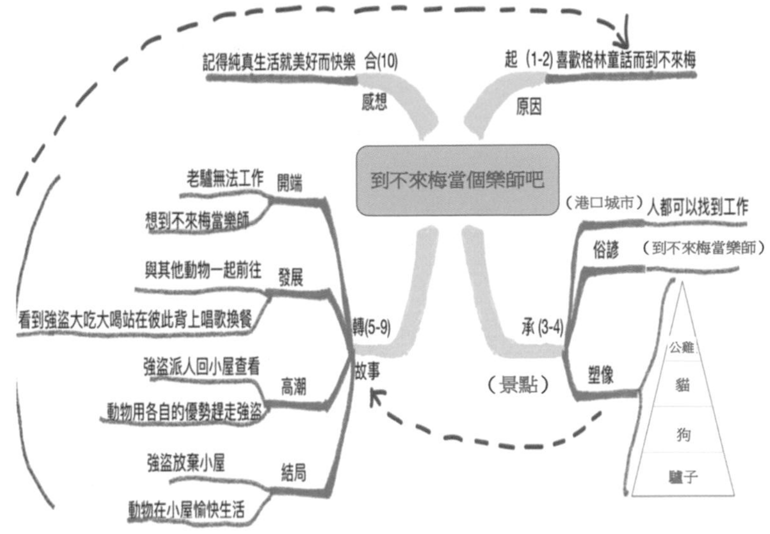

▲四〇七於種子教師培訓時腦力激盪完成的心智圖（翰林版六上第二課〈到不來梅當個樂師吧〉）。

挑戰題

Q1 為什麼「到不來梅當樂師」是一句諷刺的俗諺？請從課文中找出支持的理由。觀點探究

Q2 如果刪掉課文中「不來梅樂隊」童話故事的內容，對於理解本課文本有沒有影響？請說明你的想法。觀點探究

Q3 掃描 QRcode，先選擇一則你喜歡的格林童話故事，仔細閱讀後，以故事的結構「開端」、「發展」、「高潮」、「結局」進行摘要，最後再加上故事所要傳達的「道理」完成一篇小故事（約 150-300 字）。讀寫合一

Q4-1 承上題，先在小組中與同學口說分享你完成的小故事（2 分鐘內），同學根據故事架構給予回饋。跨域延展

說故事檢核表

座號：

姓名：

	星級
開端	☆☆☆☆☆
發展	☆☆☆☆☆
高潮	☆☆☆☆☆
結局	☆☆☆☆☆
道理	☆☆☆☆☆

請在聆聽同學的發表後，將星星塗色給予回饋！

寫下讚美與建議......

▲四〇七於種子教師培訓時腦力激盪完成的挑戰題（翰林版六上第二課〈到不來梅當個樂師吧〉）。

◆ 築夢踏實

我的 MAPS 實踐課堂在種子教師的培訓下、在共備夥伴的努力下、在師生一點一滴的耕耘下，課堂忙碌又充實，MAPS 的實踐之路，走得踏實又平穩，有倒吃甘蔗的感覺。以下是 MAPS 實務課堂舉隅。

暖身題

以第四課〈遊走在世界的市場裡〉的暖身題為例：暖身題Q1讓學生在閱讀課文之前，運用平板搜尋，對課文提到沖繩、義大利及巴黎的地理位置，有初步的認識；在看完暖身題Q2影片及寫下對傳統市場的看法後，學生對〈遊走在世界的市場裡〉這課的學習更有興趣。

基礎題與心智圖

我會讓學生先寫提問單，然後課堂討論，小組討論意義段並下標題，老師檢討與修正後，二至三人一組或個人繪製心智圖。由於生生有平板，所以學生用 Keynote 或 Xmind 畫心智圖，也在心智圖上寫下課文大意及心得。由於基礎題的引導，學生在畫心智圖時更有條理，課文脈絡也更清晰了。真感謝有暑假的 MAPS 培訓及小組的共備，比起以前，現在上起課來更有方法了。

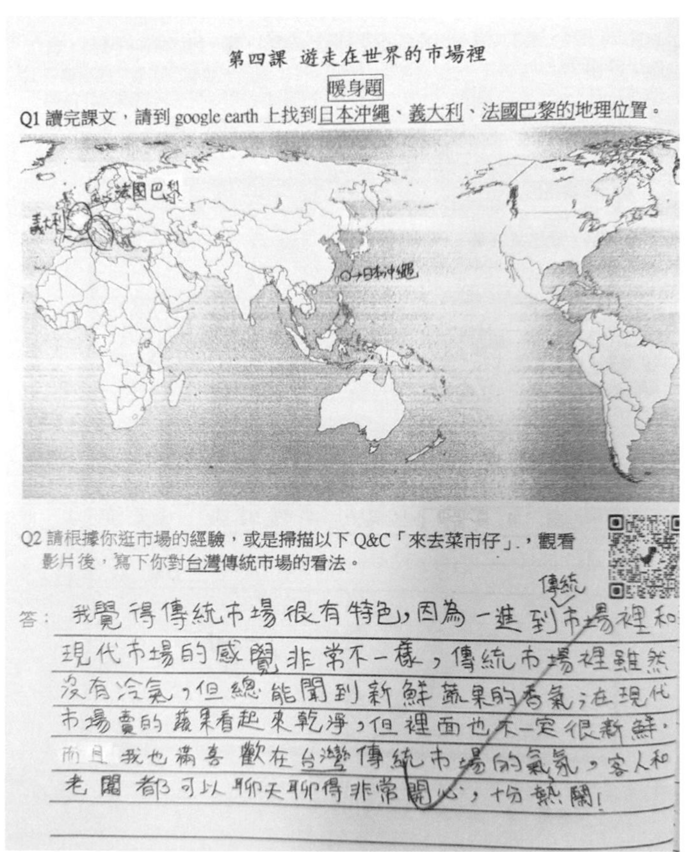

第四課 遊走在世界的市場裡

暖身題

Q1 讀完課文，請到 google earth 上找到日本沖繩、義大利、法國巴黎的地理位置。

Q2 請根據你逛市場的經驗，或是掃描以下 Q&C「來去菜市仔」，觀看影片後，寫下你對台灣傳統市場的看法。

答：我覺得傳統市場很有特色，因為一進到傳統市場裡和現代市場的感覺非常不一樣，傳統市場裡雖然沒有冷氣，但總能聞到新鮮蔬果的香氣；在現代市場賣的蔬果看起來乾淨，但裡面也不一定很新鮮。而且我也滿喜歡在台灣傳統市場的氣氛，客人和老闆都可以聊天聊得非常開心，好熱鬧！

▲暖身題（第四課〈遊走在世界的市場裡〉）。

口說發表

畫完心智圖後，學生先將作品放在 Padlet 上互相觀摩，剛開始小組將心智圖投影大屏上並作口說發表，後來請學生將心智圖口說發表用平板錄影後上傳 Padlet，節省很多上臺報告時間，老師及學生可利用時間觀賞及點評，課堂上播放精彩片段給大家欣賞，以收見賢思齊的效果。

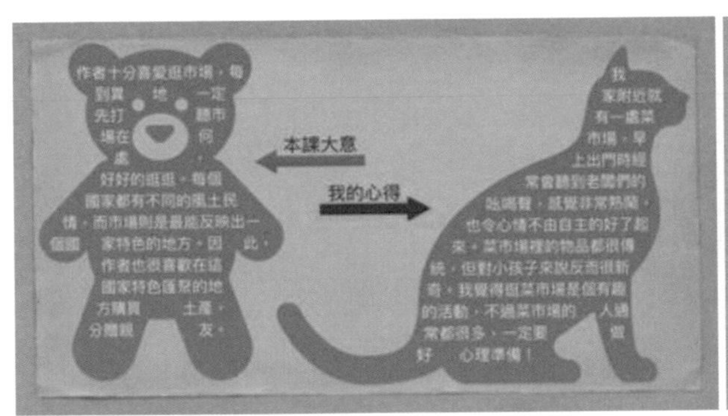

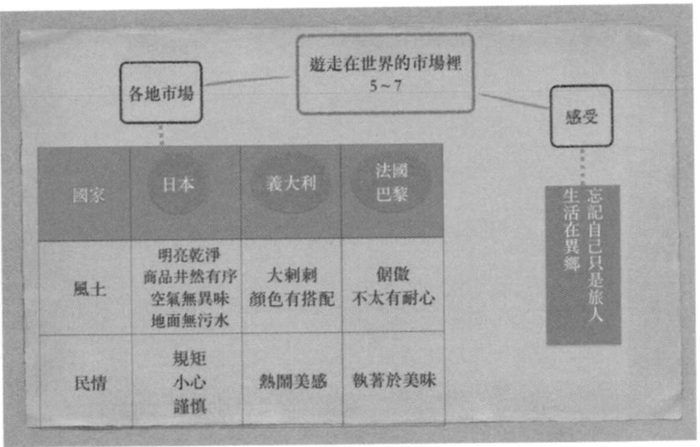

▲學生心智圖作品。

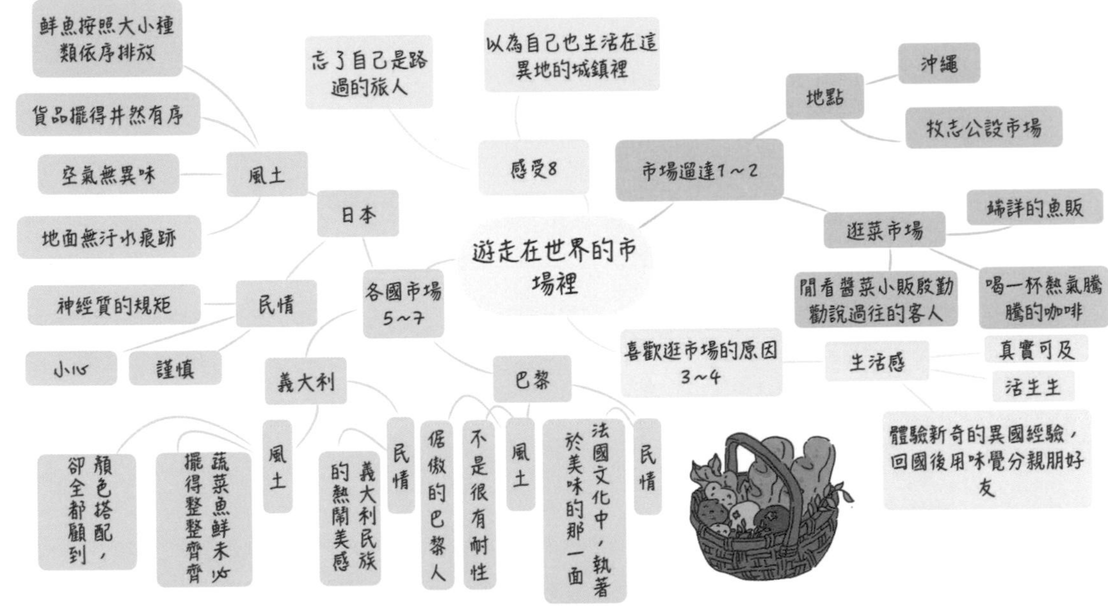

▲學生心智圖作品。

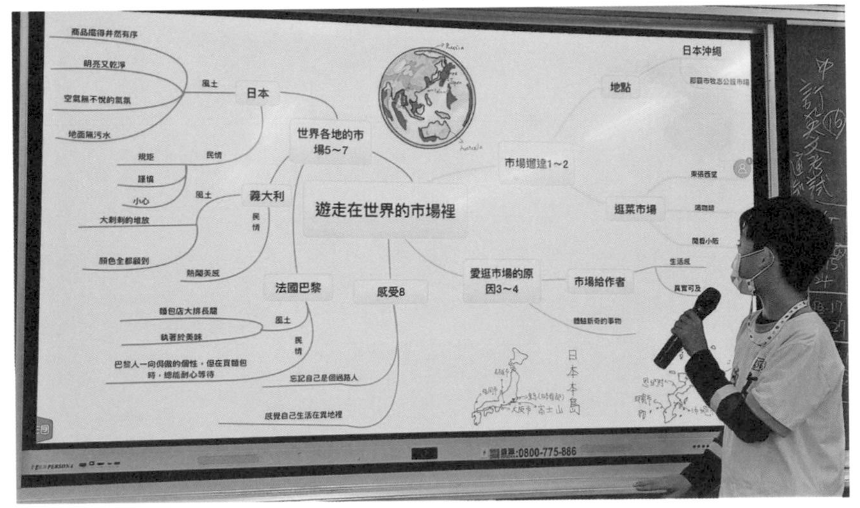

▲心智圖口說發表。

挑戰題

在融入班級經營與寫作部分，教到第三課〈旅客留言簿〉時，正好接近教師節，根據挑戰題Q3給老師的一封信的引導，製作卡片送給老師，卡片的上半部運用句型寫出老師的二至三個優點，寫成讚美詩；卡片的下半部則是根據挑戰題的引導，寫一封感謝信給老師，加上插畫、封面、封底，完成教師卡。學生共做了七張卡片送給導師及科任老師，當孩子送卡片給老師時，看到老師嘴角的微笑，頓時覺得很有成就感，而學生書信的練習在生活的情境中達到精熟學習了。

在讀寫合一部分，以〈不可以翻魚〉為例：藉由「花瓣識字」活動，我讓學生以部件組字再造詞，並將花瓣上的語詞編成兒歌或情境短文（編成的兒歌還可以用〈小星星〉的曲調唱出來喔），再加上美編，這個活動讓識字變得有趣多了，也讓學生對字與語詞連結，印象更深刻了！

> 〈不可以翻魚〉挑戰題Q2
>
> 阿凡提說：「如果大家都沒有看到翻魚，那就繼續用餐吧！」這是一句假設複句，請你運用「如果……就」這個句型，自訂題目，寫一首四節的句型詩。

另外，這課的句型「如果……就」，學生只要訂定主題，照樣造句四句，便可以做成一首句型詩，再加入情境插圖，就完成一首句型圖文詩了。

Q3 教師節即將來臨，請依照書信的格式(開頭+正文+結尾)，寫一封信給你的老師，表達你心中的感謝。

開頭：稱謂語(親愛的老師)

正文:第一段請寫舉三個例子說明感謝老師的理由。
第二段請寫出回報老師的三個方法

結尾:祝福語、署名與日期

格式與寫法參考

親愛的老師：
我想對您說——謝謝！當我(　　)時，(　　)，使我(　　)；當我(　　)時，(　　)，使我(　　)；當我(　　)時，(　　)，使我(　　)。(寫一句對老師的讚美或評價)。
教師節即將來臨，我想送您三件禮物，來回報您對我的教導與鼓勵。首先，(　　)；其次，(　　)；最後，(　　)。祝您
(　寫下祝福語　)!
(署名)學生 xx 敬上
日期

▲第三課〈旅客留言簿〉挑戰題 Q3 題目。

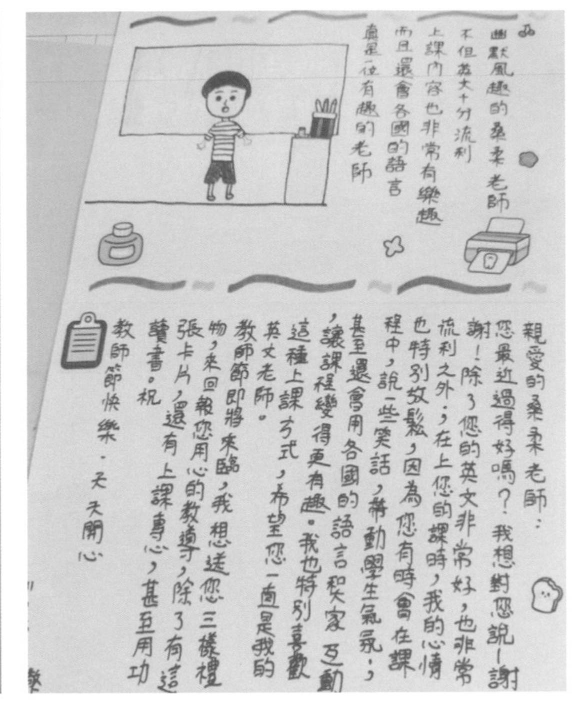

▲根據挑戰題 Q3，小朋友完成教師卡。

▲花辦識字。

花辦識字兒歌(小星星)

左日右堯不知曉
左火右堯火燒房
左糸右堯玩纏繞
左水右堯來澆花
左食右堯求饒恕
花辦識字真有趣

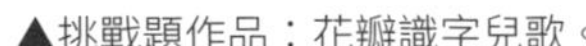

▲挑戰題作品：花辦識字兒歌。

▲▶挑戰題 Q2 句型圖文詩作品：「如果……就……」。

〈雪的銘印〉挑戰題Q2
在課文第八－九段文本中，作者運用了譬喻的寫作手法使讀者對雪有更多的想像空間。請你發揮想像力，參考或模仿以上的句型，分別寫出春、夏、秋、冬四個季節的短詩。

在跨域整合部分，六上第十一課〈雪的銘印〉中，學生以四季為題目，用 Canva 製作圖文詩，結合語文、藝術與科技領域，這些圖文詩有畫面、有情境，令人看了賞心悅目，學生也很有成就感。

◆ 擁夢翱翔

一分耕耘，一分收穫。這班的學生接觸 MAPS 教學已兩年了，加上科技的融入，學生的改變與進步，從學生的作品、學生的省思以及老師的觀察，都可看出明顯的成長。學生在五年級時長出羽翼，學習飛翔，畢業前已經擁夢翱翔，飛得又高又遠了。身為老師的我，何嘗不是呢？

學生畫心智圖的心得

以下是部分學生對製作心智圖的心得，一起來看看他們的成長與進步。

學生陳苡潔：我是從五年級開始學習製作心智圖，那時

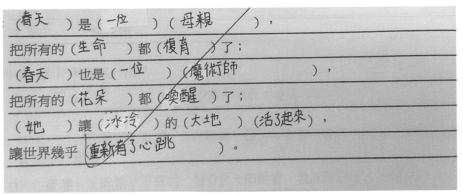

(春天　)是(一位　)(母親　),
把所有的(生命　)都(復育　)了;
(春天　)也是(一位　)(魔術師　),
把所有的(花朵　)都(喚醒　)了;
(她　)讓(冰冷　)的(大地　)(活了起來),
讓世界幾乎(重新有了心跳　)。

▲挑戰題 Q2 利用文本的譬喻的寫作手法，讓小朋友仿寫季節短詩。

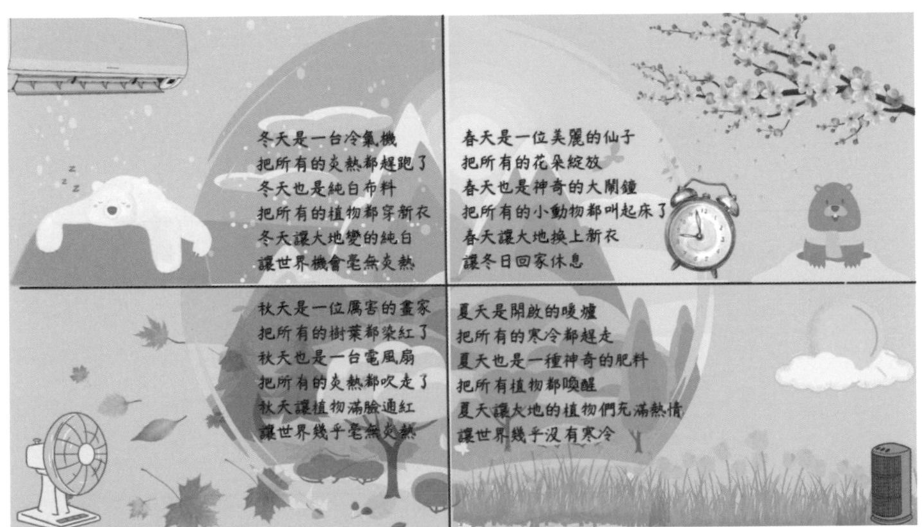

▲挑戰題 Q2 學生作品：四季圖文詩。

我的關鍵詞都抓得很長，感覺比較像句子而不是語詞。而且，我剛開始練習製作心智圖的時候，光是要找關鍵詞和分支、下標，就花了好多時間，一節課根本無法完成。而現在，我對於製作心智圖已經十分熟練，且不管是下標、分意義段、找關鍵詞，都變得很快，正確率也提高了。我覺得，做心智圖讓我感到很有成就感，也幫助我理解課程內容，希望心智圖以後也能繼續幫助我學習。

學生黃靖恩：我從做了心智圖之後，我在看文章時，更容易掌握到重點，抓關鍵字也越來越快，使我在看文章時，更省力快速。我在五上時，還不太會做心智圖，但現在一次又一次的做，也越來越上手了，寫文章和讀文章也越來越進步了。

學生邱玟臻：我覺得做心智圖是非常好的事情，因為可以讓我們更了解課文，讓我們在考試時可以拿我們自己做的心智圖來複習，讓我覺得非常的有趣。

學生黃語捷：我覺得製作心智圖的過程中，不但可以讓我對課文更熟悉，也可以讓我跟同學感情更好，還記得五年級做心智圖的時候，平板都要跟別班共用，而現在我們有了自己的平板，變得越來越方便！

學生的進步與改變

經過 MAPS 的洗禮，學生在口語表達及寫作上有明顯的進步。

1. 特殊生楊生：從語言障礙到發表正常，參加聯合盃作文比賽拿到五級分。在上學期，必須安排每週一次多元中心的國語課，到下學期則已語言表達流暢，予以結案。

2. 特殊生黃生：原有書寫障礙，經 MAPS 洗禮後，參加龍嚴 fun 書獎作品入選，寫文章投稿，獲刊於牙醫公會雜誌。

3. 陳生：投稿《國語日報》（散文）及《人間福報》（童詩）入選，參加溫世仁作文比賽進入決賽，並考上國中語文資優班。

4. 多數學生能在五至十分鐘內，以語音轉文字完成短文或日記（Padlet）。

5. 全班分六組參加圖文創作比賽，二組入選，參加決賽（口試）——一組得特色獎，一組得佳作。兩組學生並獲機會，參加與達人一日訪談的活動。

科技融入 MAPS 帶來的改變

1. 生生有平板：讓教學更有效率，學生更樂於學習，作品也更令人驚豔。

2. 大屏播放：學生兩兩一組上臺報告時，利用 Xmind

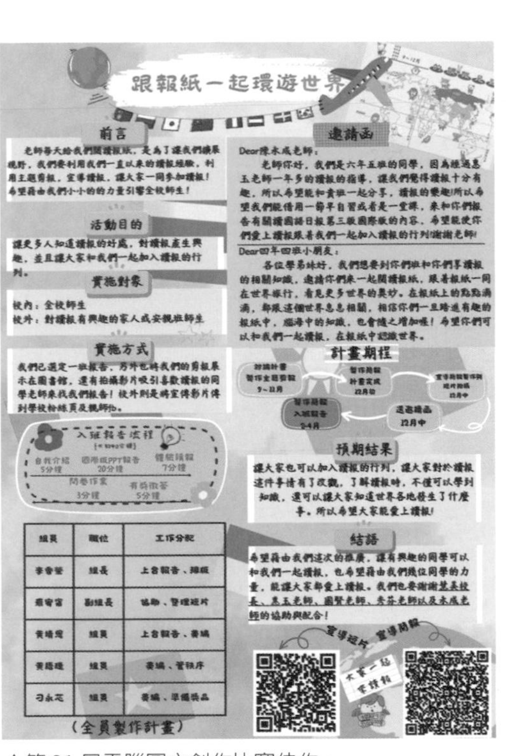

▲第 21 屆電腦圖文創作比賽佳作。

▲第 21 屆電腦圖文創作比賽特色獎。

的播放功能，字會比較大，學生都可以看得很清楚；心智圖投影到大屏後再做口說發表，比之前用小白板方便多了，效果也更好。

3. Keynote 繪製心智圖：由於學校六年級班班有平板，因此讓學生用 Keynote 繪製心智圖，並加上情境插圖。學生做得好認真，也很有創意。

4. 無紙化學習單：到了下學期，學生已越來越熟悉平板的使用，學習單放到 iPad 備忘錄 AirDrop 給他們，他們完成作業再回傳給老師，於是無紙化學習單及作業都順利完成了，真是便利又環保。

5. Padlet 收集作品：學生在平板上利用 Keynote 或 Xmind 畫完心智圖後，接著錄製心智圖報告傳到 Padlet 讓大家觀摩，老師擇優播放講解，節省許多課堂時間，並可收見賢思齊之效。

6. 省時有效率：因為孩子能力的提升以及科技的運用，以往課堂時間不足的問題已漸漸克服，進入倒吃甘蔗階段，越來越甜美了。

教學相長

落實 MAPS 教學一年來，在語文教學上成長許多，也提升不少自信，從不知如何設計提問，接著設計的提問只考慮

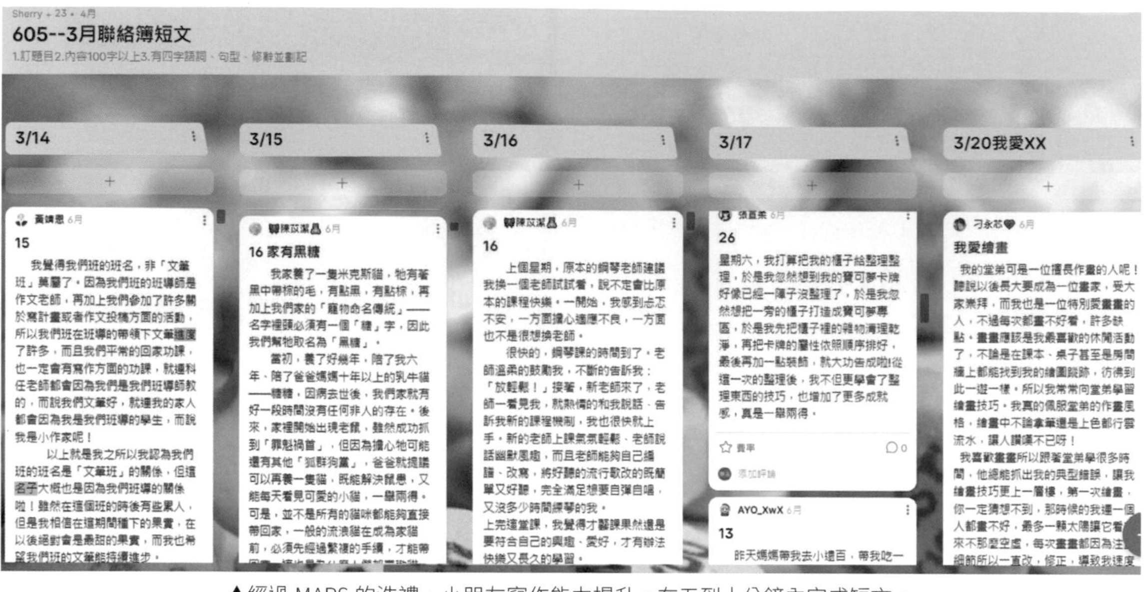

▲經過 MAPS 的洗禮，小朋友寫作能力提升，在五到十分鐘內完成短文。

到層次卻沒有思考其脈絡性，索性參考網路神人的提問單進行教學，到現在我可以自己設計有脈絡、有組織的提問單，那份成就感實在是無法用言語來形容。這一年雖然常常絞盡腦汁設計課程，卻是獲益匪淺，在我教學生涯留下難忘的回憶。剛學會還算生手，再加上懷念和夥伴共備、戰鬥的美好時光，今年我參加種子教師回流，加入第五屆種子教師的行列，很開心又找到夥伴們一起共備、一起燒腦、一起為熱愛的教學注入心血，為莘莘學子而努力。教書至今也三十六年，仍樂此不疲，我相信再一年的實作，我的 MAPS 功力一定會再增加，成就感會再提升。期許自己明年能挑戰國中班種子教師，繼續另一階段的 MAPS 追夢之旅。

【國小領域】

4

黃郁珊／從「誤」人子弟到「悟」人子弟——我的 MAPS 教學歷程

桃園市楊梅區楊光國民中小學

山中大叔導讀

郁珊老師，原本對當老師抱有疑慮的她，最終 MAPS 成為一位引以為傲的國小老師。

透過 MAPS，她重新關注課程的核心目標，幫助學生更好的理解課文，並激發了他們的學習熱情，提高了他們的閱讀理解能力，更增強了他們的表達和溝通技巧。郁珊老師還分享了她如何將 MAPS 教學法與數位教學工具相結合，使教學更具趣味和互動性。

這是一個關於堅持、反思和成長的故事，我們看見了對教育的熱愛和對未來的信心。

站在舞臺上，掌聲不絕於耳，鎂光燈此起彼落，從市長手中接過「桃園市資深優良教師」的獎座，原本排斥當老師的我，教師之路一走就走了二十三年。二十三年磨一劍，從惶惶終日不知該教什麼，從惴惴不安心虛是否誤人子弟，終於到了教滿二十年這一天。二十年絕對不僅僅是量化的數字，不是教得久就叫教得好，因為有了MAPS這帖良方，讓我的教學從心虛到踏實，讓我的帶班從不安到穩定，而我終於可以有自信的大聲說：我對得起老師這個志業，我以身為國小老師為榮！

◆當老師後才開始學當老師

騙小孩的鐵飯碗？

三十年前考大學時，母親耳提面命：「填志願，妳只能填師院。當老師多穩定，又有寒暑假，教書騙小孩那麼簡單，我看隔壁退休老師每天閒閒沒代誌，這令人稱羨的鐵飯碗，妳填就對了！」我心想：讀普大的學姐都說師院很無聊，何況誰要一輩子做騙小孩的工作啊！身為雜貨店的長女，隨著辛苦的父親四處送貨，下又有三個年幼的弟妹，同樣是長女的母親總提醒我：「妳要做好弟妹的榜樣。」聽媽媽的話就是最好的示範，因此在理想與現實的拉鋸中，我妥協了。

身為師院末代公費生的我，大學四年總想著：反正我一畢業就分發，因此過得渾渾噩噩，大學期間除了擔任安親班老師，有實際接觸小朋友外，其他的班級經營、備課、教學實務，等遇到了再說吧！

算是努力的老師？

真的遇到了，才發現事情沒有想像的這麼簡單。大學的學用落差，在我畢業那幾年一再打擊我，教授講的跟實際教學現場真的完全不一樣！二十年前初出茅廬的教育界菜鳥，不像現在的新進老師，沒有教育部安排許多回流、研習、薪傳師等初任教師輔導機制，只能靠自己摸索、請教同學年的前輩老師，或是自己努力找研習的管道。

初任的那幾年，教育部推行九年一貫課程，主題式的教學、活化創新，活動體驗、融入生活，成了教學主要的模式。國語課講解課文、做筆記、習寫生詞，看孩子意興闌珊、呵欠連連，老師都跟著乏力了，於是帶著全班在教室做銅鑼燒、打果汁……孩子原本空洞的眼神瞬間發亮，我也跟著沉醉其中，以為這樣就是最好的教學。當時還流行閱讀教學，我自掏腰包買了一大堆班書，規定學生要輪流傳閱，週週寫閱讀心得、全班共讀、辦讀書會、投稿《國語日報》……把自己和孩子搞得極度忙碌；我們班有一半的孩子投稿作品上報，讓我極度自我感覺良好。雖然我就讀師院時期不是個努力的學生，但成為老師後，我四處研習、學習，也算是個努力的老師，至少對得起自己、也對得起學生了吧！

◆改變的起點

我媽媽說妳教得很爛！

但質疑與挑戰接踵而來，一向對教學充滿熱情的我，竟然收到家長的投訴，家長說我辦了一堆跟課程無關的活動。為了配合翰林版《國語》四上〈特別的滋味〉一課，我帶孩子到家政教室製作炒飯，體驗文中炒飯的過程及品嘗的滋味，而孩子們也吃得、玩得很開心啊！第一次收到投訴的我，難掩心中的憤慨，辦活動絕對是老師的夢魘，前置作業十分繁雜、聯繫準備的工夫也不可少，更別說活動過程中的安全提醒、活動後的場地收拾，往往搞得人仰馬翻，要不是為了孩子渴望的眼神，誰要做這樣吃力不討好的工作啊！

個性好強不服輸的我，是不會這樣罷休的！我在心中吶喊著：我在培養孩子的生活素養，是那個家長不懂。帶下一個高年級班時，我更是花招盡出。同時擁有烘焙證照的我，做鬆餅、烤餅乾、做披薩，教室裡孩子時常手忙腳亂製作各式點心，走廊更是經常飄香，烘焙點心的香氣連辦公室的老師都聞香而來。沒想到那個班畢業前，同樣的質疑再次出現，一個孩子誠實的告訴我：「我媽媽說妳教得很爛！」這句話宛如晴天霹靂，再次重擊我，讓我從自以為認真的天堂，墜入不知為何而教的地獄。

備一堂孩子喜歡的課?

做PIZZA學分數
國語五上L5
棉花上的沉睡者
摘豆芽

國語六下L8
落花生
花生食品大會
國語五下L2
遊走在世界
的市場
品嘗櫛瓜

▲備一堂孩子喜歡的課？

連番的打擊促使我反思，雖然我自認每一課都上完，但我並沒有花時間紮實的備課，也不理解文本的脈絡，更別說為孩子搭建學習鷹架，好好幫助他們把課文學好。上課前，大略翻一下教師手冊；上課時，從課文開始講解、解釋生詞，打開書商提供的電子書，讓孩子把學習重點念一念、看一看，一節課就過了。教了十幾年，上課的模式固定下來，偶爾辦活動讓孩子玩一下才不會太無聊，這樣日復一日等退休……啊！這不就落入考大學前自己不想要的景況——「誰要一輩子做騙小孩的工作啊？」這句話如暮鼓晨鐘重重敲醒了我。

遇見 MAPS

不想成為無趣的老師，我開始在臉書社群搜尋前人的教學方法：怎樣踏實把國語課上好，而不是勉強上完，再靠曇花一現的活動吸引學生？能不能回到學科本質，讓課程符應課綱裡每個階段的學習目標？二〇一七年電影《老師，你會不會回來？》上映，電影情節一點不誇張，完全呈現教學現場——老師講述得很認真，學生在講臺下也玩得很認真。當老師是教室的主角，不斷講述填鴨，學生只能乖乖坐著聽課，能專心聽一節課的人有多少？然而，當王政忠老師一登場，教室場景立即翻轉，學生此起彼落的搶答，師生間熟悉熱絡的互動，孩子對於學習那股殷殷企盼的熱情，那爍爍閃耀的眼眸，那捨我其誰的自信，看得我神魂顛倒。那就是我尋尋覓覓了十幾年想要的那道光！

翻轉必須有熱情，也要有方法。向來行動派的我總是滿腔熱血，卻不得其門而入，我不想淪為只是會辦活動，卻偏離學科本質的老師，我在乎的課程除了「有趣」，也要「有效」。我暗忖：或許 MAPS 會是指引我方向的那盞明燈吧！拜讀了大叔的《我的草根翻轉》，看了網路上的教學影片，對於 MAPS 教學法充滿好奇，迫不及待想一窺其中奧祕。

夢的開始

二〇一八年，參加桃園夢N，由高雄市過埤國小廖雅惠老師開的國小班，猶如帶我入 MAPS 門的敲門磚，我才知道帶孩子理解課文是有策略的——教師在備課時先進行文本分析，畫好心智圖，再從心智圖的支線設計好每一意義段的問題，意義段用紅筆標示、關鍵字詞用藍筆註記、訊息用綠筆圈選，畫心智圖的順序是順時針，同支同色，字要寫在線上。透過圈句號帶中年級孩子認識斷句以及同一段落表達的意義，刪除多餘字詞幫助精簡大意，圈出關鍵字詞串聯成段落大意，進而串寫整課大意。混沌了十幾年的國語文教學，在此刻豁然開朗。

進入 MAPS 之林，學了武功、躍躍欲試的我，回去教室立刻實踐。因為雅惠老師有很明確的操作模組，且大方分享她的 MAPS 提問單，我跟著印提問單、將提問製作成 PPT、

▲ MAPS 會是指引我方向的那盞明燈？

遇見MAPS

- 實踐，從五上第三課開始……
- 2018年10月—夢N在桃園國小MAPS組
- 2020年夢N南投場實踐家
- 2022年第四屆國小MAPS工作坊種子教師，每個月的線上共備，幫助我能夠有意識的備課

▲遇見 MAPS。

採取加分機制，透過課堂的搶答，帶孩子畫關鍵字詞、提取訊息，也試著讓孩子藉著基礎題提問產出心智圖。六年級的孩子第一次接觸MAPS，在沒有搭鷹架的情況下，竟然能夠繪製出主線、支線及訊息，令我十分振奮。而挑戰題也參考雅惠老師的設計，讓孩子一課一練筆。猶記得那是六下的三月份，正是孩子努力競試私中窄門的日子，一個孩子苦讀了一年，卻還是名落孫山，她在挑戰題寫下「轉念」：「看到爸爸每週犧牲他的時間接送我去補習，家人對我寄予厚望，我卻失敗了，我怪自己為何不再努力一點？為何讓他們失望？但是轉念一想，出社會後也沒有人會問你讀哪裡啊，唯有坦然接受失敗，才能作為下次成功的墊腳石。」這個女孩落敗的憂愁，經過挑戰題的書寫，也療癒了自己。我將這實踐半年來的心得私訊雅惠老師，感謝她領我入門，因此得到她的推薦擔任二〇二〇南投夢N實踐家。

◆一直走在實踐的路上

勇氣與力量

從未想過自己會站上實踐家這個勇氣的舞臺，擊掌需要勇氣、實踐更需要力量，而誰賦予我們勇氣與力量？那就是堅強的MAPS團隊！有幸受到中區MAPS神人老師的指導：雲林縣崙背國小黃秋蓉老師、鎮東國小志豪老師，手把手的帶著實踐家修改簡報。在製作簡報的過程，讓我回顧、整理一學期的實踐路，重新梳理教學脈絡。站上實踐家舞臺的那天，與其他教育界的先進分享，受到臺下老師的點頭認同、鼓掌欣賞，再從大叔手中接過實踐家證書……雖然只是半小時的短講，但能藉由自己的成功經驗，點燃其他老師心中渴望改變的火光，真的是別具意義的一刻！

不是當過實踐家，翻轉就戛然而止，我有了更大的渴望。既然MAPS教學法這麼有效，我該下定決心好好的、踏實的到種子教師工作坊練功，讓我的馬步紮得穩當，而不是只會幾招耍花槍。在MAPS核心講師、桃園市大忠國小陳佳慧老師的推薦下，我報名了由MOXA心源教育基金會主辦的第四屆MAPS種子教師工作坊，欣喜錄取、摩拳擦掌的我，卻因為疫情導致課程一波三折，直到二〇二二年暑假，課程得以順利啟動。三天的工作坊、兩天的回流，加上長達一年的每月共備及實踐歷程紀錄，真的不輸吳晟的〈甜蜜的負荷〉。

學習是有壓力的，卻也是快樂的，在三天的初階工作坊中，由MAPS課程研發者大叔親授MAPS的概念，讓我從原本的基礎題、挑戰題，又補足了暖身題，三層次提問終於到位，也更明白三層次之間的關聯——暖身題是挑戰題的鋪墊，在設計挑戰題時，必須回扣暖身題，讓提問是連貫的。小組共備要產出心智圖及三層次提問，既燒腦又得受時間的催逼，可以說是工作坊最緊張刺激的橋段。但也因為充分的對話討論、實際的共備產出以及演示說明設計的想法，在大叔一一點評下，讓我更加明瞭MAPS三層次提問設計的條理與脈絡。

與時俱進的實踐家

寒假的兩天回流，請到View Sonic的講師帶我們學習My View Board數位白板及數位教室功能。大叔要我們思考數位教學工具濫觴的時代，教育部推動「生生用平板」政策，如何讓MAPS進化成T-MAPS，讓數位工具成為學習的鷹架，有效協同教學，不僅僅是展示小白板變成展示平板而已。運用數位工具讓孩子的學習能力兼顧差異化、前置性及真實性，Padlet的提問及作品與回饋可以是文字、圖畫、照片、影片；MVB的多功能數位白板，可以讓教學設計直接投映在大屏上，增加課堂的趣味及互動性；數位教室發作業及即時解答，更可以讓生生有平板的功能發揮到極致，讓3C不僅僅是資訊工具，更是幫助檢核知識點、弭平學習差異的利器。如同大叔金句：「教學沒有最好的一天，只有更好的一天。」即使面對數位教學浪潮襲來，大叔仍希望MAPS老師們與時俱進，不斷審視更新自己的教學，也才能當孩子的天花板，帶領孩子邁向長遠的未來，成為苟日新、又日新的終身學習者。

從0到1再到2.0

參加完工作坊後，我能夠自己從文本分析產出心智圖、設計基礎題，接著結合學生的生活經驗，設計具備素養特色的暖身題以及挑戰題，更能用教師的專業掌握教學的節奏。由於要兌現種子教師回教室實踐一年的承諾，每週都必須依照進度備課。

▲融入數位科技，用 Padlet 讓孩子們做挑戰題發表。

MAPS之後，我的一週國語課與作業

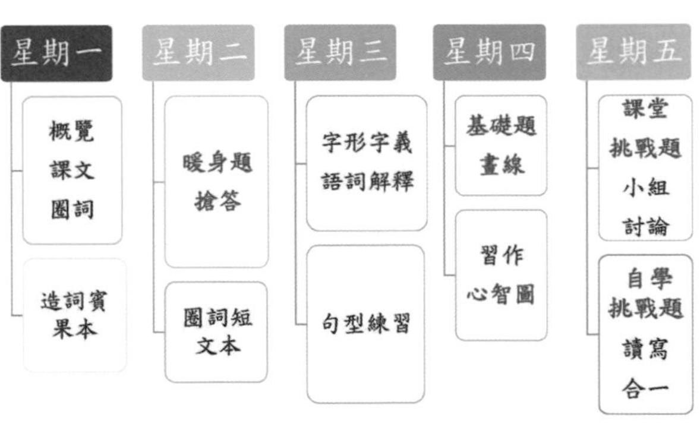

▲ MAPS 之後，我的一週國語課與作業。

基礎題不能偏離學科本質。我會先進行文本分析，找出課文的意義段、關鍵字詞、下位的訊息，繪製出心智圖後，再根據每一條支線設計提問。基礎題的大工程結束後，接著思考暖身題和挑戰題如何跟文本串聯，最好能連結學生的舊經驗，引起學習動機。挑戰題要做更深層的思考，冀望能做到讀寫合一、跨域延展，提升孩子多元能力。

驚見孩子成長大躍進

萬事起頭難，面對剛升五年級的孩子，尤其是後疫情時

三層次提問設計　暖身題

- 複習舊經驗
- 連結學生生活經驗
- 運用預測策略，從課名猜測課文
- 用影片、歌曲等素材引起動機
- 多元呈現
- 是挑戰題的鋪墊

1. 課文標題「讓我做你的眼睛」的「我」是指誰？＿＿＿＿＿＿。「你」是指誰？＿＿＿＿＿＿。說一說你是怎麼知道的？
2. 聆聽董煒奇「你是我的眼」歌曲，歌詞中「你是我的眼，帶我領略四季的變換，帶我穿越擁擠的人潮，帶我閱讀浩瀚的書海，讓我看見這世界就在我眼前」，你覺得在你的生活當中，誰也像你的眼睛?他帶你做什麼？
＿＿＿＿＿＿＿＿＿＿＿＿＿＿＿＿
3. 請觀賞「我的眼，我的伴——導盲犬LALA」影片，並回答問題:
(1)在路上遇到導盲犬，應該怎麼做才對?
＿＿＿＿＿＿＿＿＿＿＿＿＿＿＿＿
(2)如何分辨訓練中跟工作中的導盲犬?
＿＿＿＿＿＿＿＿＿＿＿＿＿＿＿＿
(3)我們應該怎麼對待視障朋友?
＿＿＿＿＿＿＿＿＿＿＿＿＿＿＿＿
(4)看完這個影片，我的收穫是什麼?
＿＿＿＿＿＿＿＿＿＿＿＿＿＿＿＿
4. 請觀看導盲犬宣導動畫找出重點，如果你是海報設計師，要怎麼替導盲犬宣導設計成一張海報，讓民眾一目瞭然呢?

▲三層次提問設計：暖身題。

三層次提問設計　基礎題

步驟1：課文畫線摘要
紅筆—寫小標
藍筆—摘關鍵語詞(問題)
綠筆—摘關鍵語詞(答案)

二、吃花生的經過—
3-8段. 父親要子女說出花生的好處，作者一家人分別說了什麼?

那晚上的天色不大好，可是爹爹也到來，實在很難得！爹爹說：「你們愛吃花生麼？」
我們都爭著答應：「愛！」
「誰能把花生的好處說出來？」
姐姐說：「花生的氣味很美。」
哥哥說：「花生可以製油。」
我說：「無論何等人都可以用賤價買它來吃；都喜歡吃它。這就是它的好處。」
爹爹說：「花生的用處固然很多，但

▲三層次提問設計：基礎題。

三層次提問設計　基礎題

一、種花生的背景—
1-2段.
作者一家開闢花生園，做了哪些事?
他們舉辦什麼節?
內容及地點為何?

二、吃花生的經過—
3-8段. 父親要子女說出花生的好處，作者一家人分別說了什麼?

三、父親的期望—
9-11段. 父親用花生的特質來期勉子女成為怎樣的人?

步驟2：
小組討論
課文結構
區分段落
掌握段意

0. 請根據課文段落討論結構（並討論小標）:

意義段	小標	內容摘要		自然段
一	種花生背景	作者開闢花生園 (1)種子(買種) (2)翻土 (3)澆園	收穫節：吃花生食品（茅亭）	1~2
二	吃花生經過	花生好處：①姐：氣味很美 ②哥：可以製油 ③作：價錢便宜，人人愛		3~8
三	父親的期望	期待子女：要做有用的人.		9-11

◀三層次提問設計：基礎題。

三層次提問設計　基礎題

步驟3：生成心智圖

D.請根據課文段落討論結構（並討論小標）：

意義段	小標	內容摘要	自然段
一	種花生背景	作者開闢花生園 (1)[illegible] (2)[illegible] (3)[illegible]｜收穫節，吃花生食品（茅亭）	1~2
二	吃花生經過	花生好處：①姐：[illegible] ②哥：可以榨油 ③作：價錢便宜，人人♡	3~8
三	父親的期望	期待子女：要做有用的人。	9~11

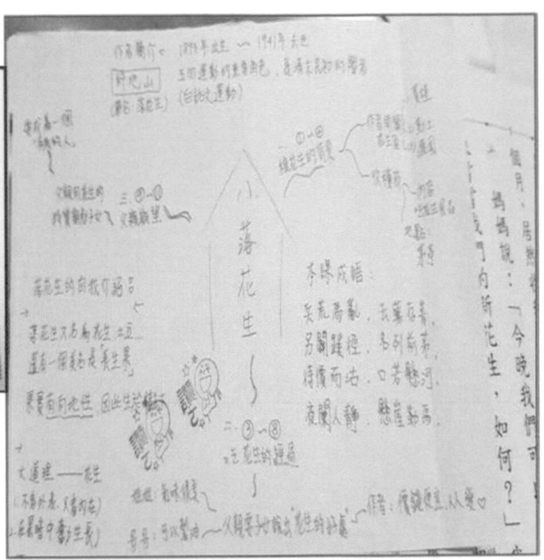

▲三層次提問設計：基礎題。

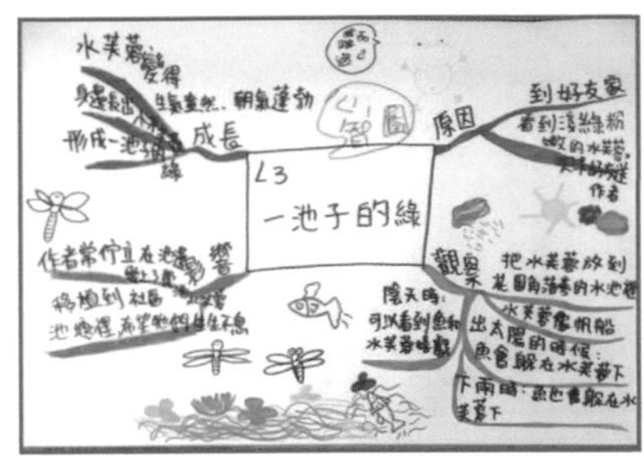

心智圖畫法

1. 紙張橫放
2. 課名放中間用方框畫
3. 根據意義段找出3-4個小標
4. 找出各段關鍵語詞
5. 將關鍵語詞(用黑色筆)
   寫在線上

注意：

1. 同支同色
2. 線條由粗到細

▲心智圖畫法。

提問三層次　共學挑戰題

I think＊任務三：小隊挑戰題---請全隊討論下列問題，並準備發表

1. 從課文中的哪些敘述，可以得知滿修女是個什麼樣個性的人？
2. 從第一眼見到滿修女到採訪結束，作者的心情有哪些轉折？轉折的原因是什麼？
3. 你認為是什麼原因支持著滿修女，做她自己想做的事？如果是你，你也會像滿修女一樣付出嗎？為什麼？
4. 課文的最後提到無條件的奉獻無私的愛，你相信世界上真的有無條件的愛嗎？請舉例說

- 提問層次為推論、評論、比較評估等觀點探討
- 小組共學共答
- 作為自學挑戰題的基礎

Q：你相信世上有無條件付出的愛嗎？請舉例說明：

A：父母付出無條件的愛，他們放棄青春，出外努力工作賺錢，把我們養大，讓我們平安；老師無條件奉獻他的愛、包容和知識，雖然有時我們會做錯，不過老師都會給我們洗心革面的機會；志工們不領薪水義務在校園中無私奉獻，每次看見他們，我都會問好，他們也會很開心！

▶三層次提問設計：共學挑戰題。

提問三層次　自學挑戰題

- 多元呈現及評核
- 是課堂挑戰題的延伸
- 可做觀點探究、跨域延展、讀寫合一

1.〔觀點探究〕(配合暖身題第2題及國習P74)訪問完家人關於你的誕生的大小事，再細讀這首詩，你覺得課文說「新生命的誕生會帶給周圍的人重生」，原因是什麼?當你陷入低潮時，什麼樣的事物也像新生命誕生一樣，能帶給你重生的感受及力量呢?(寫好寫滿)

____

____

____

2.〔跨域延展〕參加完「寶寶VS同學對對碰」活動，哪位同學的寶寶時期令你印象最深刻呢?

我覺得最可愛的是________、最好笑的是_________、最難猜的是__________

看完同學的嬰兒照，我的感想是____________________________________

3.〔讀寫合一〕(配合暖身題第2題及國習P75)11年前，一個小生命的誕生為你的家庭帶來新生的喜悅，請根據訪問家人關於自己誕生的內容，以第一人稱我為主角，完成作文「我的誕生」。

▲三層次提問設計：自學挑戰題。

代，經歷兩次大停課，學習斷層嚴重落差的這一屆，要導入心智繪圖是困難的，因此老師必須搭建細緻的鷹架。一開始先示範，帶著全班共作，等到孩子具備意義段的上位概念後，便可開始拆鷹架，挖空部分讓孩子對照提問，找到文本訊息填入。實施了幾課以後，在期中考後，我就嘗試讓孩子小組討論共作心智圖，每一組竟然都能完成自己的心智圖。

切分意義段時，也是分組討論。我只提醒過一次：「意義段標題最好字數一致。」孩子們便牢記在心，討論出四段字數一樣的意義標，令人驚喜於他們的大躍進。而提問單的書寫，也在我寫好寫滿的要求下，看見他們日益進步。我們班二十八個孩子，有一半以上可以在考作文時書寫至少五百字。平時每一課的書寫功夫，在他們身上留下了帶不走的能力，因此期末評量我也頭一次考寫作測驗，八十字的規定，有好幾個孩子都寫得欲罷不能。MAPS穩紮穩打的讀寫訓練，漸漸彌補了停課斷層。

但班上總有幾個不愛書寫的孩子，難道重視書寫表達的MAPS就放棄他們了嗎？有個孩子原本上課總是不拿課本、意興闌珊，看到同學上課都在寫提問單，竟也跟著拿起筆來填寫簡單的訊息答案。印象深刻的是五下第十四課〈永遠不會太晚〉的挑戰題：「我有什麼夢想？為何有這個夢想？該如何實現？」這個平時拒學的孩子，在沒有事先書寫的情況下，走到臺上拿起麥克風就頭頭是道的說著：「我將來要當室內設計師，因為我有強迫症，喜歡看到東西都擺放的整整齊齊，所以我要設計很多櫃子來擺放物品，我的第一步是要看很多室內設計的書，第二步是去蒐集很多作品，第三步是將來就讀相關科系增強自己的能力……」就算是對書寫表達欠缺自信的孩子，因為MAPS課堂有多元表現的評核，能夠口說發表、能夠繪製心智圖，甚至在挑戰題能夠表演、拍片做跨域整合，對學習關閉上心門的他，在MAPS的引領下，已然透出一絲願意開始學習的微光，這是多麼令人感動的事！

每週讀寫合一，練習書寫表達，
參加校外寫作比賽，成果豐碩

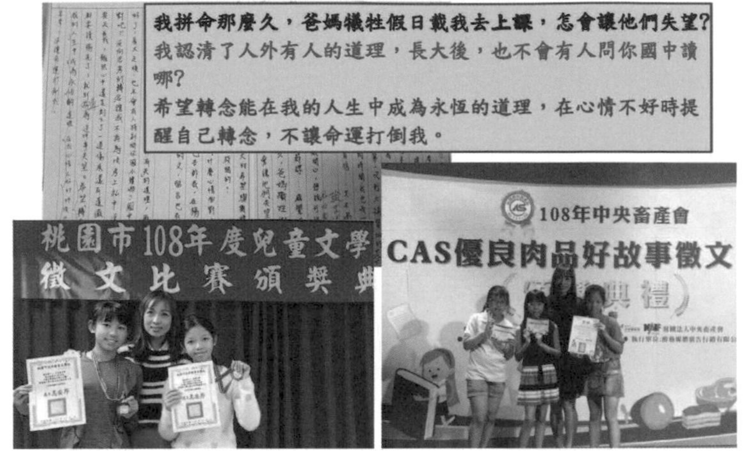

▲每週讀寫合一，練習書寫表達，參加校外寫作比賽，成果豐碩。

MAPS除了讓孩子愛上國語課，
也重新愛上學習

我覺得我變很多，以前的我不太喜歡上學，現在一想到要到508就很開心，以前不太會寫完作業，現在作業會一一做完，我變得非常多。

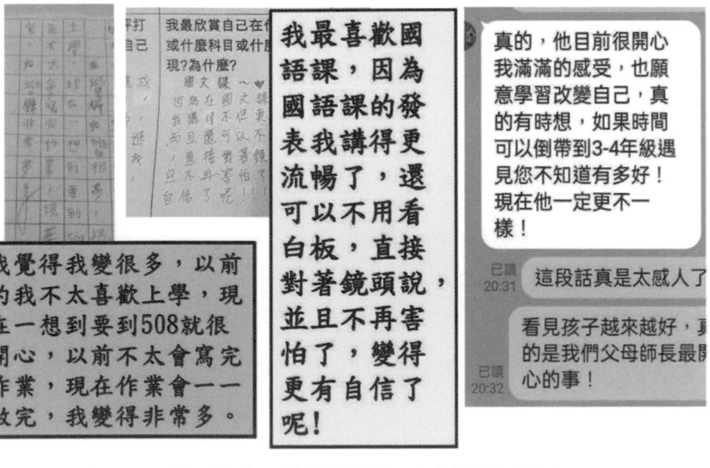

我最喜歡國語課，因為國語課的發表我講得更流暢了，還可以不用看白板，直接對著鏡頭說，並且不再害怕了，變得更有自信了呢！

真的，他目前很開心
我滿滿的感受，也願意學習改變自己，真的有時想，如果時間可以倒帶到3-4年級遇見您不知道有多好！現在他一定更不一樣！

這段話真是太感人了

看見孩子越來越好，真的是我們父母師長最開心的事！

▲ MAPS 除了讓孩子愛上國語課，也重新愛上學習。

◆ 跟著 MAPS 繼續走

無悔的甜蜜負荷

從二〇一八年初探 MAPS 的霧裡看花，到二〇二二年深入 MAPS 的撥雲見日，四年的累積，MAPS 的輪廓從模糊、朦朧到逐漸明晰。若問這樣沉重的負荷甜蜜在哪？怎會讓人心甘情願實踐了四、五年仍不悔？尤其面對每一週的進度不斷追趕，為了即時設計出三層次提問單，還得等家事都做完後才能開始挑燈夜戰，到底是什麼樣的力量支撐著我，讓我得以堅持？

當看到孩子循著提問單的鷹架能畫出心智圖，那一刻是喜悅的；當批閱孩子用心完成的暖身題、挑戰題，看見孩子真實書寫表達想法，那一刻是感動的；當看到小組討論時，同儕間自然的交流互動與互助合作，那一刻是溫暖的；當然當看到每一個提問設計呈現在螢幕上，那是我絞盡腦汁的成果——必須符合學習目標、必須在文本上不斷回扣、必須結合習作才能不偏離學科本質、必須結合生活經驗讓孩子有感……那一刻是踏實的。

「有效」的教與學

然而，這樣的改變到底有沒有達到我想要的「有效」呢？畢竟家長關心的還是實際的學業表現。我們學校是九年一貫的國中小，連兩屆的孩子升上七年級時都急切的回來告訴我：「老師，我們小組的報告成績是全班最高分！要感謝高年級時，妳在國語課訓練我們上臺發表。」今年會考結束，家長來訊：「面對未曾出現的作文圖表題，孩子看到當下腦袋一片空白，但趕快深呼吸冷靜下來，腦中浮現郁珊老師教過的提問方法，硬著頭皮寫進作文中，原本是要交白卷的，竟然能保住四級分，十分感謝老師當初的教導。」當初選擇跟著大叔走一走，這條路，我是走對了！

今年六月，我從第四屆 MAPS 種子教師工作坊畢業了，心中的驕傲與感動，不亞於一般畢業生，因為，我終於能夠自信的回到教室講臺上，繼續我有趣且有效的教學，未來面對質疑時，我不再心虛；面對挑戰時，我無須畏懼。因為我知道我練就的 MAPS 神功是禁得起考驗，是能幫助學生練好閱讀理解、掌握學習重點、增進學習效能的絕世武功。

有意識的「悟」人子弟

記得剛踏入第四屆 MAPS 種子教師工作坊的那一天，大叔彷彿懂讀心術般讀懂我的心，他送我一句話：「教學的意

來自畢業學生的回饋

如果有一台時光機，真想回到五年級……

謝謝老師用MAPS提問單教導我從課文找出段意，幫助我養成預習的習慣，每次考前複習時，我會用以前老師教過的提問方式，做自我提問，而能清楚掌握重點，使我面對國中艱深的課業，也能輕鬆通透。

小組討論時，不僅能表達自己的想法、學到思辨能力、小組合作，還能培養領導能力。

國際課上台發表，更讓我充滿自信、輕鬆自如……

謝謝郁珊老師，替我打穩了堅固的地基……

鬆自如；小組討論時，我可以帶領組員找出答案……等。
而這些技能，都是因為您的教導，才有現在的我。謝謝您。
祝　生日快樂，天天happy

▲來自畢業生的回饋。

MAPS為我的課堂
帶來了最美的風景~

▲ MAPS 為我的課堂，帶來了最美的風景。

義，來自有意識的備課。」讓我如同得到高人開示，了然於胸。教職生涯二十三年，我在教學這條路上一直如迷途羔羊、忐忑不安，用四處研習來讓自己心安，用舉辦活動來討學生喜歡，但一直未能提綱挈領，切中教學核心，大叔的這句話成了我的座右銘，時時提醒著我要有意識的備課，教學才能產生意義。

感謝這一年的學習，帶著最新、與數位接軌的 T-MAPS 回到教室，幸運的五年八班孩子們能操作 hiteach 回答問題，能學著用 Xmind 畫心智圖，眼神因而更加閃亮，課堂氣氛因而更加活絡。感謝這一年陪伴第四屆學員的大叔，每次的共備，大叔都耳提面命備課的重要。大叔深耕偏鄉教育二十六年，不曾離開，用他的典範告訴我們要珍惜每個好好教學的機會、要把握每刻師生互動的交會，在這用生命影響生命的志業中持續耕耘、傳播教育的價值。感謝四〇五一起共學共備的夥伴們，協作新北市林口國小林倩伃、雲林縣和平國小陳美珠、臺北市光仁國小李慎源、陳庭筑、雲林縣埤腳國小陳雅莉老師，雖然最後的每月共備只有四個人，但有倩伃條理分明的帶領、美珠紮實深厚的文本分析、慎源用心設計的提問單，都讓我收穫滿滿，能以更踏實、坦然的狀態面對每一課的教學。感謝與我相遇的家長、孩子們，從二〇一八－二〇一九年的五〇三、六〇三，二〇二〇－二〇二一年的五〇五、六〇五，二〇二二年的五〇八。當然還要感謝在我初出茅廬那幾年摸索撞牆，仍耐心包容我的教育夥伴，你們的反饋讓我覺察自己的不足，讓我得以不斷進修精進教學，你們的肯定更是我教書二十年仍不輟的動力來源。最後要感謝我自己，沒有因為是公費生，就過著日復一日、一成不變、數饅頭、等退休的日子；沒有因為學生學不會、家長質疑就怨天尤人；謝謝在教學路上的自己，沒有放棄。

很喜歡葉慈說的一句話：「教育不是注滿一桶水，而是點燃一把火。」我將繼續帶著有意識備課的覺知，用 MAPS 三層次提問當火種、用心智圖當火把、用數位科技當火炬，點燃孩子內心學習的火，盼來到我身邊的每個孩子，都能因此悟出學習的快樂與真諦。

【國小領域】

5

葉翠婷／走在 MAPS「教與學」的路上

新北市蘆洲區鷺江國民小學

山中大叔導讀

翠婷老師考上正式教師放榜的那一天，她正擔任第五屆種子教師的協作老師。

一開始教書的翠婷，追求設計有趣的課程，讓學生愛上學習，無可避免的面臨了許多問題和挑戰，這些疑問和不確定性充滿了她的腦海。

因為 MAPS 夥伴和社群的支持，她終於理解了 MAPS 的價值。

實踐過程中，她與學生一起適應 MAPS，一起學習如何融入 Padlet 和 Canva，使學習變得更有趣和多元化，一起迎接挑戰題的探索，逐漸增加閱讀、寫作和思考能力。

恭喜翠婷，中部地區的 MAPS 傳播，有請多多幫忙了。

◆ 尋找「教與學」的方向

還記得第一次當班導那既興奮又緊張的感受，一想到身為老師可以引領學生探索學習的樂趣，陪伴他們成長，我便迫不及待想設計有趣的課程，讓學生愛上學習。在國語課上，為了讓孩子愛上語文與感受文化，我利用暑假時間備課、設計學習單。除了反覆翻閱教師手冊，同時也參考出版社提供的補充教材和網路分享的相關資料。

每次一個人備課，看著手邊豐富的備課資料，我總是絞盡腦汁，期待將這些內容搓揉成一份值得學生學習的「學習單」。過程中，我總會思考，這樣的設計有符合教學目標嗎？透過提問，我的學生能理解文本嗎？這樣教學學生能享受學習、愛上學習嗎？他們會隨著課程進步嗎？各式各樣的疑問充斥在我的腦海。

現在回想起來，當時備課的過程中，原來我早已接觸到了MAPS，只是當時的MAPS對我來說就像是陌生人。我知道他，但我無法理解他是誰；他的做事風格，我無法看透；每次備課我都知道他的存在，卻無法與他一同學習成長。

直到我的夥伴牽著我的手，帶我認識了MAPS，認識了大叔，認識了MAPS優秀的老師們，我才知道MAPS是什麼，我才知道教學的路應該怎麼走，我才知道引領學生學習的方向在哪裡。在這條漫長的教學路上，我知道我們都不是一個人，我們有一群人，一群能夠引領孩子走得長遠的人，引領他們學會開闢自己的道路。

◆ 探索「教與學」的道路

勇敢跨出去

我依然記得我的夥伴熱情的把「MAPS種子教師工作坊」的報名表單貼給我，當下看完我倒抽一口氣，想著：「我真的做得到嗎？未來班上的孩子會配合嗎？身為代理老師的我還要讀書跟考試，真的能做好嗎？」腦內的小劇場演完一輪，最終我還是在欄位上寫上我想報名的原因，送出了表單。因為我相信這場工作坊不僅能精進自己的教學專業，也能讓我從中摸索、發現教學的多元，發展教學的風格。

堅持走下去

在一開始設計提問單的時候，我幾乎都要思索好幾個下午：如何將暖身題連結舊經驗，引起學生的共鳴與學習動機？挑戰題應該讀寫合一，還是做跨領域學習？過程中，好幾次湧上放棄的念頭，所幸我的備課夥伴和MAPS這個大家庭一直在背後支持著我。老師們在閱覽我設計的提問單後，給我實質的回饋和肯定，也會分享自己的課程設計，這樣的共備讓我能放心在國語課嘗試跨領域、融入相關議題，做多元的命題，同時不會失焦於文本核心，保有學科本質。

經歷了三天的 MAPS 種子教師培訓後，我學會了「三層次提問」，MAPS 的模樣也清晰許多。如同大叔給我的鼓勵：「提問是顏彩，豐富孩子的世界。」秉持這樣的理念，我在實踐的道路上，活用 MAPS 去豐富孩子們的世界。

我在孩子們六年級的時候，才認識他們。還記得第一堂國語課，他們可愛的跟我說：「老師，對我們班的國語不要期待太高喔！」爭相跟我分享自己的國語文能力有多精彩。即便當下我有些擔心孩子們是否能適應 MAPS 的教學法，但我依然很期待能運用 MAPS，帶他們進入國語美妙的世界。

◆ 實踐 MAPS「教與學」的努力

仰望實踐的上坡路（上學期）

※ 適應的陣痛期

剛開始，只要「提問單」出現在講桌上，就能聽到從講

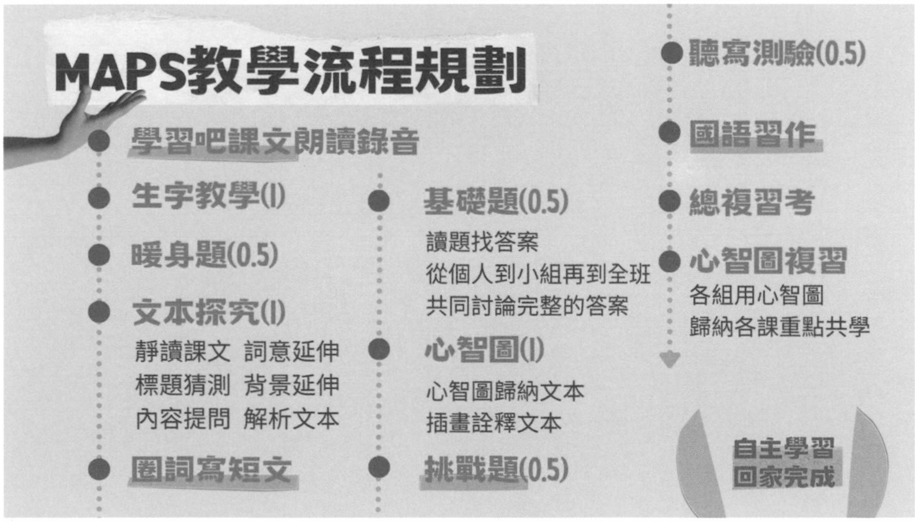

MAPS教學流程規劃

學習吧課文朗讀錄音
生字教學(1)
暖身題(0.5)
文本探究(1)
靜讀課文　詞意延伸
標題猜測　背景延伸
內容提問　解析文本
圈詞寫短文

基礎題(0.5)
讀題找答案
從個人到小組再到全班
共同討論完整的答案
心智圖(1)
心智圖歸納文本
插畫詮釋文本
挑戰題(0.5)

聽寫測驗(0.5)
國語習作
總複習考
心智圖複習
各組用心智圖
歸納各課重點共學
自主學習
回家完成

▲ MAPS 教學流程規劃圖。

臺下傳來的悲鳴。有些孩子甚至只要聽見「心智圖」三個字，就像齊天大聖聽見緊箍咒般，呈現頭痛欲裂、無法動彈的狀態。

我觀察到孩子們對於「提問單」有些抗拒，是因為所有任務都是需要深入思考與探索，且沒有標準答案。經過多次的學習後，孩子們也了解這才是學習必經的歷程。

※暖身題：連結文本，貼近生活

如暖身題，有些孩子無法以通順的句子完整表達他們的想法，但經過一學期嚴格要求與反覆練習，他們逐漸能理解如何完整敘述（課例：康軒六上第十課〈狐假虎威〉）。在設計暖身題方面，我會盡量讓任務能連結文本，貼近他們的生活。目的就是為了讓孩子在閱讀與答題時能與自己對話，覺察自己的情緒，更了解自己。此外，老師也能藉此了解孩子們的想法，適時給予關心與支持（課例：康軒六上第二課〈跑道〉）。

※心智繪圖的練習

完成基礎題後，我會讓孩子們透過基礎題的提問與挖空的心智圖，理解心智圖的每一個分支該如何長出來，接著我會逐漸拆鷹架，讓學生從無到有進行心智圖的繪製。除了心智圖的繪製，我還會特別要求孩子以「插畫」詮釋文本重點，目的就是希望孩子可以透過反覆閱讀掌握大意，以圖像語言精練的形式做表達（課例：康軒六上第八課〈大小剛好的鞋子〉）。進行了幾課後，我發現有些孩子在訂正心智圖時很煎熬，而圖畫的詮釋也很考驗孩子的繪畫能力，為了讓孩子愛上心智圖，我開始思索是否有其他的媒材能夠輔助學習並帶來興趣。

※挑戰題：跨領域、讀寫合一、回扣暖身題

在挑戰題的任務上，我會試著跨領域，讓學生讀寫合一，並回扣暖身題呼應文本。如康軒六上第十四課〈桂花雨〉，在內容上，我不僅帶孩子了解作者的背景故事，深入理解文本，我也引導學生想像自己長大後的鄉愁。未來會前往哪個國家？從事何種職業？什麼物品會引起鄉愁？有什麼樣的情緒？藉此使他們能夠貼近作者的感受，學會珍惜當下的每一刻與身邊的人事物。在形式上，我教導孩子們學會應用抒情文的寫作架構，將老師引導的部分創作成一篇短文。為了鼓勵他們認真寫作，我請孩子們寫完後朗讀給家長聆聽，並請家長寫下評語，透過這樣的課程，我也看見了親子間溫暖的關係。

漸漸的，當我發下提問單，孩子們的反應不再是：「蛤——又要寫這麼多……」而是期待能夠在這堂國語課學到什麼有趣的知識，或體驗到什麼有趣的文化。

▲經過嚴格要求與反覆練習，孩子們逐漸能完整敘述（康軒六上第十課〈狐假虎威〉）。

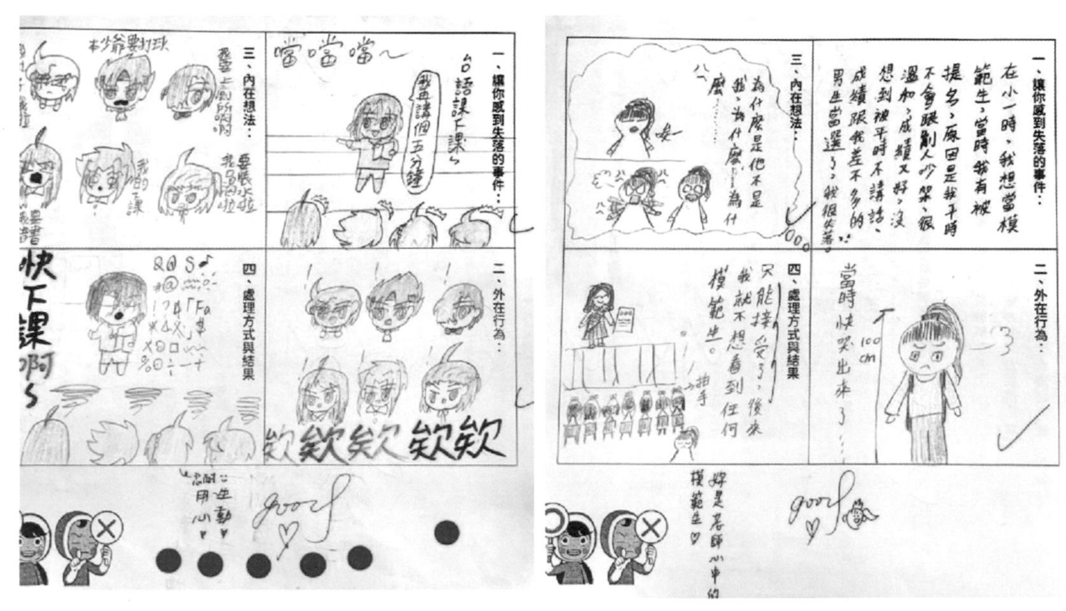

▲孩子在閱讀與答題時能覺察自己的情緒，更了解自己；老師也能藉此了解孩子們的想法（康軒六上第二課〈跑道〉）。

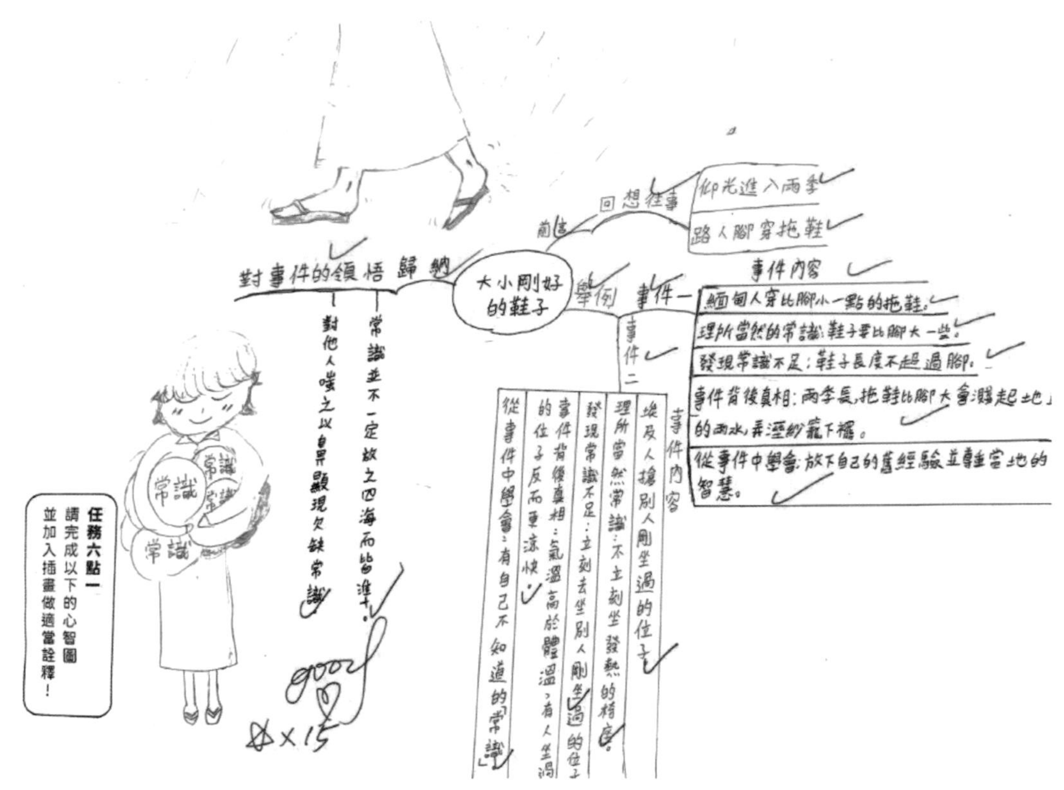

▲心智繪圖的練習（康軒六上第八課〈大小剛好的鞋子〉）。

▲挑戰題：讀寫合一的練習（康軒六上第十四課〈桂花雨〉）。

眺望前進的下坡路（下學期）

※TPACK的應用

MAPS工作坊回流時，大叔分享了TPACK（科技內容教學知識）。從老師的分享，我感受到科技的即時與多元性。在設計下學期的提問單時，我的課程也開始融入科技素養與使用，讓課堂中的孩子們更享受自主學習的樂趣。

我善用Padlet，讓孩子們在課堂上分組合作學習，完成暖身題指定的任務作為進入文本前的橋梁。除了小組任務，也在Padlet上放入主題延伸影片，讓孩子根據自己的程度調整進度，達到差異化學習。我認為在課程中融入Padlet能讓孩子們共學，也讓老師即時給予回饋（課例：康軒六下第二課〈把愛傳下去〉）。

當孩子們逐漸熟悉Padlet的應用，便以翻轉教學的形式，讓孩子們回家完成暖身題各組的指定任務。透過Padlet，老師能在線上關注孩子們的學習狀態，掌握孩子的學習近況。在翻轉後的下堂課，全班一同討論，互相精進。孩子們甚至會主動在課餘時間用平板上Padlet完成訂正，我想這就是科技和共學創造的偉業！Padlet就像拼圖，老師給予大框架，學生們共同拼出美好的樣貌（課例：康軒六下第六課〈沉睡的天空之城〉）。

▲在課程中融入Padlet能讓孩子們共學，也讓老師即時給予回饋（康軒六下第二課〈把愛傳下去〉）。

▲ Padlet 就像拼圖，老師給予大框架，學生們共同拼出美好的樣貌（康軒六下第六課〈沉睡的天空之城〉）。

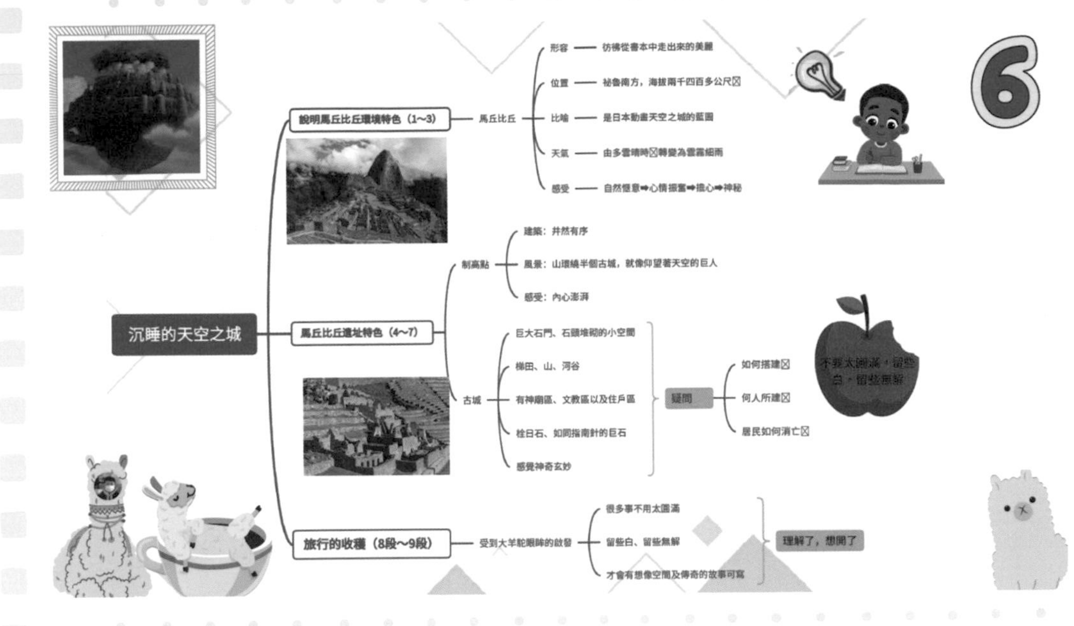

▲〈沉睡的天空之城〉心智圖（小組共同用平板完成）。

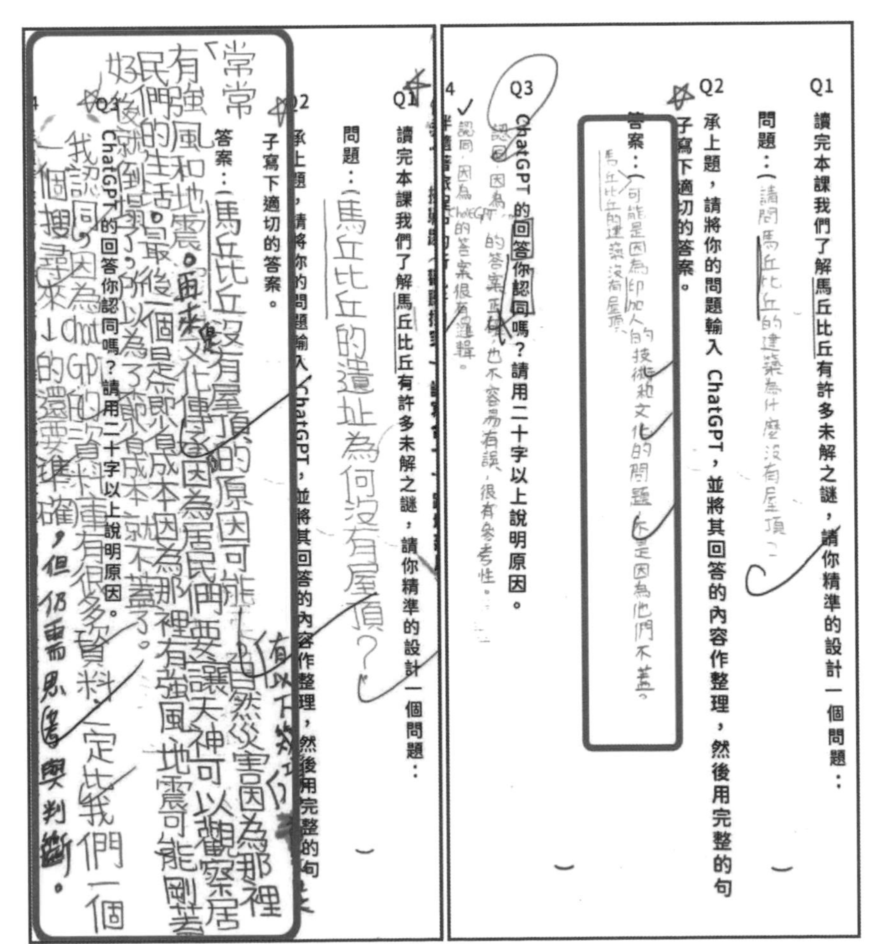

▲融入 ChatGPT，讓孩子們透過提問的方式，深入了解馬丘比丘相關的細節（康軒六下第六課〈沉睡的天空之城〉）。

※心智圖是進入文本的關鍵

如果說暖身題是進入文本的橋梁，那基礎題便是繪製文本心智圖關鍵的鑰匙。

基礎題的設計要能讓孩子理解架構，更要能讓孩子藉由提問檢索訊息，探究作者的觀點。從下學期開始，基礎題會讓孩子回家完成，待批改、檢討後再讓學生利用Gitmind網頁，小組合作完成一份心智圖，讓低成就的孩子更能藉由共學提高學習成效，並透過分工合作讓孩子學會溝通和負責。

接著，運用Canva網頁平面設計平臺，將完成的心智圖放入小組頁面。像是康軒六下第六課〈沉睡的天空之城〉，我要求孩子們反覆閱讀文本，以圖釋文。孩子們透過內建工具搜尋代表文本核心的圖片，完成一張完整的心智圖。過程中，他們興奮的分享自己找到了馬丘比丘的短影片，一窺遺跡動態的樣貌與其他文本沒提過的細節，沉浸在探索與學習的樂趣中，甚至在全班討論時，都能專注的聆聽。經過一次次的上臺報告和檢討，孩子開始會多次翻閱文本，聚焦文本的核心，用適當的圖片詮釋每個段落的重點，以圖像語言輔助表達。

※挑戰題的設計

挑戰題的設計上除了讓學生延伸學習和觀點探究外，還要不脫離學科本質，呼應文本核心，在範圍內做更深入的探

▲透過各類型的資訊科技平臺培養孩子們的科技素養，鍛鍊他們的閱讀、歸納統整能力。

索，延續學習的可能性。所以我會思考每一課適合什麼樣形式的挑戰題，例如要孩子們參考同學在 Padlet 上分享的「追夢名人」（暖身題），以此為論據寫成一篇議論文（課例：康軒六下第十課〈追夢的翅膀〉）。

我也嘗試融入 ChatGPT，像是康軒六下第六課〈沉睡的天空之城〉，這一課就很適合讓孩子們透過提問的方式，深入了解馬丘比丘相關的細節。透過各類型的資訊科技平臺培養他們科技素養外，他們也學會如何精準提問，並學會識讀資料，進一步歸納與摘要，鍛鍊他們閱讀及歸納統整的能力。

※MAPS 教學的成效

我常跟孩子說：「你們很幸運，可以認識 MAPS，用這樣具層次且多元的方式學習！」

孩子們國語文考試平均分數從八十多分，一路進步到九十多分。他們回顧自己的學習歷程，看到自己的進步興奮的說：「老師！我們國語變好了！進步好多！」孩子們驕傲且自信的神情，至今仍讓我印象深刻。MAPS 的應用也幫助低成就的孩子，像是班上有位孩子的國語評量，在上學期時常常都是最低分或不及格，但下學期的表現開始有了起色。她在提問單的書寫上也不再用注音；面對挑戰題的任務，更從缺交到願意去嘗試、仿寫。我看著她在課堂上不再打盹，努力參與小組的討論。她，成長了！在最後一次的畢業考，她得到大家肯定的掌聲，也得到了成就感，更體會了學習的樂趣。

看著孩子們臉上自信的笑容與成長，我更確信 MAPS 教學的這條道路，方向是正確的。

◆ 繪製獨特「教與學」的地圖

藉由這次的分享，回顧過去一年的教學省思，見證了自己在提問單設計上的改變與突破，發現孩子在語文理解上的成長與進步。過程中雖然歷盡艱辛，但只要想起大叔曾說過的：「改變來自於那 0.01 的堅持。只要改變開始發生，改變就會不斷發生。」就會想起在教育現場的孩子和夥伴們，知道自己不是獨自一人。

教育需要我們堅持教學的信念與願意改變的勇氣。藉由大叔的 MAPS，我找到了屬於自己的教學風格，知道了教學的路可以怎麼走，在未來我會持續牽著孩子們的手向前邁進，畫出美好的教學地圖，為教學的道路留下美好的風景。

能走到這、看見美麗風景，我想謝謝最親愛的教學夥伴——綵菁老師，謝謝妳邀請我認識 MAPS 的美好，謝謝妳陪我一起腦力激盪。

謝謝四〇六「六 True 興旺」的夥伴巽堯老師、如敏老師、

▲我親愛的四〇六夥伴與五〇三夥伴。

綵菁老師和史嘉老師。你們的教學都各具魅力，帶給我備課的靈感和正向回饋，每次的討論都讓我的提問單設計不斷進化。謝謝第四屆的老師們給予我溫暖正向的支持，讓我「從失敗中覺醒」囉！

謝謝大叔的關心與肯定，在大叔的引領下，我看到教學的彈性與可能性。一開始，我以為老師會給一套教材，詳細告訴我該怎麼教，但慢慢發現其實老師很用心在為我們搭鷹架、拆鷹架，就是希望優秀的老師們能建構出屬於自己的MAPS教學法。在這一年的歷練中，大叔認真的線上點評大家的課堂實踐歷程並給予回饋，回流的增能也提升了我的教學能力，讓我在教學上更有信心。

我想跟正在MAPS實踐路上「3盟海誓」的五〇三說：「相信老師們都可以在實踐的歷程中找到屬於自己的MAPS！『最遠的距離是忘記，最近的距離是實踐，當日日實踐，便日日不分離。』實踐吧！最棒的孤勇者們！」

在教學的路上我們不孤獨，因為我們有大叔，有MAPS這個大家庭，讓教學的路可以走得更長更遠，只要我們保有教學的熱情，莫忘初衷，這份教學的悸動會一直延續下去。

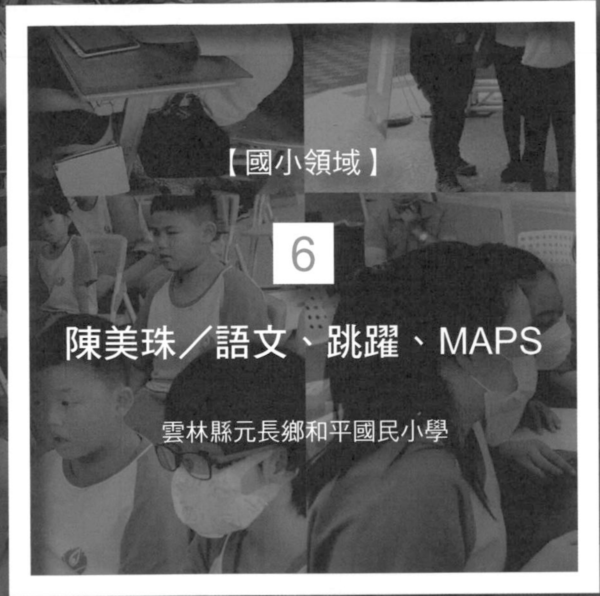

【國小領域】
6
陳美珠／語文、跳躍、MAPS
雲林縣元長鄉和平國民小學

山中大叔導讀

美珠，一位堅韌好學，陪伴偏鄉孩子也陪伴自己走出生命新視野的老師。

除了 MAPS 提問單，我看見美珠盡了諸般手段協助學生，比如：師生共學珍珠包——老師與學生一起學習，共同完成提問單，互相檢查和分享學習筆記；自動好包——面對疫情，老師將整個提問單製成書冊，供學生在家中使用；VIP 專包——老師根據學生的不同需求，量身訂製了專屬的學習計畫，包括學習目標、銜接課程、進化能力和家長協助等方面，以提高學生的學習效果。

堅韌挺風雨，好學迎希望，美珠，加油！

◆ 機緣來自分享

真的嗎？一個什麼都沒有的老師，能帶著孩子做完一整學期的 MAPS？

是的，沒錯。這位創造奇蹟的老師，就是我隔壁班五甲導師鄒庭涵老師，也就是孩子們口中的大涵老師。那年，因為學校向 TFT（Teach for Taiwan）為臺灣而教基金會申請兩位來偏鄉支援的老師，大涵就是其中一位——一個學化工專業的年輕女孩，完全沒有教育相關的背景與經歷，卻為我們和平國小這個偏鄉小校播下一顆小小的 MAPS 種子，並辛勤耕耘培育出希望的大樹。

經常聽見大涵分享著她在國語課堂運用 MAPS 提問教學的實踐；分享著她與同組夥伴一起討論，絞盡腦汁投入設計提問單的瘋狂；分享著她在班上與孩子們共同完成提問單的那份用心與成就感——就是這樣的熱情，讓我這個教學已有二十年的老師，心都被震撼的激動不已，立即答應報名第四屆 MAPS 種子教師培訓。在送出報名表前，心裡是既期待又害怕受傷的糾結，期待有機會能向景仰已久的王政忠老師學習，又擔憂自己年紀大，記憶力和學習力都大不如前，萬一學不來怎麼辦……如此庸人自擾折騰了幾個夜，最後決定再給自己一次勇氣去嘗試，失敗頂多再改改重新練功嘛，心念一轉，寄出報名的同時，就想著在培訓前不如先來做點什麼……

◆ 實踐歷程——我的 MAPS 課程包

喜得課程懶人包

曾數次在雲林縣國語輔導團主辦的分區教學探討研習中，聽過鎮東國小蔡志豪老師分享他的 MAPS 提問設計，其內容既具邏輯性又精實，令人讚賞佩服。而我當時正巧也用康軒國語，電子書裡就有各課現成的 MAPS 教學簡報兼附解答，一切就這麼水到渠成，十足十完備的課程「懶人包」擺在眼前，讓人樂翻天！迫不及待的想動手試一試。

然而，實踐才是真功夫！

當時我帶四年級，全班五個孩子其中有三個特殊個案（智能障礙類、學習障礙類和情緒障礙類各一），孩子們天真浪漫，唯對學習沒有動力和目標。在四年級上學期師生一步一腳印學得辛苦卻踏實，建立不錯的默契；下學期開始，我有一課沒一課的印著提問單當作業，也在課堂裡有模有樣的派功課、做檢討。直到期末，得知孩子們的學習心聲竟是：「國語提問單有點難……挺難……唉，就是我無法自己寫的那樣難……」頓時，令我驚呼：難？課堂上我們不是討論得挺順的嗎？自己省思著：這懶人包我用得挺順的呀？到底問題出在哪？

我拿起了提問單動手仔細的寫過一趟，在沒有簡報解答的支持下，我以為我全會寫……事實不然。靜下心來仔細研究，竟發現提問單裡的設計具有其架構和順序性，不論是給鷹架、給策略都含有意義性的引導，不論邏輯的演繹與訊息的歸納，也藏有許多「眉角」細緻的安排其中，乍看是不難，實則不簡單！有些題目我自個兒都得思考好久，不得不承認孩子們說的難是真的，但我不想因為難就讓孩子們放棄，心想總有法子再試試……

師生共學珍珠包

於是師生說好共寫共學提問單——孩子們寫，我也寫，然後相互檢核、分享彼此的學習筆記。對，是學習筆記不是作業！

這時我們升上了五年級，孩子們對於把提問單從「作業」修改為「學習筆記」這件事挺開心的，開心的不是沒有「作業」，而是可以看到老師也要寫，另外，檢核學習筆記累積的「讚」還可換獎勵。

我們將志豪老師的提問單，逐課以A4單面列印，背面空白則用來補充資料。雖然是「學習筆記」，也有簡單約定，例如：第二次閱讀課文時，要在課本上標示有幾段、每段幾句，以便討論溝通及自我檢核。另外，這份「學習筆記」是屬於個人的，理所當然可以放上自己學習或討論過程中想記錄的部分。

學習模式依著志豪老師的提問設計內容，「由預習單自學字詞→暖身題：拆解標題、連結課文主題→基礎題：認識架構、閱讀理解策略的運用、推測主旨→挑戰題：議題深究、延伸讀寫和多文本比較……」全班認真的做起來。

以五年級〈童年、夏日、棉花糖〉為例：在預習單上，孩子們會在各題前標註相對應的段句位置，證明自己的作答依據；也會把師生共同檢核的內容，如：漂亮字體寫法、詞意小圖示、作答策略（先圈詞再推測國字）或自學小心情等記錄下來。

在進入暖身題前，對於該課重要的相似字記寫在背面；從暖身題開始，課堂討論過程中以他色的筆進行補充說明或修正；依循問題引導去發現寫作架構，探究作者的動機、想法和感受；有時也會猜測志豪老師設計問題的目的等等。在師生共同探索與學習過程中，除了完成提問內容，我們也學會接納自己會犯錯並積極修正。

在一次次「耶！我又寫對了！」「你這個寫法我也要

康軒版六下預習單　第九課　童年・夏日・棉花糖　　姓名：

段句標示

一、概覽課文

1.作者把棉花糖想像成一朵朵柔軟甜蜜的（祥雲）。

2.文章中織雲的人是賣（棉花糖）的老人。他和一般織布的人不同，他不用（飛梭），不用紡車，也不去織出整齊的（經緯）或細密的圖案。

3.作者以棉花糖、（蝴蝶結）和（雀斑）為她的童年下註腳。

圖示

二、語詞挑戰：讀一讀課文，在空格內填入和解釋對應的語詞或生字（生字加注音）

筆畫錄

(1) 山巔：山的頂端。	(9) 糾結：互相纏繞。
(2) 攪拌：混合、拌合。	(10) 袖珍：形容小型的或小巧的
(3) 蓬鬆：鬆散而不密實。	(11) 雙頰：臉的兩邊。
(4)「塑」：用泥土等做成人、物的形狀。	(12) 饒富：豐厚、充滿。
(5) 向日葵：植物名，菊科向日葵屬。	(13)「鋁」：金屬元素之一。銀白色，質輕不鏽。可製成電線、鋁箔等。
(6) 停駐：停留不移。	(14) 猶存：還存在。
(7) 經緯：織物的直線	(15)「唷」：嘆詞，表示驚訝或讚嘆的語氣。
(8) 纖細：微細。	(16) 喜孜孜：形容歡喜的樣子。

小插圖

自我訂正

▲〈童年、夏日、棉花糖〉預習單紀錄。

三、詞語動動腦：將正確的解釋代號填入空格中

1.扶疏：C　2.繚繞：D　3.簇擁：B　4.諧趣：A

A.詼諧有趣。　B.群聚著。　C.枝葉繁茂，四處伸展的樣子。　D.縈迴繚繞的樣子。

圈詞推字

四、填入適合的字或詞

1.（塑　溯　朔）
- 他追（溯）這起汙染事件的原因，原來是（塑）膠工廠違法排放廢水。

2.（饒　撓　繞）
- 酒醉駕車的行為，是任何人都無法（饒）恕的。
- 雖然屢敗屢戰，但他百折不（撓），仍然堅持下去，最後終於成功了。

3.（悄然　怦然　貿然）
- 幫助我們得到冠軍後，小宏就（悄然）離開了。　怦然心跳
- 你這麼（貿然）的決定出國，有考慮清楚嗎？

（輕鬆　輕浮　輕忽）
- 雖然只是小感冒，但也不能太過（輕忽）。
- 表面上弟弟看起來一派（輕鬆），但其實私底下他已練習超過幾十次了。

前壞→好
前好→壞

行為輕浮
沒到隨便

7

分享者按讚

詞意筆記

預習單OK！

▲〈童年、夏日、棉花糖〉預習單紀錄。

A4單面印-分冊2本
背面-補充用

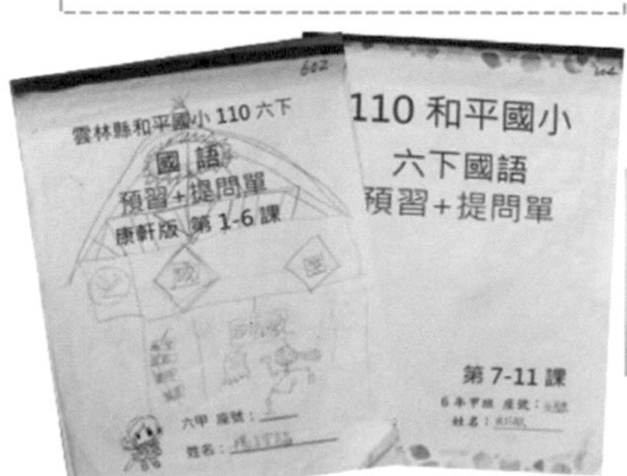

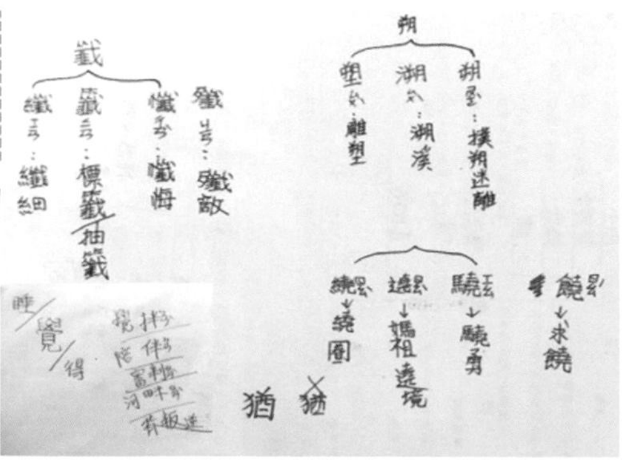

▲在預習單背面補充相似字。

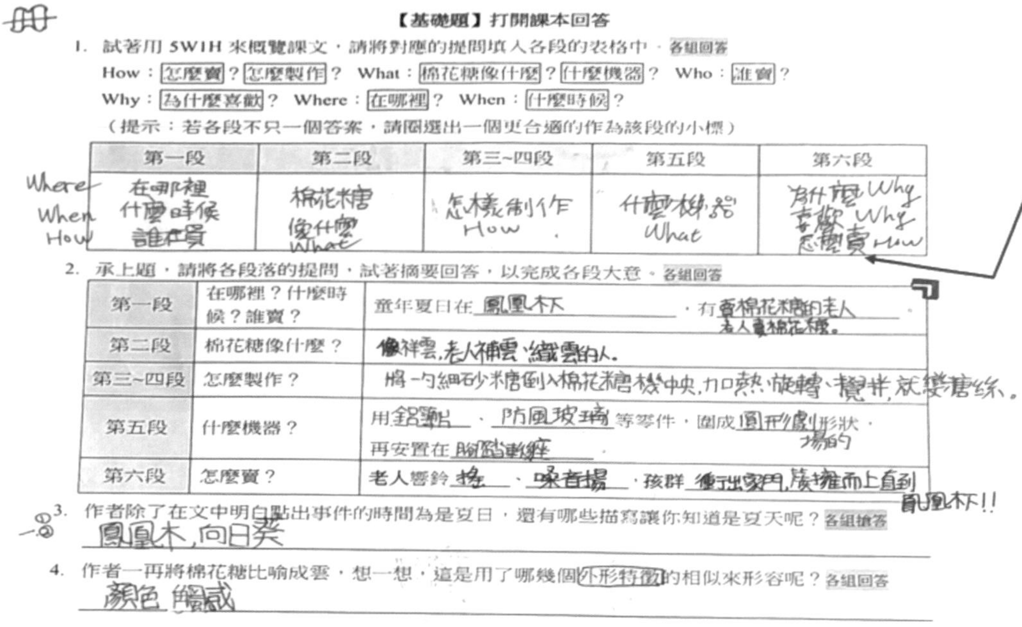

【基礎題】打開課本回答

1. 試著用 5W1H 來概覽課文，請將對應的提問填入各段的表格中。各組回答
   How：怎麼賣？怎麼製作？ What：棉花糖像什麼？什麼機器？ Who：誰賣？
   Why：為什麼喜歡？ Where：在哪裡？ When：什麼時候？
   （提示：若各段不只一個答案，請圈選出一個更合適的作為該段的小標）

第一段	第二段	第三~四段	第五段	第六段

2. 承上題，請將各段落的提問，試著摘要回答，以完成各段大意。各組回答

第一段	在哪裡？什麼時候？誰賣？	童年夏日在＿＿＿＿，有＿＿＿＿。
第二段	棉花糖像什麼？	
第三~四段	怎麼製作？	
第五段	什麼機器？	用＿＿＿、＿＿＿等零件，圍成＿＿＿形狀，再安置在＿＿＿。
第六段	怎麼賣？	老人響鈴＿＿＿、＿＿＿，孩群＿＿＿＿。

3. 作者除了在文中明白點出事件的時間為是夏日，還有哪些描寫讓你知道是夏天呢？各組搶答

4. 作者一再將棉花糖比喻成雲，想一想，這是用了哪幾個外形特徵的相似來形容呢？各組回答

▲〈童年、夏日、棉花糖〉基礎題自我檢核紀錄。

自我檢核、備註

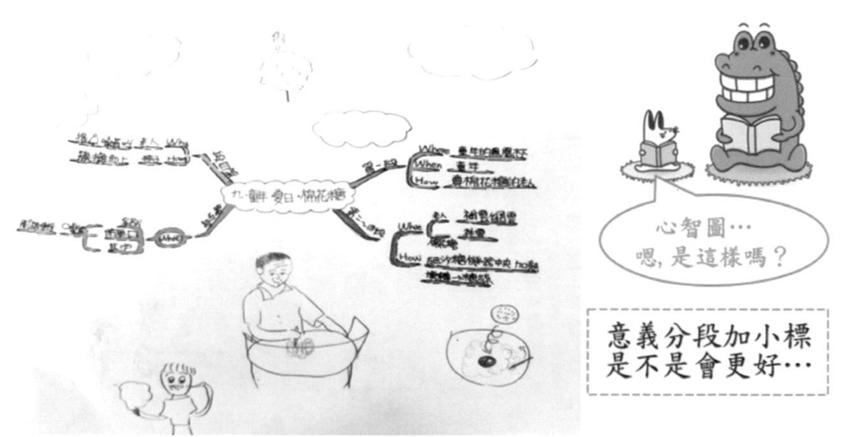

心智圖⋯
嗯，是這樣嗎？

意義分段加小標
是不是會更好⋯

▲〈童年、夏日、棉花糖〉心智圖。

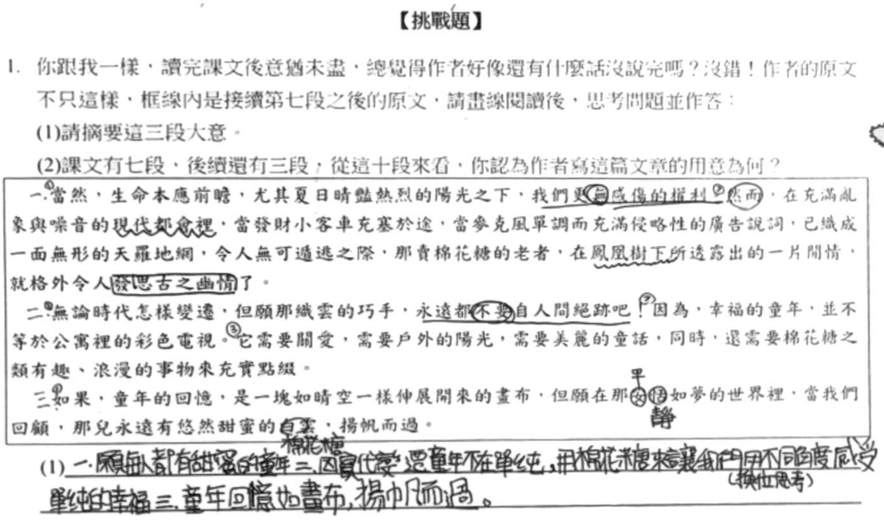

【挑戰題】

1. 你跟我一樣，讀完課文後意猶未盡，總覺得作者好像還有什麼話沒說完嗎？沒錯！作者的原文不只這樣，框線內是接續第七段之後的原文，請畫線閱讀後，思考問題並作答：
   (1)請摘要這三段大意。
   (2)課文有七段，後續還有三段，從這十段來看，你認為作者寫這篇文章的用意為何？

> 當然，生命本應前瞻，尤其夏日晴豔熱烈的陽光之下，我們更無感傷的權利。然而，在充滿亂象與噪音的現代都會裡，當發財小客車充塞於途，當麥克風單調而充滿侵略性的廣告說詞，已織成一面無形的天羅地網，令人無可遁逃之際，那賣棉花糖的老者，在鳳凰樹下所透露出的一片閒情，就格外令人發思古之幽情了。
>
> 無論時代怎樣變遷，但願那織雲的巧手，永遠都不要自人間絕跡吧！因為，幸福的童年，並不等於公寓裡的彩色電視。它需要關愛，需要戶外的陽光，需要美麗的童話，同時，還需要棉花糖之類有趣、浪漫的事物來充實點綴。
>
> 如果，童年的回憶，是一塊如晴空一樣伸展開來的畫布，但願在那如夢的世界裡，當我們回顧，那兒永遠有悠然甜蜜的白雲，揚帆而過。

(1)

挑戰題
傷腦筋⋯

▲〈童年、夏日、棉花糖〉挑戰題紀錄。

學！」「嘿，老師您看我們挺厲害的吧！」這樣的驚呼聲中，看見孩子們越來越有勇氣，越來越有自信，像一顆顆小珍珠閃耀發光照亮著未來，這樣共學氛圍的課程風景，讓我感受到身為教師的幸福與美好，也更期待自己未來能成為MAPS提問設計者。

危機中的支柱——自動好包

然而，隨著疫情的增溫，MAPS培訓一再延期，停課不停學的政策意料外的無限延長，面對無預警又史無前例可參解的世紀挑戰，讓原本冰冷的電腦設備著實火熱了起來。教育界裡人人煩憂，為著每天線上課的操作、實體課的安排忙翻天，線上實體混成更是讓人蠟燭兩頭燒……

幸好！這時，MAPS提問單已是我們國語課堂必用素材，趕緊將整個單元的課程列印成冊，直送孩子手上。感謝家弟陳應昇利用工作之餘，協助把學校舊電腦克難的維修數組，並協助確認孩子在家操作的相關設備後，我架起電腦開啟會議室，就這樣，一個原本屬性為資訊小白等級的我，竟很快上了軌道，開啟線上國語直播課來。

這時提問單不僅是個人學習筆記，更進階為分享包：上線時，師生共同討論用它；下線後，孩子們也主動拿來當作研究參考的依據。因應作息不一，我們開啟自己派學習進度的策略，讓孩子為自己設定完成學習的時程及內容。令人意外的是MAPS提問單，竟成為孩子間最得意的學習包，實踐了自主、互動、共好的「自動好」效益。

在畢典前，我請孩子們簡單的寫下他們對於MAPS學習的感受。

巧巧說出她總能保持學習第一名的祕訣是：「透過預習單自學、提問單的提問內容和表格整理，讓我更了解並清楚課文的內容概要，也讓我能在月考時更快速複習，讓考試更順利。」琮琮最深刻的感受是：「透過問題的引導，讓我更方便找出重點，回到課文中思索作者的感受，帶入作者的視角產生共鳴。」

以往對於閱讀理解一直很困擾的湘湘說：「因為聽到同學說出想法，我可以學習，在討論後知道有些題目要從課本裡面去找出最適合的答案。」她又說：「老師，我不聰明，但我願意努力成為更好的自己……」這樣認真想變勇敢的孩子，最後成為全班最擅長國語朗讀的選手。

萱萱是五年級轉學進來的孩子，她最討厭寫作業，即使同學們對她說提問單不是作業，是自己的學習筆記，她就是不信，不寫。直到六上，看見同學們個個能力都明顯的提升，她才開始嘗試。畢業前，她特地跑來問我：「老師，您現在是不是對我又喜歡又不喜歡？喜歡我終於能把整學期的提問單都寫完了，我也很喜歡這樣的自己。不喜歡我沒有在五年級的時候就相信您說的話，認真學……但，從現在起我會聽您的話繼續努力的。」萱萱是個聰穎的孩子，家庭因素使她對學習失去動力，很感謝她在畢業前總算為自己帶走學習的成就感，更棒的是進入國中的她，因分享 MAPS 的學習經驗而成為班上最厲害的小老師。

看著孩子們透過共學 MAPS 而跳躍式的快速成長，在國語學習的道路上獲得成就感，找到希望，內心歡喜又感動，覺得一切辛苦都值了！

你不必很厲害才開始，
但開始了就會很厲害！
嘿，老師您看
我們挺厲害的吧！

▲學習成就帶來更多的自信，孩子，你們真的挺厲害的！

教學最需要的 VIP 專包

延遲了整整一年！終於，令人期待的第四屆 MAPS 種子教師培訓開啟了。

接連著三大完全燒腦的集中培訓，我驚覺原來 MAPS 教學法是由圖像（Mind Mapping）、提問（Asking Questions）、發表（Presentation）和鷹架（Scaffolding Instruction）四個核心元素結合，與我所知的心智圖是有所不同。而設計時依循著對文本分析（先有心智圖），再由基礎題、暖身題和挑戰題的順序來完成，三層次提問各有其運用的目標又彼此環環相扣，以基礎題為中心聚焦在閱讀理解，暖身題連結生活開啟主題，挑戰題延伸兼能跨域，題型多元卻不散漫，設計變化因人而異，即能學科本質一番也能兼具一把班級經營，效用實在強大！

一開始要設計提問有些令人頭疼，幸好有倩伃老師溫馨陪伴與耐心協作，四〇五小組夥伴們個個卯足勁來絞盡腦汁，互助合作卜順利完成大叔指派的各項任務，在實際完成〈幸福的味道〉一課的三層次提問設計時，身心靈終於豁然開朗起來。

一回到學校，我立刻著手設計五上翰林第一單元「自然饗宴」的提問單。心想著這時的自己剛接五年級的新班，這是遇上疫情擾亂的一群，孩子有太多學習都由線上影片取代，學習成效如何無人知曉，但我希望能利用MAPS提問設計來激發孩子的學習動機和自信，那麼為其客製化、量身訂做專屬的VIP課程專包是一定要的！因此，不時思索著該在提問單裡放進什麼？要怎麼引導、怎麼問呢？

我簡單做了班上孩子學習的SWOT分析後，將設計總目標依基礎奠基（已學未學會的、目前要學的）、銜接課程（前後版本）、進化能力（延伸及提升能力）和家長協力（將家長拉入學習團隊）四個方向來思考，再針對部分的學習問題進行安排，例如：孩子們愛3C不愛提筆寫字，那就把全冊的生字利用教育百科建立生字詞彙表的QR Code放在提問本的第一頁，刺激孩子主動自學；孩子沒自信又不敢開口說話，就在第一課〈貝殼砂〉的暖身題裡，放入余光中老師〈墾丁十九首〉中的其他詩篇，帶著孩子學習朗讀詩，並朗讀給家人聽，請家人回饋按讚給鼓勵，朗讀功用不但能奠定基礎能力，也能把家長回饋變成學習協作的推動力，一舉兩得，且短期即能見效。

以翰林五上第三課〈一池子的綠〉提問設計來說明。

文本分析時，看完整個第一單元的四課，我選定了本課作為開門，因為其課文架構以時間序來記敘，由移植水芙蓉為起點，依時描述水芙蓉的生長過程及樣貌，最後以作者內心期待結束，為清楚的起因、經過、結果三部分式的寫作架構，對孩子來說，是好入手的學習點。

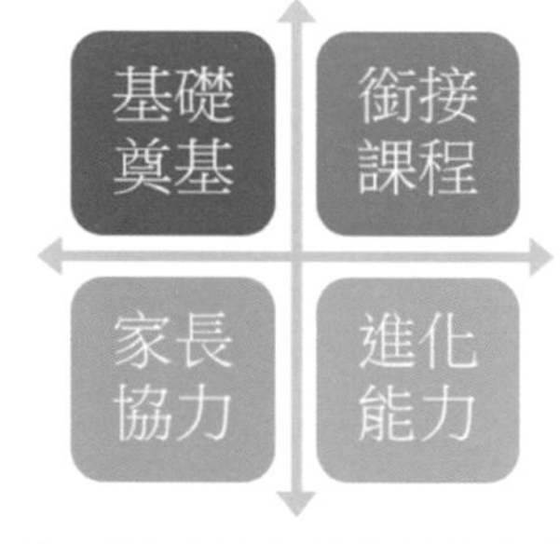

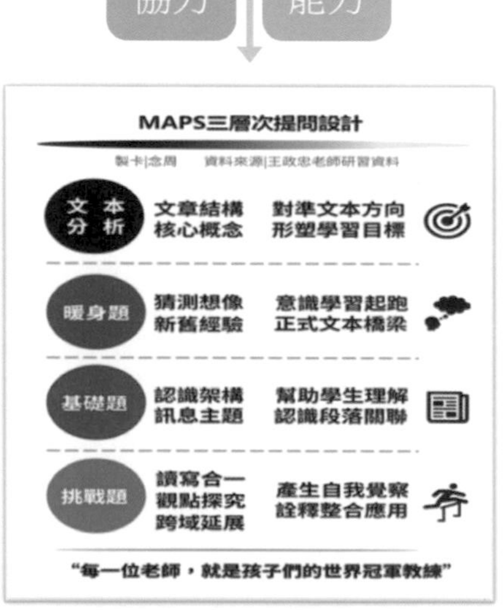

MAPS三層次提問設計
文本分析
文章結構 核心概念
對準文本方向 形塑學習目標
暖身題
猜測想像 新舊經驗
意識學習起跑 正式文本橋梁
基礎題
認識架構 訊息主題
幫助學生理解 認識段落關聯
挑戰題
讀寫合一 觀點探究 跨域延展
產生自我覺察 詮釋整合應用
"每一位老師，就是孩子們的世界冠軍教練"

▲ MAPS-VIP 專包客製化需求與計畫。

五上翰林第一單元自然饗宴

第一課貝殼砂	第三課 一池的綠	第二課 湖邊散步	第四課 與山為鄰
新詩	記敘文 時間序	記敘文 步移序	記敘文 散文

▲第一單元四課分析。

※暖身題

暖身題二大題：1.目的在連結新舊經驗，並進一步了解孩子對於記敘文的認知程度。在題目裡先放入記敘文寫作體裁和表現手法的說明，加深孩子對記敘文的認識與理解，再利用四下已學過的康軒課文引導，先口述回憶課文內容，再進行判斷分類。2.利用網路影片增進生活經驗，以利後續課文主題的開啟。製作QR Code，讓孩子掃描觀看影片，並以簡要的圖示或關鍵字進行記錄，讓孩子在課前先了解水芙蓉其浮水性植物的繁殖概念。

※基礎題

基礎題是引用蔡志豪老師的提問單內容，分為認識架構、理解課文訊息兩部分來進行設計。

第一部分認識架構兩小題：1.告知本課結構為起因、經過、結果，並提供表格讓孩子依課文內容將自然段合併成意義段，提供課文單引導孩子依據提問進行畫記學習。

第二部分理解課文訊息：利用五小題（Q1－Q5）提問引導，進行本課起因、經過、結果三部分課文訊息的整理，其中Q2利用表格引導孩子將課文第二到五段的訊息，依據段落、作者動作、對水芙蓉的描述和推測情緒進行整理。Q3－Q4則做作者感受的推測。此部分完成即可進行心智圖的繪製。Q5重點在修辭法分辨：將課文中作者使用譬喻和擬人描

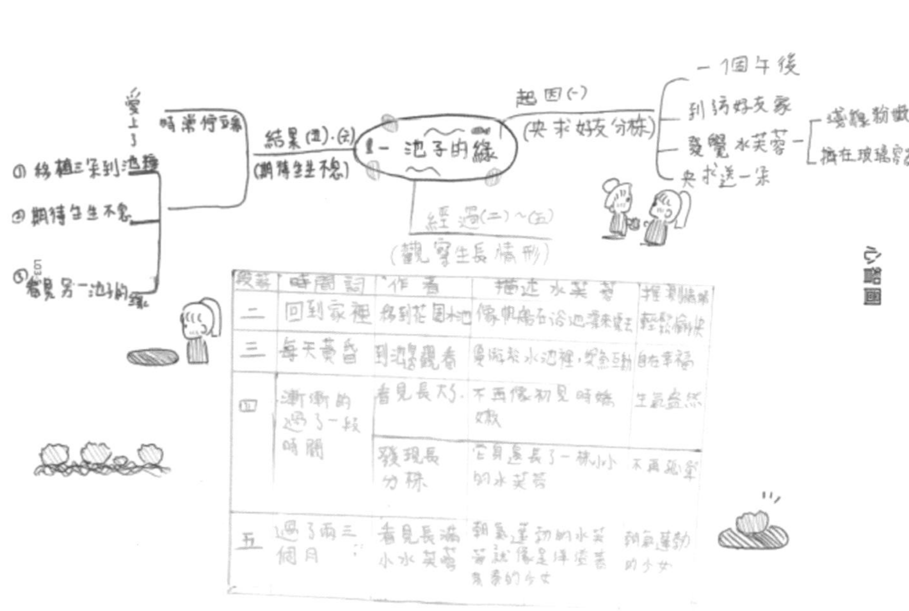

▲完成基礎題 Q3–Q4，即可進行心智圖的繪製。〈一池子的綠〉心智圖（學生作品）。

林葦柔

三、一池子的綠 MAPS 提問單

★暖身題★

記敘文是所有寫作體裁中，習寫頻率最高的文體，表現樣式也相當多樣。所謂記敘文係以敘述、描寫為主要的表達方式，紀錄真人真事，表達想感情的文章。

從表現手法來看，主要包括「記」和「敘」兩個方面。記即是記載人、事、物、景的靜態，亦即「描寫」；敘是敘述人事物景的變化和發展，亦即「敘述」。

從寫作對象來看，一般將記敘文分成寫人、狀物、敘事與記景四類。

1. 以下是你在四下讀過的課文，請依寫作內容、對象來分類來圈出它所屬的類別。

L1 心動不如行動 敘述兩個和尚都想到南海拜佛，但因個性和選擇的不同，其最後結果也不同。	寫人、狀物 敘事、記景
L2 一束鮮花 敘述一個懶人因朋友送給他一束鮮花，所做的改變。	寫人、狀物 敘事、記景
L7 請到我的家鄉來 作者透過簡短的文字，扼要介紹各國文化及風情特色	寫人、狀物 敘事、記景
L9 臺灣昆蟲知己-李淳陽 敘述李淳陽因對昆蟲的喜愛與熱情，努力研究與記錄的經過。	寫人、狀物 敘事、記景
L12 有用好還是沒有好？ 課文有兩則：樹與木匠的對話、莊子與惠施的對話，用以表達對事物的評價要有多元的想法與觀察。	寫人、狀物 敘事、記景
L13 動物啟示錄 王溢嘉記錄對夜鷺、馬外形描寫，進而說明對比，獲得啟示。	寫人、狀物 敘事、記景
L14 愛心樹-謝爾・希爾佛斯坦 課文描寫一棵蘋果樹與小男孩的故事。	寫人、狀物 敘事、記景

ok 讚

L03-1

▲〈一池子的綠〉暖身題。

2. 請利用下列連結，https://youtu.be/FCDO6LQZk1s，

觀看這則「浮萍水芙蓉浮水性植物生態」的影片後，記錄下影片中提及有關水芙蓉的相關訊息於下表中。(可以完整句子、圖示+關鍵字…等等方式來記錄)

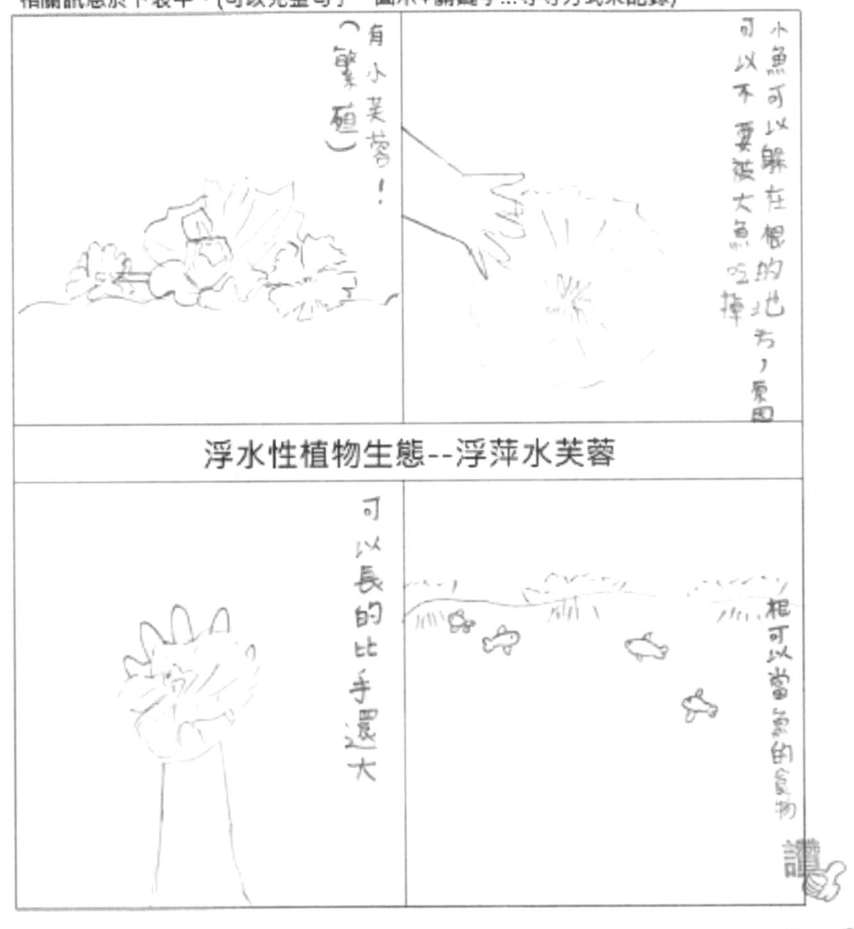

L03-2

▲〈一池子的綠〉暖身題。

寫的部分做成句子條，透過分組討論方式，請孩子先將句子分類並圈出依據點，經各組發表進行相互檢討確認，最後整理貼進表格，此題是為了後續的讀寫合一做預備。

※挑戰題

挑戰題有三大題，分別以觀點探究、跨域延展和讀寫合一為設計取向。

觀點探究兩小題是針對標題「一池子的綠」和最後一段的內容，推論及詮釋整合作者的用意與想法，但對新班級孩子來說是新學策略，故採口說發表方式進行。

跨域延展則以加強資料搜尋力，結合口語發表來進行。先請孩子利用關鍵詞上網搜尋有關水芙蓉對環境影響的影片，其後依提問內容發表看法。設計原由是因水芙蓉為外來物種，在現實生活中其強勢的繁殖力，對臺灣原生物種產生嚴重傷害，並引發環境破壞等相關問題，此與本課作者所提的觀點相左。

讀寫合一主要是承接基礎題Q5而來，請孩子以校園中的景物為觀察對象進行寫作練習。

幸運的是本課結束後，孩子們即順利適應MAPS提問單引導的學習模式，在第一單元結束後，MAPS提問單儼然成為國語課的學習守則，孩子一早到校就會主動拿平板練筆順，遇到問題就聚一起討論、寫預習單、畫心智繪圖。

國語文的學習日常

自主學習動起來：筆順PK、預習單自學、暖身共學、挑戰互學

▲國語文的學習日常。

★基礎題★

【Q0 認識架構】

1. 本課課文屬於(記事)的記敘文，以紀錄事件為主，著重事件之起因、經過與結果，透過事件來表達作者的見解與感受。

   請依根據課文內容統整歸納，將自然段合併成意義段後，完成下表。(小組討論)

   (七段)

寫作架構 意義段標題	起因 央求好友分株	(經過) 觀察(水芙蓉的生長)	結果 ([illegible])
自然段	一	二～五	六、七

2. 從寫作樣式來看，本課的敘寫方式為(順敘法、倒敘法)，即以時間先後次序來寫成文章。(採小組討論方式進行，請利用課文單操作。)

   2.1 請以紅筆圈出課文單中所有的時間詞。

   2.2 請以黃色螢光筆標示出課文單中，作者描述水芙蓉的句子。(Blue)

【課文訊息】

Q1.在課文第(一)段提及，作者去拜訪好友，在好友家看到了什麼植物？作者如何形容這植物的樣貌？最後她對好友做了什麼要求？(口說發表)

Q2.請閱讀課文的第二~五段，你發現在不同的時間點，作者對水芙蓉做了那些事情？她是怎麼去描述水芙蓉樣貌和情緒呢？ 請填入下方表格中。

段落	時間詞	作者	描述水芙蓉	推測情緒
二	回到家裡	(移植到花園小池)	像帆船(在浴池漂來漂去)	輕鬆愉快
三	(每天黃昏)	到池邊觀看	優游於水池裡，與(魚)互動	(自在幸福)
四	(漸漸的過了一段時間)	看見長大了	(不再像初見時嬌嫩)	(生氣盎然)
		發現長(分株)	(它身邊長了一棵小小的水芙蓉)	不再孤單
五	(過了兩三個月)	看見長滿(小水芙蓉)	(朝氣蓬勃的水芙蓉就像是洋溢著青春的少女)	朝氣蓬勃(的少女)

L03-3

▲〈一池子的綠〉基礎題。

Q3.作者是如何會發現自己愛上了那一池子的綠？

(六)① 我看見水池裡的綠意增多了，不由得時常佇立池邊。漸漸的，發現自己愛上了那一池子的綠。

Q4.作者最後做了什麼事？對於水芙蓉有什麼期待？

(七)① 一個清早作者把它移植到社區的池塘。 (七)② 生生不息。

Q5. 在本課中作者運用了大量的譬喻、擬人法的描寫策略，請從課文中分別找出譬喻和擬人法的句子，再將句子分類後，整理在表格中。(小組討論後發表)

如同、似 譬喻法	(二 2)水芙蓉就像是一艘帆船，在浴盆大的水池裡漂來漂去，讓人覺得既輕鬆又愉快。 (四 2)水芙蓉好像披上了翡翠般碧綠的外衣，顯得生氣盎然。 (五 2)朝氣蓬勃的水芙蓉就像是洋溢著青春氣息的少女，釋放著滿滿的熱情，點綴了這個水池，形成了一池子的綠。 爸肚子像氣球
擬人法 不是人變人	(一 2)水芙蓉淺綠粉嫩的身體，擠在那麼小的的玻璃容器裡。 (三 2)出太陽的時候，水池裡的魚就會躲在水芙蓉下，避開陽光的照射。 (三 3)碰到下雨天，水池裡的魚就會躲在水芙蓉下，避過雨水的衝擊。 (三 4)如果是陰天，就可以清楚的看見魚兒與水芙蓉嬉戲，一會兒東，一會兒西，穿梭在浮光蕩漾的綠波裡。 (四 3)水芙蓉不再孤單了，她的身邊長出了一株小小的水芙蓉。 (四 4)小水芙蓉依然有著嬌嫩的綠意，在大水芙蓉的牽引下，手牽著手，在那個水池裡隨波逐流，盪過來又盪過去。

L03-4

▲〈一池子的綠〉基礎題。

★挑戰題★

1 觀點探究題:

①課文「一池子的綠」指的是什麼？請說明你們的想法。(口說發表) 推論

長滿很多水芙蓉，綠二水芙蓉

②文中最後一段作者提到「希望她生生不息，並且期待著，有個午後，在另一個池裡，也可以瞧見那一池子的綠」你覺得這句話代表什麼含意？(口說發表) 詮釋整合

全部的地方都有水芙蓉 隨處可見

2 跨域延展題:

請利用「水芙蓉」為關鍵詞上網搜尋一則有關水芙蓉對環境影響的影片，請記錄你搜尋到的影片主題，並在觀賞後回答問題。

①搜尋到的影片主題：曾獲獎！巴克禮公園生態池佈滿水芙蓉－民視新聞

②看完影片後，請比較課文中作者的想法，你贊成作者的想法和做法嗎？請說明你的想法和理由。(口說發表)

贊成

因為：我也想看到那一池子的綠！一定很漂亮。
但我建議他可以分送給朋友，不然造成環境污染就不好了。

3 讀寫合一題:

請以校園中的景物為觀察對象，試著利用譬喻法和擬人法寫出你的句子。

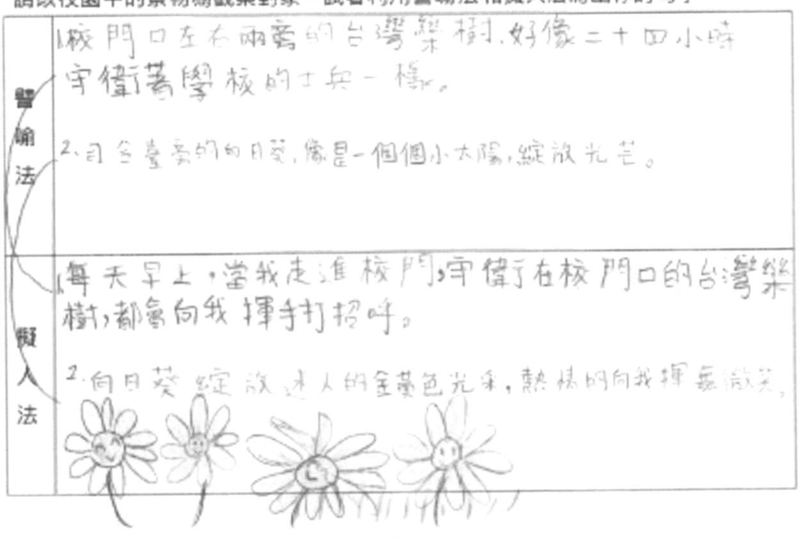

譬喻法	1.校門口左右兩旁的台灣欒樹，好像二十四小時守衛著學校的士兵一樣。 2、司令臺旁的向日葵，像是一個個小太陽，綻放光芒。
擬人法	1.每天早上，當我走進校門，守衛在校門口的台灣欒樹，都會向我揮手打招呼。 2.向日葵綻放迷人的金黃色光采，熱情的向我揮舞微笑。

LO3-6

▲〈一池子的綠〉挑戰題。

在母喪期間，我因不想造成麻煩，就拿了書商提供的閱讀理解單讓代課老師使用，回到學校後聽孩子們反應：「第二單元的提問單太簡單了，很快就能寫完，老師，我們還是比較喜歡您設計的，雖然有點難，但很有趣……」這真是一劑有力的強心針，給我莫大的鼓舞和繼續的動力！

◆帶著感謝與希望前進

大叔曾說，在語文教學領域，問題的題幹本身就是一種閱讀訓練，而提問的功用在於一個好的問題能引起動機，能刺激學習動機，能協助診斷孩子到底學會了沒有，能產生下一個好問題，產生延伸，能啟發孩子的高階思維，更能形成一個專案研究……這話給我很大的啟發，是我在設計每一課提問時最大的方向指標。

教學，永遠沒有準備好的一天，但我們沒有停止準備。而在這一趟又一趟的準備過程中，感謝 MOXA 心源教育基金會團隊和麗慧姐的支持與陪伴；感謝政忠大叔無私的傾囊相授；感謝四〇五協作新北市林口國小林倩伃老師細心的掌舵，讓夥伴們能朝著正確的提問方向前進；感謝四〇五小組的夥伴智囊群們——郁珊、慎源、庭筑和雅莉，因為有您們共同的腦力激盪與充滿溫馨的付出，讓珠珠能更勇敢再跨出前進的一步。

在此，也感謝我的孩子們，因為有你們的努力與不氣餒，才成就我在驚濤駭浪般的教學現場，成為能帶著希望前進的教師。

【國小領域】

7

陳綵菁／MAPS 如曙光，為我照亮教育前方

新北市蘆洲區鷺江國民小學

山中大叔導讀

綵菁，一位勇敢堅毅的老師，在這趟教育冒險旅程裡，講述了她在教學過程中的反思和成長。

既然是冒險之旅，就要具備靈活應變和調整的能力。從對教學方法的疑慮和不確定感，到真正參加種子教師培訓，綵菁始終彈性又靈活，勇敢又堅毅，運用三層次提問策略幫助學生自學和成長，並且在特定課程中設計挑戰題讓學生實地觀察和體驗，以加深他們對文本的理解和情感參與。

這趟旅程會讓你看見教師的自我反思和學習過程，看見一個勇敢拼湊完整教學圖像，堅毅找出屬於自己教學邏輯的教師身影！

「穿梭時光的軌跡，追夢啟航探險遠方！」教育的路是一場冒險之旅，在旅途開啟前，教師必須裝備好自己，以隨機應變與順勢調整來應付旅途中所發生的插曲，唯有如此，才能擔任孩子的嚮導，幫助孩子踏上追夢的路途時，拋開束縛、無畏挫折，收穫成長的勇氣，探險成就人生的精彩。

◆尋覓前行的跡，自省穿越迷霧

「吾日三省吾身」是在面對教師這份工作時，我認為是重要且必須的。唯有時刻保持思考，才有可能凝視內心的缺失與需求，而後進行修補。

彷徨徘徊遇迷霧，內省才知問題重

過去，我都會利用寒暑假花很多時間參加研習與備課，即使是教過的文本，也會進行修正調整。我會蒐集許多教育前輩對於文本的看法或創意，學習他們運用的教學策略，也會參考備課光碟的資料，融入自編的學習單與課堂教學活動中，讓學生進行跨域學習，或是創意發想的展現；學期中也會依據學生的學習狀況，適時調整教學內容。儘管如此，我的心中仍有許多疑惑的聲音，這些聲音時常縈繞著我……

過去，我也有自己的國語課教學流程，看似豐富有脈絡，但較多是教師引導。於是我常想，為何我不能肯定這對學生的語文學習或閱讀能力有真正的助益呢？雖然學習很多元，在圖畫文本或口說表達時，學生都有穩健的表現，但為何我不能確定這些是否符應學生的學習需求呢？班上常態性的分組討論，氛圍很熱絡，產出的內容也值得嘉許，但為什麼有的學生在文本理解的選擇題常常得不到高分呢？雖然學生定期評量的成績並不差，但似乎是我下許多功夫幫學生複習而來，如何讓學生自覺而自學呢？每一課的教學節奏都會有所不同，有時候跨域的活動反而會壓縮自己的教學時間，這樣對學生應該不好吧？

這些帶點彷徨的自省，時常浮現腦海，一次又一次的衝擊著我。我深怕教學不能帶給學生與時俱進的能力，更怕我的教學不是有效的。

心境轉變遇契機，盈步前行願改變

在高師大實習時，曾看過大叔的演講影片，內容提到「翻轉就是嘗試回到事物本身應該有的樣子」，這句話深深吸引我，好像敲響一聲警鐘，也給我了解翻轉教學的入門磚。影片介紹MAPS教學法，融入學習策略（M心智圖法、A提問、P發表）與同儕合作學習（S），看著大叔的學生們在課堂上熱烈發表與自學，沒有任何一個孩子是課堂的客人，我也

▲未遇見 MAPS 之前的教學流程。

2022.0717-0719 終於開啟旅程

◀大叔的提句與四〇六夥伴。

想要這樣的課堂。而我也問自己，過去幾年我的課堂真的翻轉了嗎？什麼才是真正的翻轉教學？翻轉教學的課堂應該有什麼樣的風景？

「只要改變開始發生，改變就會不斷發生」，影片裡這句話有種呼喚的魔力。二〇二一年一月，我寫上報名的理由，寄出報名表。因遇疫情，幾次延期，終於在二〇二二年七月，正式在工作坊與 MAPS 相遇。或許是命定緣故，大叔寫給我的提句正是「翻轉是一種教學不斷的省思」，撥開了翻轉在我心中的迷霧！半年後的回流，我更認識到何謂 TPACK，也在下學期的課堂嘗試加入。是啊！的確如此。我透過自省與 MAPS 相遇，我期待我的課堂能真正的翻轉。

◆踉蹌歪斜的徑，擁抱信念如炬

「原來真正的國語課堂面貌可以如此的有架構、有系統，且充滿魅力」，這是我參加完三天工作坊的感受。大腦燒得熱熱的，也裝得滿滿的，帶著豐富的收穫，我戰戰兢兢、躍躍欲試的想要趕快重新編輯我的每一課國語學習單，我已經幻想學生在課堂上因為 MAPS 而激發學習熱情，盡情享受學習。

想像是美好的，實作是殘酷的。我知道要先從學生的先備經驗考量再進行規劃，但我帶的是五年級新班，加上學生程度有明顯落差（受到疫情停課影響）；而我貪心的想要在設計提問時，盡可能要具體、要延伸、要複習、要多元，更要豐富，我發現我卡關了。許多自我質疑的聲音接踵而至：該如何設計出適合孩子的學習單？面對新班時，我又該如何帶領？家長是否認同？想要維持一週一課的教學進度是否可行？

不過，我很確定的是：不做，永遠不知道能不能做到，畢竟「找到路標，再加滿油，就沒有到不了的終點」。

荊棘乃是磨練石，誠心改變步紛紛

從康軒五上第一課〈拔一條河〉出發，我從暖身題開始帶著孩子展開 MAPS 的學習，期望營造自在的討論氛圍。孩子在預測標題時，我給予沒有標準答案的鼓勵，孩子經引導以「完整句」呈現後，試著小組分享、統整答案，認真的對課名進行推敲。孩子的發想有趣，且側面連結到課文意涵，我感到暖身題可以提升學習的趣味，並對文本鋪墊有助益；在施作基礎題時，先跟孩子講解題目與文本的關係，而後以小組共學的方式，讓組員一起填答。

課程至此還算順利，但要孩子轉繪心智圖時，便聽見許多哀嚎的聲音。孩子對於拉線、階層擺放、順序、顏色、指導語的理解……都顯得陌生。由於中年級未有先備基礎，加上我一開始就給予空白頁面，講解也不夠仔細，對自己和學生的期待太高，使得課程節奏卡住，儘管經指導後，孩子還是順利產出心智圖，但這卻是手忙腳亂的成果（有高標準的孩子還重繪了二次，實在是太不好意思了><）。我喜歡開放式的創作，讓孩子可以想像、有自由表達的空間，因此挑戰題則設計情意深化的加油卡片，從中我看見孩子們對拔河隊的打氣內容，也看見孩子們對困境的同理。

協作巽堯老師在線上共備時建議，繪製心智圖時可以先用挖空的方式引導孩子，待孩子熟悉階層後，再慢慢放手；如敏老師也提醒我要給孩子足夠的鷹架，而非訴求快速上陣。是啊，我太急了，也太理想化了，難怪大叔說「穩住自己才能拉住學生」，於是在往後的實踐操作，我調整課程步驟，也嘗試在其他課程輔以心智圖的練習與介紹，慢慢的，學生與我都可以在軌道上運轉著。

堅持下去意更牢，方願撣去浮華塵

※ 基礎收束理解，繪製視覺脈絡

從基礎題出發，設計三層次提問是備課的開端，唯有教師熟悉文本、掌握心智繪圖，才能帶學生看見文本的內涵。

▲組內討論與發表的情形。

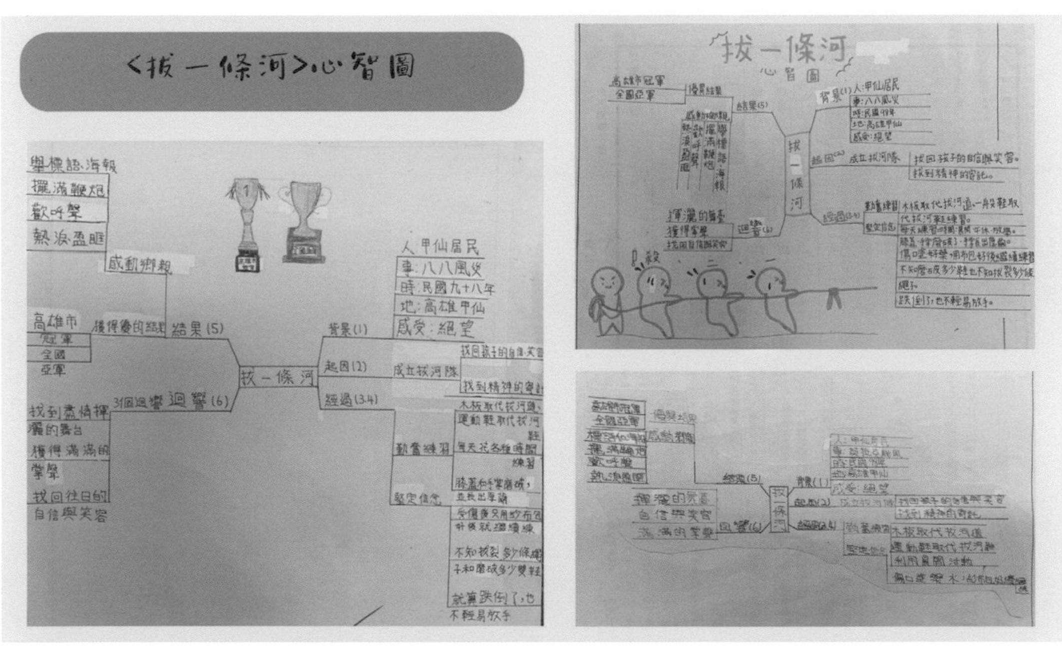

▲〈拔一條河〉心智繪圖。

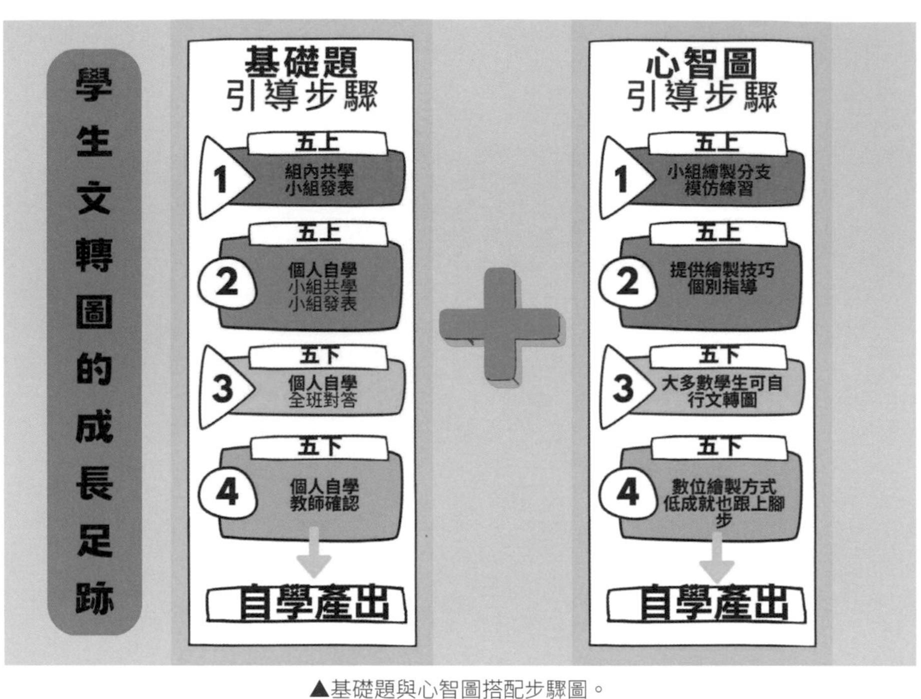

▲基礎題與心智圖搭配步驟圖。

基礎題中除了善用閱讀策略，如：摘要書寫、解釋觀點、圈關鍵字、找文本證據、六何法、統整歸納……更重要的是為心智圖奠基，使學生透過提問看見脈絡而理解架構，以有步驟的方式讓學生提取、摘錄，與文本產生密不可分的連結。學生習慣後自然可以進入狀況。

基礎題填答時，我以循序漸進的方式進行。起初，先進行組內討論，組內有共識後進行各小組發表，再取得全體共識，一起寫入學習單中；而後，先個人自學，盡可能依據基礎題的提示來填寫答案，再進行組內討論，最後經發表後，讓基礎題的內容定案；再來，個人自學後直接進入全班對答，這時候多數學生在基礎題的查找，幾乎沒有多大的問題；最後，個人自學後經教師確認，可以直接進行心智繪圖。以四步驟來幫助學生熟悉基礎題的填寫，這樣的方式從五上走到五下，喜見學生的成長以踏實且穩健的方式向前邁進！

在轉繪心智繪圖時，同樣搭配前述四步驟，以引導的方式讓學生不害怕心智圖的產出。首先，在確認基礎題的答案後，讓小組上臺繪製分支或分層，幫助中低程度的孩子視覺化的模仿練習；而後，提供學生繪製的技巧，如：先寫基礎題的答案再畫線，減少塗改與重繪的可能（這時我會做行間巡視並個別指導）；再來，多數學生已可以自行從基礎題進行文轉圖，且操作時間銳減；最後，到了五下，改用數位

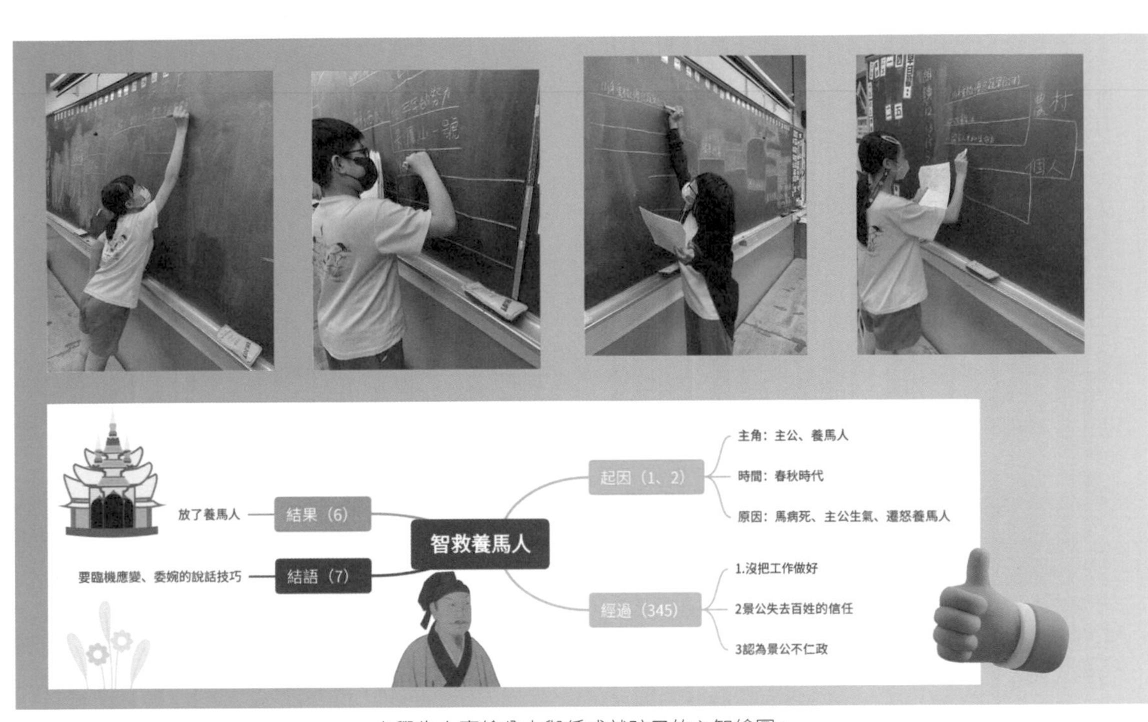

▲學生上臺繪分支與低成就孩子的心智繪圖。

繪製，不僅縮短了學生繪製的時間（快的孩子十分鐘內就完成了），也讓低成就的孩子有表現的舞臺。班上有位孩子因學習能力與動機薄弱，作業常缺交也跟不上課堂節奏，往往需要利用下課或午休時間補齊，由於需要補的作業太多，僅能完成基礎題的填答，在運用數位融入後，我觀察他參與的動機提升了（願意花整個午休來進行），相較於書寫紙本的無助挫敗，融入科技的方式讓他發現「我也可以」，配合 Canva 加入圖片後，成品更有模有樣。對於他的進步，為師甚感欣慰啊！

小日記的書寫是固定作業，我以「對心智圖的感受」與「心智圖的新舊制」（手繪與數位的差別）為題，想了解學生對於心智圖的看法。諸多孩子都寫出心智圖對於國語文學習的益處，有的提及能更理解文本掌握重點、有的說到可以加速考前複習、有的感受到成績的進步，這些回饋更讓我確信這樣的教學是正確且有效的；同時孩子們對於手繪與科技融入各有擁護，感受數位繪圖的便利卻也想念手繪的溫度。於是，五下時，我稍做調整，讓孩子印出數位繪製的心智圖後，再手繪插圖。整體而言，基礎題與心智圖，為學生提供自學的成就感，功不可沒。

生活札記 心智圖的好處
心智圖有很多好處，能讓學習更輕鬆，在做心智圖時，為了整理重點，就會看懂課文，而做好後要用時也可以輕鬆看懂，成績也會越來越好，真是一舉數得啊。

生活札記 你覺得心智圖對學習有幫助嗎？
答案是有，心智圖這個東西裡頭有很多重點，像是社會重點，或是國語重點，或是自然重點……等等，這些重點能讓比較複雜的東西變成簡單，容易看的！

我認為心智圖對學習的益處就是可以更加了解課文的內容、課文的大綱、結構的分析和課本的大意……等，可以讓我們更加認識課本裡的意思，所以我覺得做心智圖是很好的。

生活札記 以前的我，一聽到「心智圖」三個字，我就煩惱不已，因為那時候，我連心智圖都不知道怎麼畫，但自從來到510後，我開始學會如何畫心智圖，也學會如何整理完整的筆記了。我認為心智圖的益處就是剛剛說的「如何快速的找到重點」和可以邊做筆記邊加深對課文的記憶。

生活札記 心智圖對學習的好處是，心智圖可以很快的找到重點，還可以很輕鬆的複習，才不用自己還要在從課文中找出答案，最後，我要謝謝孫青老師，我從一到4年級都沒做過心智圖。

MIND MAPPING

▲心智圖對學習的助益。

※暖身多元素材，連結鋪墊文本

暖身題是我探究孩子起始點的良方。我可以複習形式架構，幫助學生快速與文本搭起橋梁，有助進行挑戰題的延伸寫作；可以預測課文內容，使學生猜測並想像，引起對文本的好奇並與文本對話；可以連結自身生活經驗，試圖更緊密結合文本情境，也能呼應挑戰題情意深化；可以了解學生的已知與想知，已知作為文本補充，想知作為挑戰題的延伸自學；可寫下對於影片的想法，作為進入文本的先備感受；可搜尋資料，請學生查找與文本或作者相關的訊息，作為文本補充。這些多元的提問方式，都是為了引起學生學習動機，促使學生思考、連接新舊經驗，更是基礎題與挑戰題的前菜。

五上時，暖身題多讓孩子於課堂完成，善用小組共學或個人自學，一是想了解學生對於提問的理解，二是要掌握學生的學習樣態，三是要在學生提出疑問時解答引導。隨著課次的進行，學生已漸習慣提問單的內容後，暖身題才成為回家作業，或是早自習的任務。若想要掌握學生所學時，就會讓學生分享，有時以小白板呈現，有時以 Padlet 填答送出，就看當下課程的步調而定。看見學生在暖身題就很投入的學習，對教師而言是一大樂事。

過去我有讓學生於「學習吧」進行課文錄音朗讀的習慣，本意是讓學生將文字轉換成聲音，加入情感與節奏後，

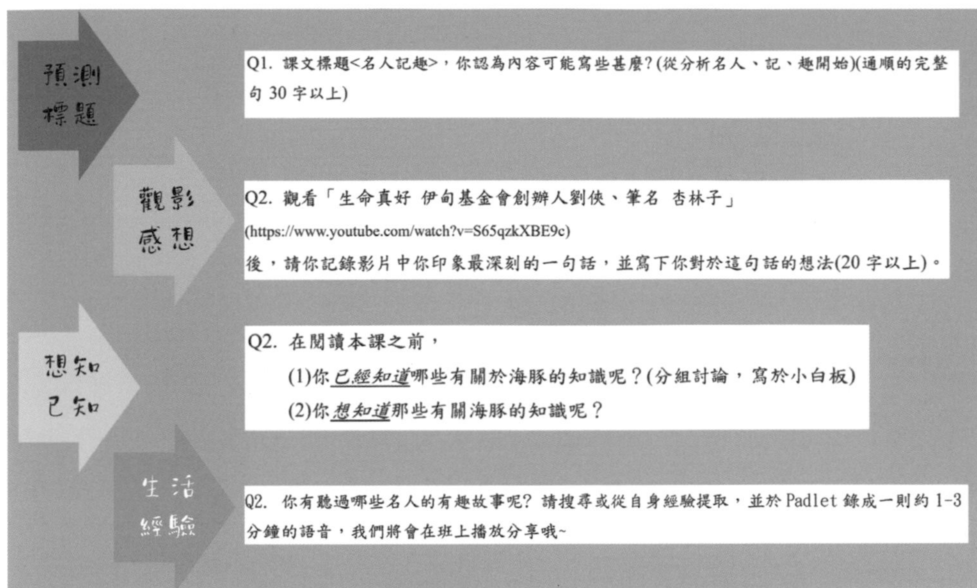
預測標題
Q1. 課文標題<名人記趣>，你認為內容可能寫些甚麼?(從分析名人、記、趣開始)(通順的完整句 30 字以上)
觀影感想
Q2. 觀看「生命真好 伊甸基金會創辦人劉俠、筆名 杏林子」
(https://www.youtube.com/watch?v=S65qzkXBE9c)
後，請你記錄影片中你印象最深刻的一句話，並寫下你對於這句話的想法(20 字以上)。
想知已知
Q2. 在閱讀本課之前，
(1)你已經知道哪些有關於海豚的知識呢？(分組討論，寫於小白板)
(2)你想知道那些有關海豚的知識呢？
生活經驗
Q2. 你有聽過哪些名人的有趣故事呢? 請搜尋或從自身經驗提取，並於 Padlet 錄成一則約 1-3 分鐘的語音，我們將會在班上播放分享哦~

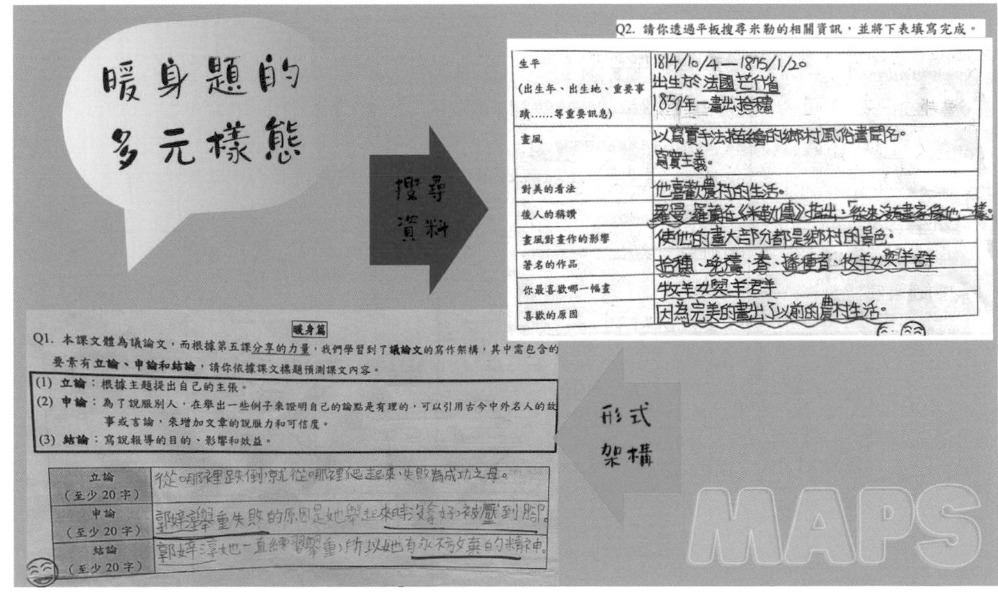
暖身題的多元樣態
搜尋資料
Q2. 請你透過平板搜尋米勒的相關資訊，並將下表填寫完成。
生平
(出生年、出生地、重要事蹟……等重要訊息)
畫風
對美的看法
後人的稱讚
畫風對畫作的影響
著名的作品
你最喜歡哪一幅畫
喜歡的原因
形式架構
暖身篇
Q1. 本課文體為議論文，而根據第五課分享的力量，我們學習到了議論文的寫作架構，其中需包含的要素有立論、申論和結論，請你依據課文標題預測課文內容。
(1) 立論：根據主題提出自己的主張。
(2) 申論：為了說服別人，在舉出一些例子來證明自己的論點是有理的，可以引用古今中外名人的故事或言論，來增加文章的說服力和可信度。
(3) 結論：寫說服導的目的、影響和效益。
立論（至少 20 字）
申論（至少 20 字）
結論（至少 20 字）
MAPS

▲多元暖身題的樣貌。

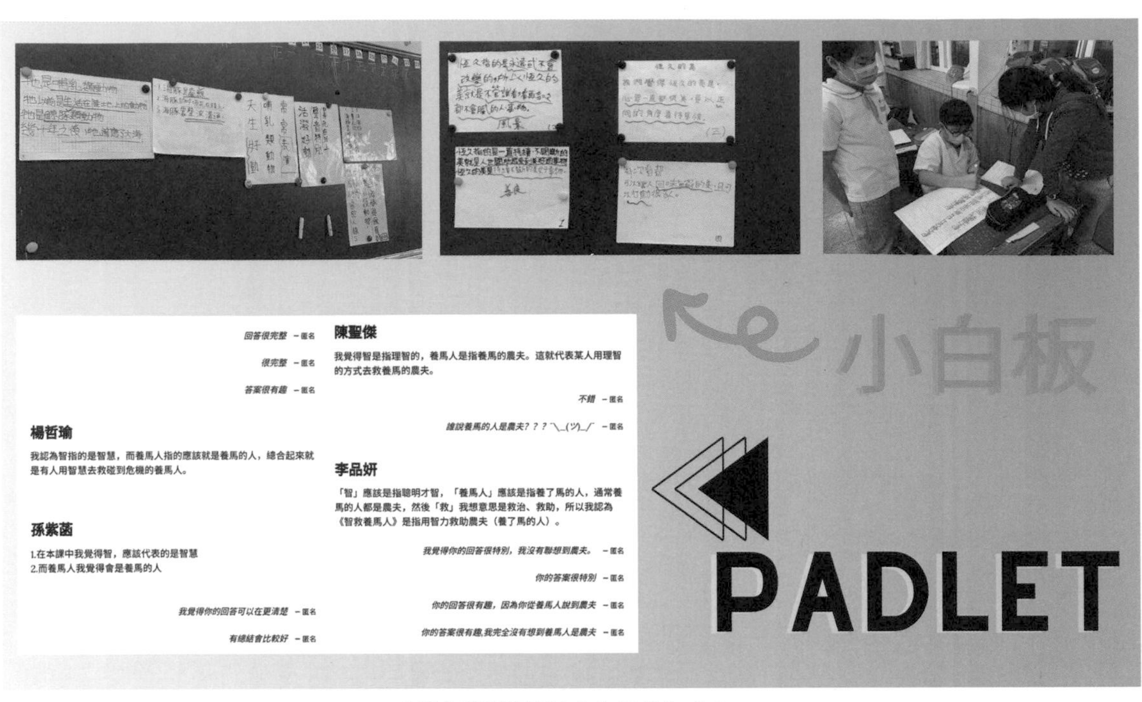

▲學生整理答案於小白板或 Padlet。

形成有利於大腦的記憶材料，如此一來進入文本時，學生在課堂提問時會增加活絡感。五上初始，上課時朗讀錄音的作業仍維持於課前，後因學生漸漸熟悉暖身題的設計，加上文本預測的題目若先閱讀課文便顯得較無意義，經幾課的操作後，便將此項作業挪至課後，也確實見到孩子們更具創思的內容。

※挑戰延伸表達，開展讀寫應用

若說暖身題是前菜，挑戰題便是飯後飲料，糖分與冰量均可客製，隨心展現。曾經我天真以為設計挑戰題很簡單，無論跨域延展、觀點探究、讀寫合一等，應該都較容易上手，因為過去我也會設計一課一活動，以檢驗孩子於該課的所學。但在工作坊經大叔「手把手」的指導後，我在小組實作時，發現挑戰題是必須呈現文本的價值與脈絡，盡可能讓學生與文本對話，從中進行反思批判、歸納演繹或是價值澄清等，這些才是挑戰題的真諦。

於是我設計閱讀測驗，提升學生閱讀理解，作為後測、也作為文本的延伸；設計觀點探究，以開放的角度與作者、文本對話；設計文本轉換，以四格漫畫繪出文本層次，為增強記憶亦是簡化文本；設計自學延伸，讓學生自己解答自己的提問；設計寫作要點複習，確認學生能應用所學；設計主

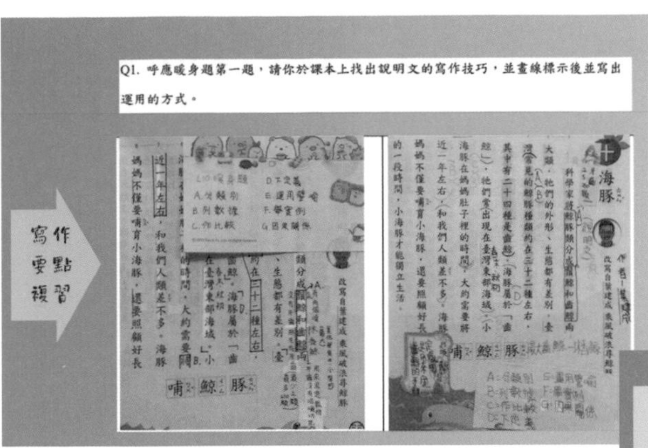

自學延伸

Q2. 呼應暖身題第二題，你*還想知道*哪些有關海豚的知識？(提問後搜尋答案並寫上)

問：海豚有自己的名字嗎？

答：

綵菁老師說：

觀點探究

Q3. 國語日報 111 年 10 月 17 日的專題報導，指出海豚是海洋動物表演秀的常客之一，文中有贊同與不贊同的聲浪。你呢？你贊同(或是不贊同)這樣的表演呢？為什麼？請將你的看法書寫於小日記中，字數需超過 70 個字。

我認為我們應該還給海洋生物牠們的家，不要把牠們關起來，強迫牠們表演，但我認為可以在坐船的時候欣賞牠們特別的身姿，這樣反而可以讓人們看見牠們最美麗、最自然的表演秀。

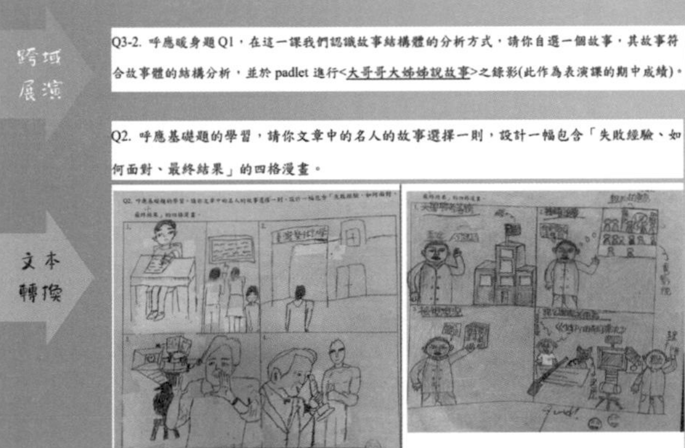

跨域展演
Q3-2. 呼應暖身題 Q1，在這一課我們認識故事結構體的分析方式，請你自選一個故事，其故事符合故事體的結構分析，並於 padlet 進行<大哥哥大姊姊說故事>之錄影(此作為表演課的期中成績)。
文本轉換
Q2. 呼應基礎題的學習，請你文章中的名人的故事選擇一則，設計一幅包含「失敗經驗、如何面對、最終結果」的四格漫畫。

主題作文

Q2. 請你發揮你的創意，寫一篇 450 字的作文，關於本課三位主角的---邱吉爾、馬克吐溫、艾森豪的下午茶聚會。

閱讀測驗

Q1-1. 看完課文後，是否對晏子的機智感到佩服呢？請閱讀以下關於晏子的故事，並完成題目。

<橘化為枳>

晏子出使楚國，楚王聽說他是齊國最能言善道的人，長得很矮小，對他十分的輕視，並打算要好好羞辱他一番。楚王設宴款待晏子，在宴會時暗中派人押解一個囚犯從殿前走過，楚王問：

架構仿寫

Q1. 請模仿蔣勳於課文第四段的詳寫手法，先描寫遠景後，在描寫近景的寫作手法，描寫近景時請寫出人物的穿著、動作甚至表情(情緒)，最後寫出這幅畫可能要表達的內容或意境(可以推測、可以想像)。(100 字以上，請完整書寫)

播種馬鈴薯，1861---米勒

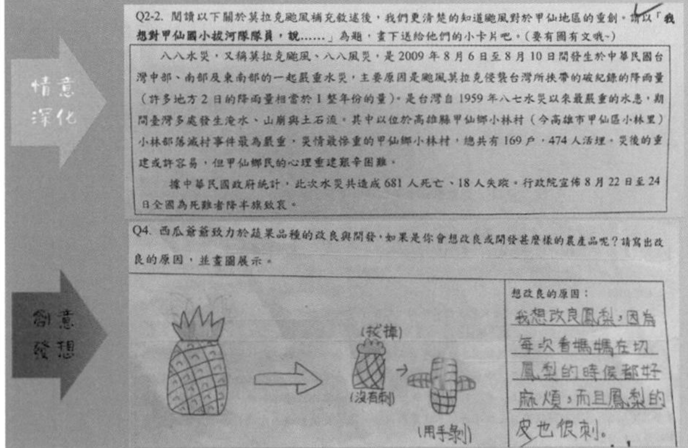

情意深化
Q2-2. 閱讀以下關於莫拉克颱風補充敘述後，我們更清楚的知道颱風對於甲仙地區的重創。請以「我想對甲仙國小拔河隊隊員，說……」為題，畫下送給他們的小卡片吧。(要有圖有文哦~)
八八水災，又稱莫拉克颱風、八八風災，是 2009 年 8 月 6 日至 8 月 10 日間發生於中華民國台灣中部、南部及東南部的一起嚴重水災，主要原因是颱風莫拉克侵襲台灣所挾帶的破紀錄的降雨量（許多地方 2 日的降雨量相當於 1 整年份的量）。是台灣自 1959 年八七水災以來最嚴重的水患，期間臺灣多處發生淹水、山崩與土石流。其中以位於高雄縣甲仙鄉小林村（今高雄市甲仙區小林里）小林部落滅村事件最為嚴重，災情最慘重的甲仙鄉小林村，總共有 169 戶，474 人活埋。災後的重建或許容易，但甲仙鄉民的心理重建艱辛困難。
據中華民國政府統計，此次水災共造成 681 人死亡、18 人失蹤。行政院宣佈 8 月 22 日至 24 日全國為死難者降半旗致哀。
創意發想
Q4. 西瓜爺爺致力於蔬果品種的改良與開發，如果是你會想改良或開發甚麼樣的農產品呢？請寫出改良的原因，並畫圖展示。
(拔掉)
(沒有刺)
(用手剝)
想改良的原因：
我想改良鳳梨，因為每次看媽媽在切鳳梨的時候都好麻煩，而且鳳梨的皮也很刺。

◀▲挑戰題的多元面貌。

題作文，考察學生構思的完整性與寫作的合理性；設計跨域展演，結合文本架構與說故事的方式，讓學生對文體更有感；設計架構仿寫，仿作文本的詳寫，寫出自己的風格；設計情意展現，透過文本內容帶出學生情感；設計創意發想，腦力激盪。這些提問都是以任務取向，讓學生從文本輸出想法與創意，更多的是與暖身題前後呼應。

挑戰題沒有標準答案，只要學生願意寫，符合書寫要求，都可以兌換點數，班級點數可以兌換免午休、止餓一下（跟老師要點心）、可以期末競標禮物，大大提高孩子書寫的意願，當然優秀作品也會被表揚作為參閱的對象。看他們一次比一次精彩又完整的回答，有的回答甚至深深感動我，可以感受到孩子們對於挑戰題的喜愛。

在五下〈動物的尾巴〉一課，我從暖身題、基礎題到挑戰題以KWLH策略（已知—未知—課本重點—自學延伸）進行設計，除了前後連貫呼應之外，更設計走出教室的挑戰題，以實際的觀察經驗作為延伸。我認為學習不應局限於教室裡，有機會讓學生走出去，能為學習帶來更多想法與感受，也能讓學習更有意義。經過五上的練習，此時可以看見學生文轉圖的功力成熟（全班在基礎題轉繪心智圖於二十分鐘內完成，插圖回家補充），提問書寫無礙（只需意會不需言傳），孩子們卯足全力的表現，讓我感受到教學的樂趣。

MAPS 三層次提問單-康軒五下 第八課 動物的尾巴

暖身

Q1. 在閱讀本課之前，(1)你已經知道哪些有關於動物尾巴的知識呢？(彙整組內意見再發表)

(2)你想知道哪些有關動物尾巴的知識呢？

(1)

(2)

Q2. 這一課為(　　　)文，其架構為總說-分說-總說，請你就課文標題預測可能的課文內容吧~

總說：

分說：

總結：

基礎

❶第十步-基礎題(第一層，第二層，第三層)(請寫完整，並注意通順度)

Q0. 請依課文內容，完成下列的結構表。

寫作架構			
意義段			
自然段			

Q1. 第一大意義段中，說到關於動物尾巴的敘述，請你找出兩點說明。

　　　　　、　　　　　

Q2. 在第二大意義段中，對於五種動物的尾巴進行說明，請你完成以下表格。

動物名稱	形狀	功能

Q3. 在第三大意義段中，作者提出兩點對於通篇文章的總述，請你於課本上畫記。

心智圖(請利用 GITMIND 繪製心智圖，後加入手繪插圖)

挑戰

Q1. 呼應暖身題第一題，從課文裡你找到那些有關「動物尾巴」的知識? 請完成以下的九宮格，並網路搜尋有同樣功能的動物。

保持平衡 例如：貓、獵豹……		
	動物的尾巴	

Q2. 想像一下，那麼如果人類還保持著尾巴，你覺得功能(用途)是甚麼呢？為什麼？(此題請好好書寫於 A 本，並運用課本的語詞，字數需達 70 字以上喔)

Q3. 呼應暖身題第一題，5/9 我們前進台北市立動物園，親自去觀察了動物的尾巴。你還想知道哪些動物的尾巴呢？這些動物的尾巴其外形與功能又是甚麼呢？請於體驗學習單中，進行創作記錄吧。

▲〈動物的尾巴〉三層次提問單設計內容。

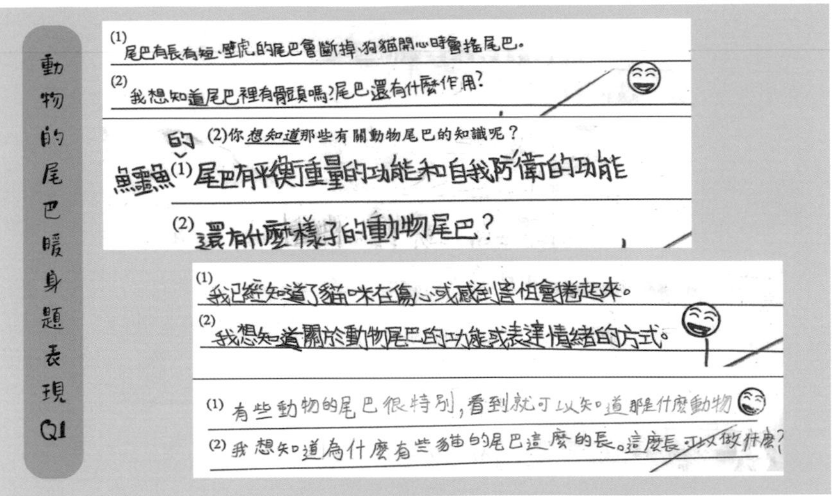

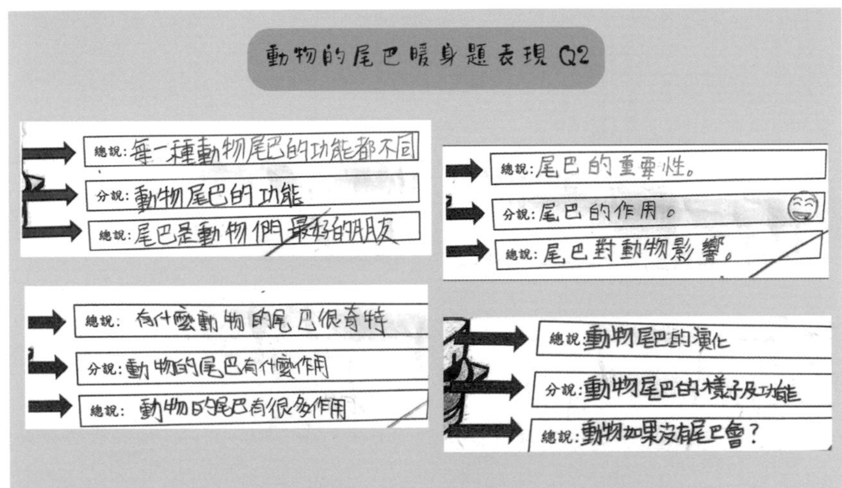

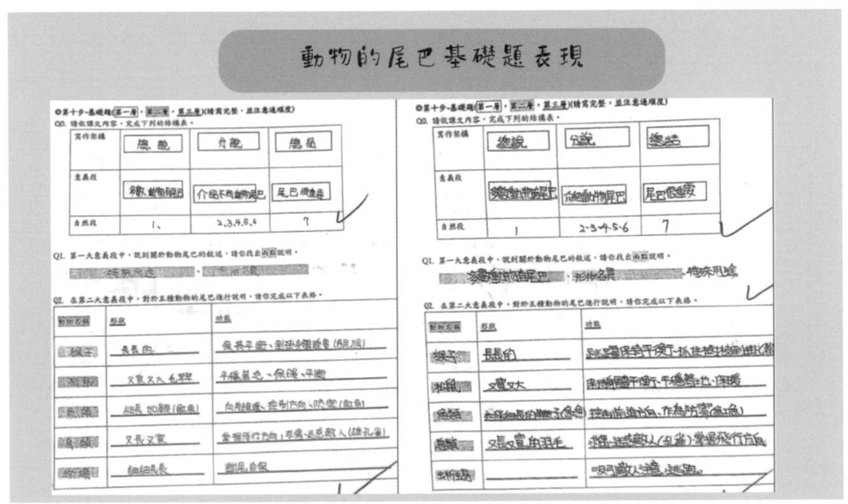

▲〈動物的尾巴〉學生的填答表現。

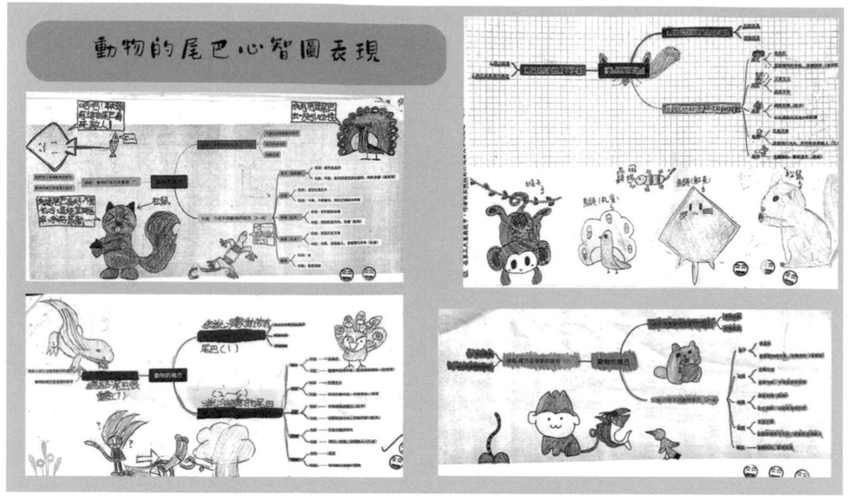

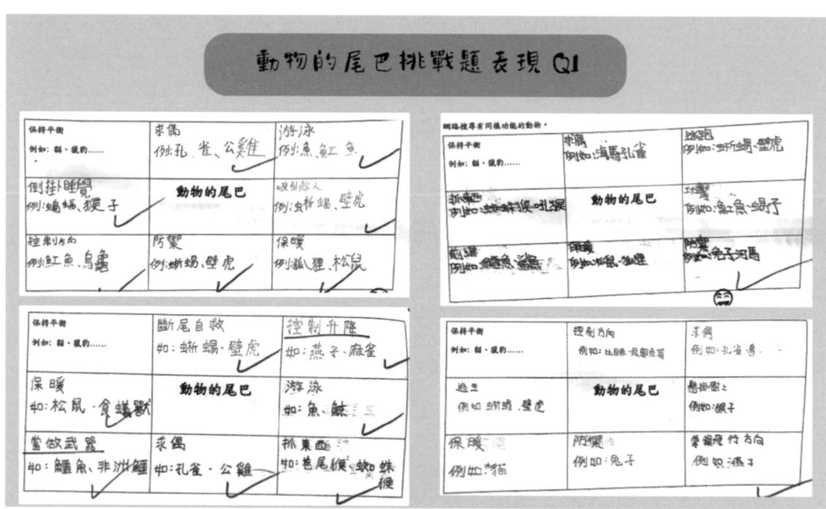

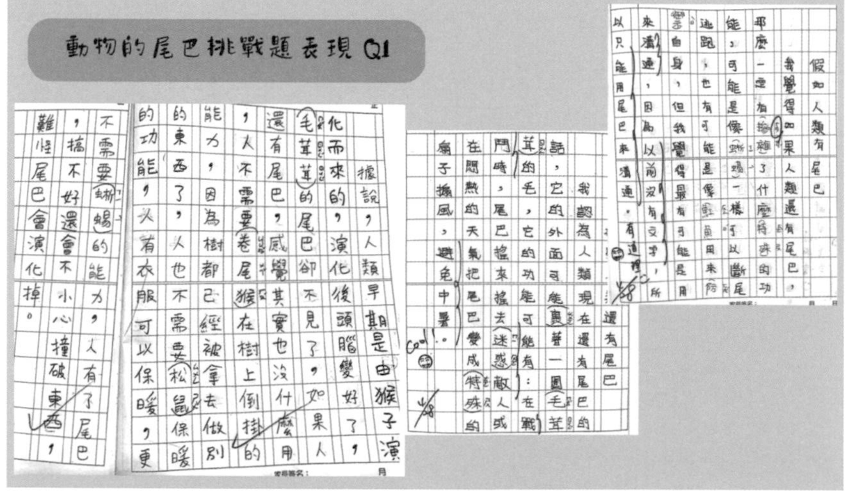

▲〈動物的尾巴〉學生的填答表現。

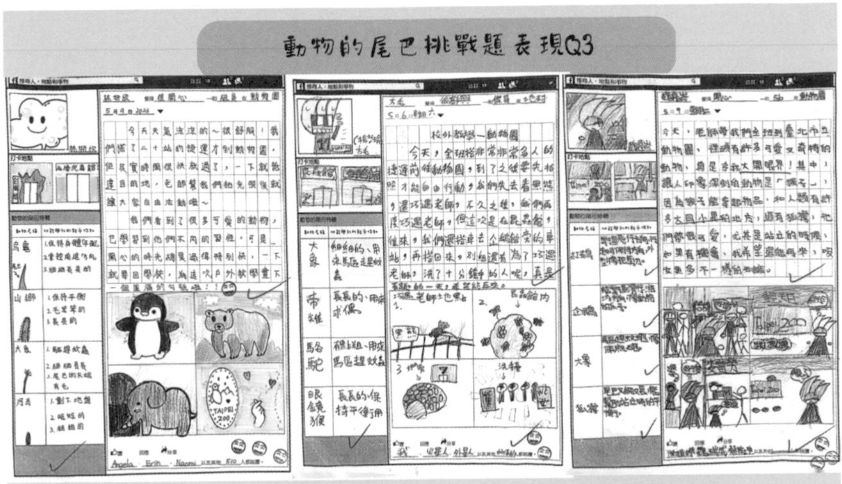

▲〈動物的尾巴〉學生的填答表現。

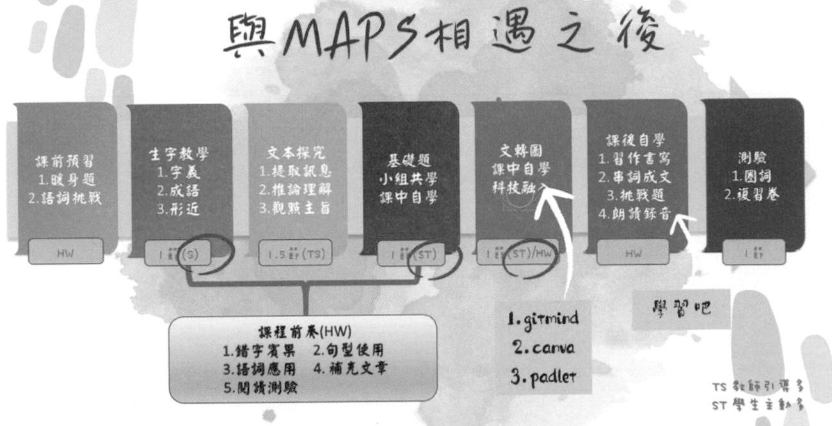

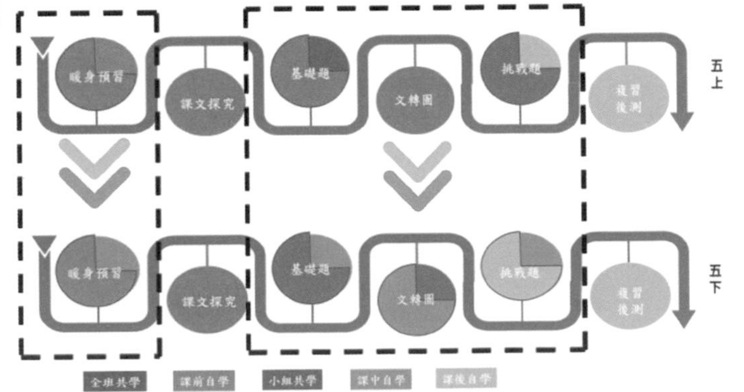

▲從五上至五下的變化。

然而，我自省挑戰題的設計仍需精進，未來會多連結班級經營或價值澄清的提問，讓學生有更多的情意展現。

◆MAPS的壯遊，持續揚帆出航

過去，我總抱持著要去膜拜、模仿神人，希望自己的課堂也能像臺上大師那樣——教學節奏順暢、教學特色鮮明、教學設計完整、課堂互動精彩。因此，我彷如練功者到處參加研習，吸收日月精華而欲打通任督二脈，但每個大師教學法又豈是數個小時研習便可速成。於是，常在課堂上顯現「半調子教學」（真對不起之前的學生啊><）。直到遇見MAPS，我終於拼湊起完整的教學圖像，找出屬於我的教學邏輯，儘管一開始仍是參考前輩的提問單摸索前進，但終能發展出適合班上孩子，同時也符應我的教學目標的提問單。孩子因MAPS的帶領，書寫漸趨完整、表達漸趨自信、討論越見活躍、圖文越發獨特。當他們以自己的邏輯提出不同的分層支線時，我驚豔了；當他們快速完成文轉圖時，我佩服了；當他們告訴我希望下一個老師也可以這麼教他們時，我知道，我成功了（下學期我調校了，不捨這一群帶給我滿滿成就感的孩子）。

從五上到五下，我持續修正我的MAPS教學課堂，孩子們的回饋也給了我修正的方向，學生主動學習的樣態增多，這一年的實作奠定我日後實踐的基礎。從學生的成績看，定期評量明顯高於同學年的班級（班平均約落於九〇－九四分之間），即使是班上後段的孩子，在文意理解的選擇題也僅錯幾題；需學習扶助的孩子僅剩一、兩位尚需輔導。這一切都得感謝MOXA心源教育基金會的團隊與麗慧姐的支持與陪伴，感謝政忠大叔無私相授，感謝權滿老師帶我認識MAPS，感謝第四屆種子教師工作坊四〇六協作巽堯老師與如敏老師、史嘉老師、敏惠老師與翠婷老師，感謝第五屆種子教師工作坊遇到的夥伴們。每一位都是彌足珍貴的存在，無私的分享與鼓勵，讓我的教學土壤持續肥沃。

我要跟第五屆的種子教師五〇一小組「一MAPS相傳，始終如一」說：「在實踐的路上，有夥伴是無價的。我們分享喜悅與挫折，讓旅程更有意義；我們互相學習和成長，讓教學更有層次。努力實踐並找到自己的MAPS吧！只要我們一起共創且堅定的前行，一定可以！」

接下來，我將帶四年級的班，又是重新的開始。在中年級帶孩子實作MAPS，我相信會是更好的起始點，更期待我的MAPS教學，可以拔尖也可以扶弱，更能助我與我的孩子們在人生學習路上航行久遠——「最近的距離不是跨越而是持續，莫忘初衷！」

【國中領域】

1

徐紫庭／讓 MAPS 從「心」開始

新北市板橋區中山國民中學

山中大叔導讀

紫庭，一位資淺卻不見青澀的老師，立志成為一個不僅是知識傳授者，更是引導學生，激發潛能的啟蒙者。

MAPS 是一個教育哲學，核心在於激發學生的思考和創造力，讓他們在自由的氛圍中學習，讓教室成為一個知識共享的場所。

紫庭不斷的自我學習和實踐，讓學生真正理解學習的樂趣；她也不斷的反思和修正，使教學更加豐富和深入；她更用心聆聽學生的聲音，鼓勵他們發表意見，讓每一個學生都感受到被尊重和珍惜，讓學生在她的課堂中茁壯成長，成為有思想、有情感的人。

紫庭正走在她想要成為的老師模樣的路上。

◆ 初遇的悸動

感動的故事來自生命，生命影響生命

自大學開始，常聽政忠老師的演講，分享的內容從《老師，你會不會回來》的故事，講到《我的草根翻轉：MAPS教學法》，因為老師的故事以及大學服務性社團的影響，我立志成為偏鄉老師，因為我希望我教的學生能樂在學習，正如同老師說的：「學習是一件快樂的事，但學會是一件快樂一百倍的事。」實習時，夢的N次方開始在各地開花，那時的我，不僅協助《我有一個夢》的新書發表會，也參與了宜蘭場夢N，從那時開始體悟到，教學法不是一味的複製，沒有固定的教學法，也沒有唯一的教學法可以解決所有的問題，不管是什麼樣的教學法，融合的也好、單一的也好，各種變換的也好，只要能解決教室裡的問題就好。政忠老師說：「不是做一個壯大獨尊誰的夢，而是做一個成就每一個自己課堂教學的夢。」因為感受到大叔的那份熱情和毅力，所以讓我在「老師」的這條路上多了更多力量！

Teachers get support & Kids get hope

教書的第一年，來到位於北海岸的偏鄉小校——新北市三芝國中，實踐自己的教學夢。在這裡從看書自學MAPS並設計每一課學習單，或觀看社群中老師的教學影片以及提問設計單開始。過程中，因為教學經歷很淺，所以時常需要反覆觀看書和影片，提問設計也很陽春，一切從模仿開始，因不太理解層次設計，學習單前後沒有太多關聯，想問什麼就問什麼，想做什麼活動就做什麼活動，就這樣懵懵懂懂的在快樂的國文課堂中度過第一年教學日子。

到了第二年，有機會前往爽文國中觀課，終於可以親眼一窺大叔的課堂風景。觀課過程中，看見流暢的教學節奏，良好的師生互動，系統性的教學方法。整體氣氛是開心自在的，孩子們臉上的表情都是愉悅且願意投入學習的。早從七年級起便已建立MAPS學習模式，他們是真的把主動學習、解決問題變成習慣。也許對某些孩子來說，還有許多地方可以再進步，但看見他們願意發表自己的意見，願意跟著老師、同學們的腳步學習，表示他們也是經過一番努力和磨練的！這次觀課，讓我發現自己喜歡看見孩子們熱衷學習的模樣，喜歡他們願意不分彼此說出自己的想法，喜歡他們享受學習、樂在參與的每分每秒。如此的魅力，我也想在自己的課堂中看見！

感動持續著，夢想持續前行著

初遇的悸動中，猶記得大叔的話：「沒有一定的教學法，也沒有哪一種才是所謂的好，只要是適合學生的、有助於學生的教學法，就是好的教學法。」沒錯，即便是各種融合也沒什麼不好，即便是模仿還是會有自己的風格存在，因為老師都希望孩子因為自己的精進與努力而學得更好。教學法是整個教學的某一部分，但實際上教什麼，要孩子們學會什麼才是最重要的。經過這次觀課的洗禮，我在教學的第三年繼續努力嘗試與實踐。到了第四年，因為學校沒有缺額，輾轉到大校——新北市中山國中任教。在新學校依然在教學路上摸索前進，由於教學環境不同於小校，因此除了維持過往的教學經驗外，也持續精進著自己，持續參加夢N的工作坊，而在一場新北夢N後，走上實踐家的路，並在屏東場分享疫情時代的線上MAPS教學，因緣際會下，受到大叔的邀請走進第四屆MAPS種子教師之路……

◆相知的充實

找到一起前行的夥伴

參加培訓前，像學生期待要出遊般懷抱著期待又擔心的

▲二〇一七年到爽文國中觀課，和大叔以及同學們一起學習、一起成長。

▲受到老師的著作啟發，邁向名為「老師」的路。

▲參加夢N和大叔擊掌成為實踐家，離夢更近了。

心情，期待自己能更精進教學，能認識一群好夥伴，能更有脈絡的設計提問；另一方面，擔心自己不夠熟悉文本、擔心跟不上大家的腳步、擔心無法好好消化吸收。此外，還帶著疑惑想要來一探究竟，想要更清楚明白如何在教學上有所突破，或是能開創出什麼樣的一片新天地。帶著過往的經驗，聆聽自己發展多年的MAPS教學法，再次梳理、有脈絡的實作並修正，讓我有煥然一新的感受，好像打通任督二脈般找到更清楚的方向。培訓過程中，還找到一群好夥伴互相交流、學習，一起燒腦，產出〈紙船印象〉的心智圖、提問設計等，如此共患難的情感，為我們一年的實踐歷程打下良好的團隊基礎。

學以致用，用以致學

在暑假培訓中，學習到三層次提問（暖身、基礎、挑戰），學習每一個提問背後的重點以及提問間的連貫性與脈絡性，過程中最重要的莫過於釐清自己「究竟要教給孩子們什麼？」以及「究竟要教會他們什麼？」備課時的問題意識是掌握教學設計的關鍵。培訓後，回到課堂實踐，在一次次的實踐與練習中，不斷問自己、省思自己做到多少，有些時候，還不那麼完美，但至少勇敢跨出第一步，至少願意重新修正自己，讓提問設計更加貼近學生。

以〈下雨天，真好〉為例。

▲一個人可以走很快，但一群人可以走很遠。

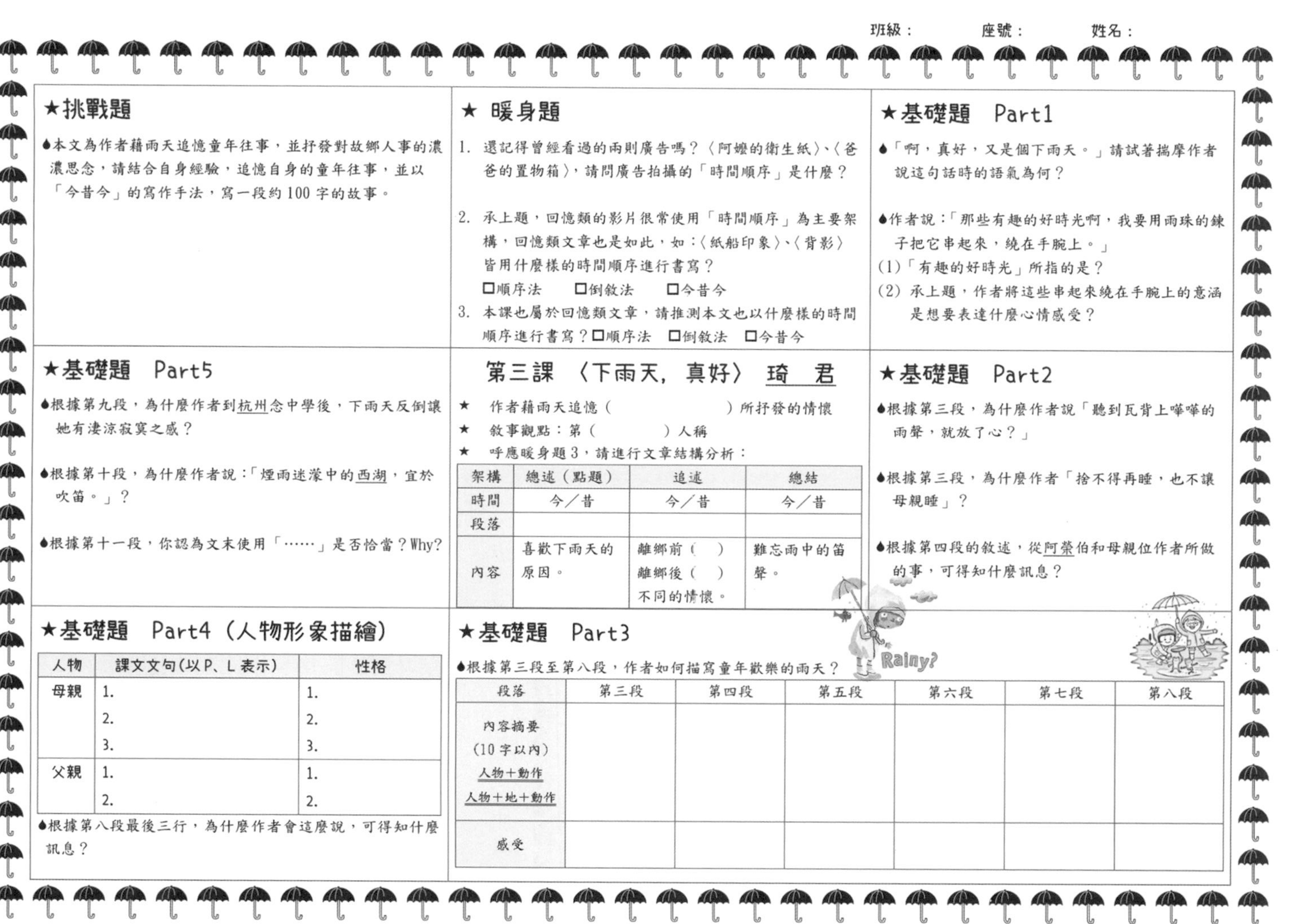

班級：　座號：　姓名：

★挑戰題

●本文為作者藉雨天追憶童年往事，並抒發對故鄉人事的濃濃思念，請結合自身經驗，追憶自身的童年往事，並以「今昔今」的寫作手法，寫一段約100字的故事。

★ 暖身題

1. 還記得曾經看過的兩則廣告嗎？〈阿嬤的衛生紙〉、〈爸爸的置物箱〉，請問廣告拍攝的「時間順序」是什麼？
2. 承上題，回憶類的影片很常使用「時間順序」為主要架構，回憶類文章也是如此，如：〈紙船印象〉、〈背影〉皆用什麼樣的時間順序進行書寫？
   □順序法　□倒敘法　□今昔今
3. 本課也屬於回憶類文章，請推測本文也以什麼樣的時間順序進行書寫？□順序法　□倒敘法　□今昔今

★基礎題　Part1

●「啊，真好，又是個下雨天。」請試著揣摩作者說這句話時的語氣為何？

●作者說：「那些有趣的好時光啊，我要用雨珠的鍊子把它串起來，繞在手腕上。」
(1)「有趣的好時光」所指的是？
(2) 承上題，作者將這些串起來繞在手腕上的意涵是想要表達什麼心情感受？

★基礎題　Part5

●根據第九段，為什麼作者到杭州念中學後，下雨天反倒讓她有淒涼寂寞之感？

●根據第十段，為什麼作者說：「煙雨迷濛中的西湖，宜於吹笛。」？

●根據第十一段，你認為文末使用「……」是否恰當？Why?

第三課　〈下雨天，真好〉　琦　君

★　作者藉雨天追憶（　　　　）所抒發的情懷
★　敘事觀點：第（　　　）人稱
★　呼應暖身題3，請進行文章結構分析：

架構	總述（點題）	追述	總結
時間	今／昔	今／昔	今／昔
段落			
內容	喜歡下雨天的原因。	離鄉前（　） 離鄉後（　） 不同的情懷。	難忘雨中的笛聲。

★基礎題　Part2

●根據第三段，為什麼作者說「聽到瓦背上嘩嘩的雨聲，就放了心？」

●根據第三段，為什麼作者「捨不得再睡，也不讓母親睡」？

●根據第四段的敘述，從阿榮伯和母親位作者所做的事，可得知什麼訊息？

★基礎題　Part4（人物形象描繪）

人物	課文文句(以P、L表示)	性格
母親	1.	1.
	2.	2.
	3.	3.
父親	1.	1.
	2.	2.

●根據第八段最後三行，為什麼作者會這麼說，可得知什麼訊息？

★基礎題　Part3

●根據第三段至第八段，作者如何描寫童年歡樂的雨天？

段落	第三段	第四段	第五段	第六段	第七段	第八段
內容摘要 (10字以內) 人物＋動作 人物＋地＋動作						
感受						

▲第一次重新修正後的提問設計：
1. 暖身題部分，回顧過去所學，強調課文書寫架構，最後再呼應挑戰題，進行讀寫合一。
2. 基礎題部分，主要會讓學生討論，最後再一起檢討答案，有些學生會將別人寫的答案也補充在自己的學習單上（有些會使用不同顏色的筆）。
3. 挑戰題部分，希望學生學會文章寫作架構「今昔今」，故以此為架構，並尋找自己的童年往事記憶，以「與○○○相遇」為發想，書寫約一百字短文。
4. 挑戰題設計的本意為呼應暖身題，讓學生蒐集作文的口袋題材，並檢視學生是否理解「今昔今」的寫作架構，進而透過學生的文字更加貼近學生的心與生活。

看著妳的文字腦海裡浮現妳和媽媽可愛溫馨的身影！妳們感情一定很不錯 ◡̈

班級：805　座號：31　姓名：劉子綺

A++

第三課〈下雨天，真好〉琦　君

★挑戰題 與泡泡相遇　題目訂得不錯 ◡̈

♦本文為作者藉雨天追憶童年往事，並抒發對故鄉人事的濃濃思念，請結合自身經驗，追憶自身的童年往事，並以「今昔今」的寫作手法，寫一段約100字的故事。

今天經過公園時，我那塵封已久的童年時光再度被開啟，回憶頓時襲捲而來。還記得那一天，經過了漫長的梅雨季後，母親帶著我去了鄰近的公園，吹了我最喜歡的泡泡(自製的)，一顆顆的泡泡賣力地展現它們的活力，而我，從泡泡中望過去，有搶眼的餘輝，然而更引人注目的是媽媽樂在其中的神情，那一刻的我們好幸福。現在想起，我依然藏不住那幸福的微笑，母親的那抹微笑，我將永遠珍藏著，不管是泡泡、童年，它們都會成為雋永，埋在回憶裡。

★暖身題

1. 還記得曾經看過的兩則廣告嗎？〈阿嬤的衛生紙〉、〈爸爸的置物箱〉，請問廣告拍攝的「時間順序」是什麼？
   現在→過去→現在
2. 承上題，回憶類的影片很常使用「時間順序」為主要架構，回憶類文章也是如此，如：〈紙船印象〉、〈背影〉皆用什麼樣的時間順序進行書寫？
   □順序法　□倒敘法　☑今昔今
3. 本課也屬於回憶類文章，請推測本文也以什麼樣的時間順序進行書寫？□順序法　□倒敘法　☑今昔今

★基礎題　Part1

♦「啊，真好，又是個下雨天。」請試著揣摩作者說這句話時的語氣為何？
感嘆(開心的讚嘆)

♦作者說：「那些有趣的好時光啊，我要用雨珠的鍊子把它串起來，繞在手腕上。」

(1)「有趣的好時光」所指的是？歡樂的童年

(2) 承上題，作者將這些串起來繞在手腕上的意涵是想要表達什麼心情感受？
珍惜，願可以一直記得，銘記在心

★基礎題　Part5

♦根據第九段，為什麼作者到杭州念中學後，下雨天反倒讓她有淒涼寂寞之感？
因為作者會想起兒時的回憶和思念故鄉的母親。

♦根據第十段，為什麼作者說：「煙雨迷濛中的西湖，宜於吹笛。」？
1. 思鄉(憂愁感)(適合)
2. 笛、雨聲相和低沉而遙遠

♦根據第十一段，你認為文末使用「……」是否恰當？Why?
恰當，文末用「……」會令作者有未完待續的感覺，也意味著未來的雨天或許有不同的感受(作者的)、延續思鄉的情緒(綿延不絕)

第三課〈下雨天，真好〉琦　君

★ 作者藉雨天追憶（童年往事）所抒發的情懷

★ 敘事觀點：第（一）人稱（第二段很多「我」）

★ 呼應暖身題3，請進行文章結構分析：開始

架構	總述（點題）	追述	總結
時間	今／昔	今／昔	今／昔
段落	1～2段	3～10段	11段
內容	喜歡下雨天的原因。	離鄉前（3~8） 離鄉後（9~10） 不同的情懷。	難忘雨中的笛聲。

★基礎題　Part2

♦根據第三段，為什麼作者說「聽到瓦背上嘩嘩的雨聲，就放了心？」
長工不必work，母親不用cook，可聽story。

♦根據第三段，為什麼作者「捨不得再睡，也不讓母親睡」？
因為作者想聽母親說故事、想撒嬌

♦根據第四段的敘述，從阿榮伯和母親為作者所做的事，可得知什麼訊息？
被大家(長工、阿榮伯、mom)寵愛

★基礎題　Part4（人物形象描繪）

人物	課文文句(以P、L表示)	性格
母親	1. P3L8～L13 2. P6L1 3. P7L4～L7	1. 慈悲善良(kind) 2. 為家操心(worry) 3. 樂善好施(有愛心)
父親	1. P6L2 2. P7L13～L14	1. 雍容閒雅(悠哉) 2. 不愛熱鬧(愛作詩)

♦根據第八段最後三行，為什麼作者會這麼說，可得知什麼訊息？可得知作者兒時喜玩樂、貪玩，無法體會大人的煩憂。

★基礎題　Part3　突顯兒時的快樂

Rainy?

♦根據第三段至第八段，作者如何描寫童年歡樂的雨天？

段落	第三段	第四段	第五段	第六段	第七段	第八段
內容摘要 (10字以內) 人物＋動作 人物＋地＋動作	早晨慈善的母親講故事	我在院中享受雨中之樂。(玩水之樂)	在穀倉長工們陪吃陪樂	與父親賞雨、觀花、採花	樂享、鼓兒詞、表演之樂	颳風天捸鰍之樂
感受	溫馨叮嚀	自得其樂	人多不寂寞	閒情雅興	樂在其中	天真貪圖歡樂

▲學生彼此討論內容，最後再一起核對、統整答案並完成學習單。

不同以往的改變，師生共好

一轉眼，孩子們升上八年級，而我也邁入第六年的教學生活，這次，和以往不一樣！面對同樣的文章，回顧過去自己所設計的題目，發現自己有更深的思考脈絡和邏輯，過去也有，但有些破碎，也許就如同雨一點一滴落在大地般，等待著放晴，等待著那道彩虹掛在天空，等待一起綻放微笑的時刻，是那麼美好而幸福。

〈下雨天，真好〉這課不難，但真的有滿多可以著重的點，不論是寫作架構、人物形象描寫，還是情感書寫，每當在思考學習單該放什麼內容時，都會小小掙扎一下，因為篇幅有限，因為時間有限，所以只能濃縮或是捨棄一些內容，等待下次更好的時機點。此外，我最喜歡的時刻莫過於讓學生自由討論，他們彷彿掙脫枷鎖般，自由的交談、互動、書寫，或許課堂上會吵鬧些，但是思考卻是流動的。我常常叮嚀自己：「別讓學生死讀書，而是要讀活書！」思考的過程與邏輯都很重要，只是有些時候無法了解每個學生究竟怎麼得出答案的，這是我稍嫌不足之處。但也期許自己，在未來的討論時光裡，能夠更加關照到每一組。

在基礎能力的練習，不同以往用小藍本考國字注音和注釋，而是先整理好國字注音的題目還有補充，讓他們自行貼在課本上運用，此外，前測讓學生自我測試，接著給三分鐘

翻找課本，讓他們多看幾次，增加印象，最後再讓他們求救於同儕，可以互相交流，再次加深印象。這樣的操作過程，我感受到學生們的積極與主動，大家同時翻找答案的模樣非常認真。我的目的並非考倒他們，而是讓他們增加國字注音的書寫能力，以及增加他們在這部分的成就感。等課程到尾聲時，再次測驗（後測），大部分的孩子都能得到九十分以上，也藉此提升學生的學習動機。

文字的影響力有種迷人的魔力

在每一次挑戰題習作時，都很期待孩子們會寫出什麼答案。〈下雨天，真好〉的讀寫合一設計，大部分的孩子都能理解「今昔今」的架構，唯有內容上需要加強，孩子們普遍找不到好的題材書寫，或是太過口語，無法產生生活與美感的連結，但也有令人感動或是驚豔的作品，整體上我很滿意。班上一位男孩以「我」為主角，寫出自己對老師的感謝和感受，讓我覺得很感動！邁入教學的第六年，還能讓學生如此喜歡，我想這也是老師前進的最佳動力。每一個課堂日常，都是在創造與學生之間的共同回憶，有時候我會不知道自己究竟產生什麼樣的影響力，但透過學生的文字我可以深刻的感受到，原來這就是我的「魔力」啊！

看著彩虹驚喜的出現在教室外的天空時，我們的心情是

▲雨過天青，與同儕迎向新風景。

班級：804 座號：12 姓名：楊翊帆

A++

★挑戰題

♦本文為作者藉雨天追憶童年往事，並抒發對故鄉人事的濃濃思念，請結合自身經驗，追憶自身的童年往事，並以「今昔今」的寫作手法，寫一段約100字的故事。

與幽默動人的庭庭老師相遇：
今天又遇見了美麗的庭庭老師，那迷人的眼睛，成為了我認真上課的一大動力，而七年級時也是如此。第一次遇到老師，感覺老師上課會很嚴肅，但卻不是如此，是庭庭老師第一次讓我感到國文很有趣，如今老師再次當上了我們的國文老師，看著老師教導著我們國文的模樣，我不禁說出「感謝庭庭老師」

（老師批語：謝謝總是真誠讚美我的可愛翊帆，回想起七年級的你，教學變得更懂事了！" 謝謝你的投入&認真！）

★暖身題

1. 還記得曾經看過的兩則廣告嗎？〈阿嬤的衛生紙〉、〈爸爸的置物箱〉，請問廣告拍攝的「時間順序」是什麼？ 現過現
2. 承上題，回憶類的影片很常使用「時間順序」為主要架構，回憶類文章也是如此，如：〈紙船印象〉、〈背影〉皆用什麼樣的時間順序進行書寫？
□順序法 □倒敘法 ☑今昔今
3. 本課也屬於回憶類文章，請推測本文也以什麼樣的時間順序進行書寫？□順序法 □倒敘法 ☑今昔今

★基礎題 Part1

♦「啊，真好，又是個下雨天。」請試著揣摩作者說這句話時的語氣為何？ 驚喜

♦作者說：「那些有趣的好時光啊，我要用雨珠的鍊子把它串起來，繞在手腕上。」
(1)「有趣的好時光」所指的是？ 歡樂的童年
(2) 承上題，作者將這些串起來繞在手腕上的意涵是想要表達什麼心情感受？ 珍惜

★基礎題 Part5

♦根據第九段，為什麼作者到杭州念中學後，下雨天反倒讓她有淒涼寂寞之感？ 想到了家鄉，母親和長工們，很憂傷

♦根據第十段，為什麼作者說：「煙雨迷濛中的西湖，宜於吹笛。」？ 1. 笛聲和雨聲相和低沉 2. 思念家鄉

♦根據第十一段，你認為文末使用「……」是否恰當？Why? ①恰當 ②語意未盡，表現思鄉之情，給讀者思考空間

第三課 〈下雨天，真好〉 琦 君

★ 作者藉雨天追憶（ 童年往事 ）所抒發的情懷
★ 敘事觀點：第（ 一 ）人稱
★ 呼應暖身題3，請進行文章結構分析：

架構	總述（點題）	追述	總結
時間	今／昔（圈今）	今／昔（圈昔）	今／昔（圈今）
段落	一～二	三～十	十一
內容	喜歡下雨天的原因。	離鄉前（三～八）離鄉後（九～十）不同的情懷。	難忘雨中的笛聲。

★基礎題 Part2

♦根據第三段，為什麼作者說「聽到瓦背上嘩嘩的雨聲，就放了心？」 母親不用早起，長工不用工作

♦根據第三段，為什麼作者「捨不得再睡，也不讓母親睡」？ 想要母親陪他，想撒嬌

♦根據第四段的敘述，從阿榮伯和母親為作者所做的事，可得知什麼訊息？ 作者被寵愛

★基礎題 Part4（人物形象描繪）

人物	課文文句（以P、L表示）	性格
母親	1. 第三段L8～L19 2. 第六段L1 3. 第七段L4～L7	1. 慈悲善良 2. 為家操心 3. 大方、樂善好施
父親	1. 第六段L2 2. 第七段L13～L14	1. 雍容閒雅 2. 愛熱鬧、愛寫唐詩

♦根據第八段最後三行，為什麼作者會這麼說，可得知什麼訊息？ 表現孩子天真、愛玩，不懂大人的煩惱

★基礎題 Part3

※寫得很仔細、很認真 若能用不同顏色區分會更好

Rainy?

♦根據第三段至第八段，作者如何描寫童年歡樂的雨天？

段落	第三段	第四段	第五段	第六段	第七段	第八段
內容摘要（10字以內）人物＋動作 人物＋地＋動作	與母親雨天那早晨時光（母親慈眉善目地說故事）	在雨天玩各種玩具泥巴（在院子享受玩手之樂）	長工給其食[illegible]（長工們陪吃陪玩樂）	下雨天採花送花給鄰居（與父親一同賞雨觀花）	憶瞎子先生唱鼓兒詞（欣享鼓兒詞表演之樂）	作者期待颱風來，可揀（颱風的揀[illegible]之樂）
感受	溫馨呵護	自得其樂	人多不寂寞	閒情雅興	熱鬧傷心	天真圓歡樂

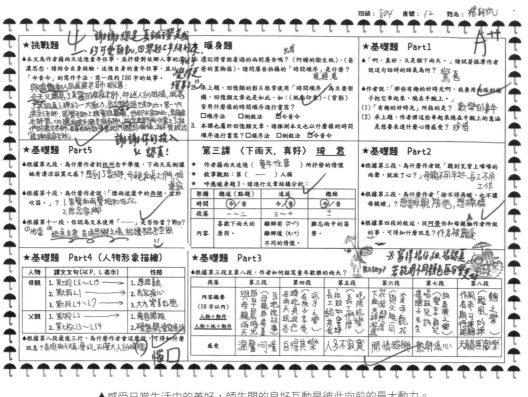

▲感受日常生活中的美好，師生間的良好互動是彼此向前的最大動力。

如此的雀躍，那時的我們正在討論學習單，開心之餘也留下美好的合照，突如其來的幸福，為這一課添上喜悅的色彩，我想，我們都不會遺忘這刻的美好，以及〈下雨天，真好〉帶給我們的點點滴滴。

從「心」出發

在寒假回流研習後，再次複習三層次提問（暖身、基礎、挑戰），並將 Technology 融入課程中，輔助自己的教學。於是，在新學期的第一課，紮紮實實的產出提問設計單，每一個安排、每一道題目都喚醒自己曾經的所學，產出後、實際教學後，內心非常滿足，就像春天即將到來，充滿新氣象。以余光中詩選〈讓春天從高雄出發〉為例。

從生活出發

余光中：「欲傳其情，可以寫詩。」這句話讓我在挑戰題的設計上選擇用讀寫合一的方式，因為我希望孩子們能試著將自己的情感投入文字中，化作一篇篇自己喜愛的詩篇。我發現，要直接寫一首詩很困難，但是要填空、仿作相對容易許多，因此挑戰題設計挖空語詞，讓孩子填空進行創作。過程中，大部分的同學都絞盡腦汁，有些人嚷嚷著想不到要寫什麼，不過最後他們都順利的填入適合的詞語，並且都很

有特色！有的人寫學校，有的人寫喜歡的偶像，也有的人寫媽媽的家鄉，各種主題都有，不管是哪一種都是出自於日常生活的觀察。選擇讀寫合一的挑戰題設計，其實還有個目的——讓孩子了解創作並非輕而易舉，但仍可以努力試著寫寫看。創作完成後，孩子們的成就感油然而生，並且透過朗讀作品，讓大家一起感受最真摯的情感。

◆相惜的感動

遍地開花的力量

「不做不會怎麼樣，做了會很不一樣！」跨出第一步改變沒什麼不好，最糟不過回到原點罷了！但是給自己一個選擇與挑戰的機會，又有何不可呢？相信會願意參加夢N、工作坊、關注MAPS，或是正在閱讀此書的你，都有「興趣」或是「想嘗試的心」，那就跨出舒適圈，去實踐吧！

剛開始，請別想著一步到位，而是漸進式調整自己能做的，例如：先從基礎題的設計開始，分析完文本後，掌握文本的核心，輔以備課用書、網路平臺、社群上的提問設計，產出最適合自己班級的提問。接著，再從暖身題著手，因為有文本分析後的基礎，就會更清楚知道自己的教學重點，也

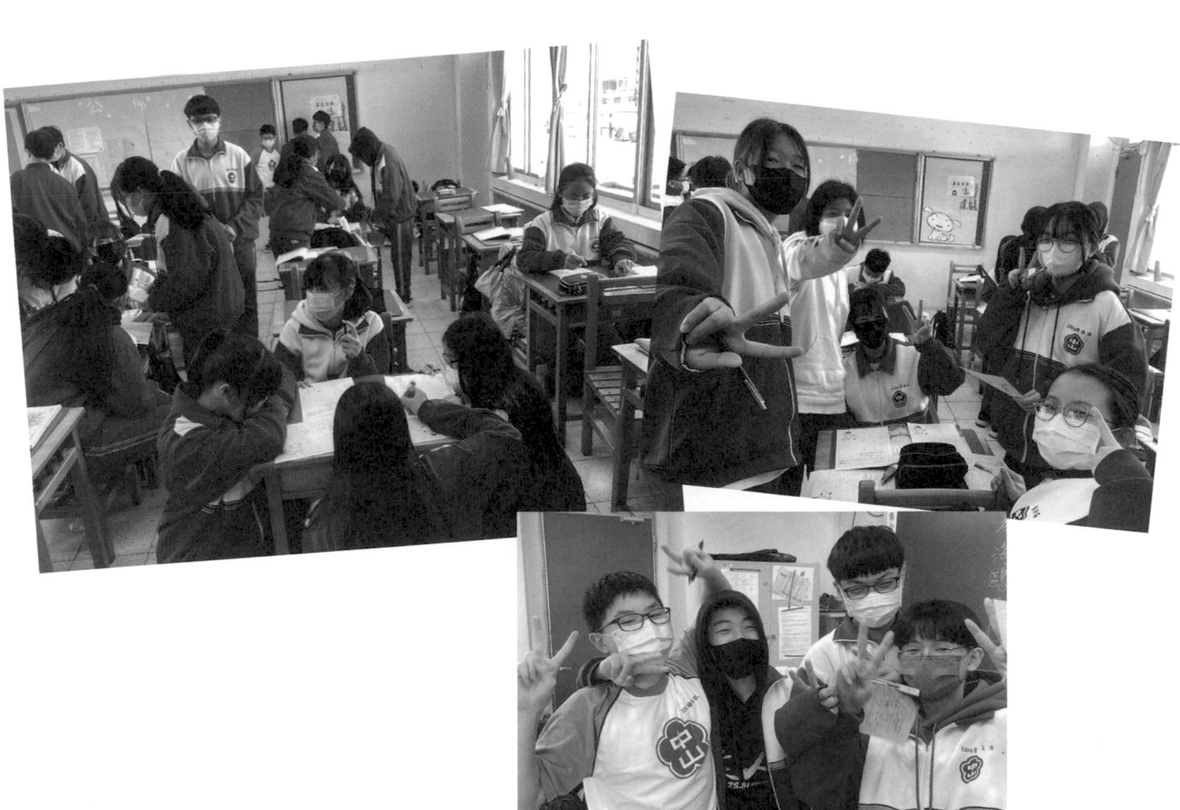

▲自由自在的享受創作時光。

余光中詩選　〈讓春天從高雄出發〉　　班級：　座號：　姓名：

㊣暖身題（喚醒一下回憶吧！）

（　）1. 下列對於新詩的了解跟說明，何者正確？

(A)兒童詩是新詩的一種，以成人的口吻書寫而成

(B)新詩又稱為自由詩、白話詩、近體詩

(C)新詩可隨意書寫，但是一定要講求平仄跟押韻

(D)新詩形式自由，字數、句數皆不受限制。

（　）2. 關於近體詩與新詩的比較，下列何者錯誤？

(A)近體詩又稱今體詩，新詩又稱現代詩

(B)近體詩須注意平仄，新詩可以不講究平仄

(C)近體詩與新詩皆須押韻

(D)近體詩有句數限制，新詩則無。

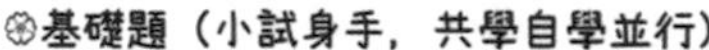

㊣基礎題（小試身手，共學自學並行）

Q1：從題目〈讓春天從高雄出發〉我們可以讀出什麼訊息？

(1)

(2)

Q2：承上題，請觀察一下地圖，如果以地理位置來看，春天真的會從高雄出發嗎？

Q3：承上題，請根據我們對作者的了解，以及台灣的城市發展，試著推論作者為什麼要將題目訂為〈讓春天從高雄出發〉？

Q4：請朗讀〈讓春天從高雄出發〉，將這首詩分成三部分並下小標題（5 個字以內）。

段落	第一部分 （第＿行～第＿行）	第一部分 （第＿行～第＿行）	第一部分 （第＿行～第＿行）
下小標題			

Q5：從「海峽」、「潮水」、「浪花」可以得知作者在寫春天來臨時，是以什麼角度的變化來書寫？

Q6：在第一部分，作者使用了許多寫作技巧，包含(　　)、(　　)、(　　)。

其中一種寫法是倒裝法，請畫 S 線還原以下句子。

(1)太陽回來了，從南回歸線　　(2)春天回來了，從南中國海

→還原後，想請問作者是想要強調什麼事實？(　　　)由(　　)向(　　)。

▲第 N 次的提問設計：

1. 暖身題部分，以選擇題連結學生過去學習的舊經驗，並介紹作者，融入 Kahoot 評量學生在舊經驗與作者介紹的學習。
2. 基礎題部分，以認識架構、檢索訊息、統整主題設計每一道題目。
3. 挑戰題部分，以讀寫合一完成新詩創作。
4. 挑戰題設計的本意為：希望學生從生活出發，寄情於詩作中，故挖空方便學生填詞，學生也不會覺得創作詩作是困難的，可以小組討論，也可以自己寫自己的，沉浸在創作的樂趣中最重要！

Q7：在第二部分，作者為何選用「木棉花」來書寫？可以得知以下幾個訊息。

(1)木棉花的顏色？

(2)木棉花在高雄的地位？

(3)木棉花用「越野賽跑」的速度一路向北方傳達表示？

Q8：請觀察第三部分，與前兩部分相比，最大的差別在於哪一個詞語？

Q9：承上題，這樣用詞的轉換是為了傳達什麼意象？

❀挑戰題（發揮創意的時刻到囉！化身為欲傳其情的詩人吧！）

自訂題目（可以中山、板橋為主題或是其他縣市）

________________________ __________

讓（ ）從（ ）登陸

讓（ ）用每一（ ）（ ）

讓（ ）用每一（ ）（ ）

向長長的（ ）呼喊

（ ）回來了，從（ ）

（ ）回來了，從（ ）

讓（ ）從（ ）登陸

這轟動（ ）的消息

讓（ ）的（ ）

用（ ）的速度

一路向（ ）傳達

讓（ ）從（ ）出發

歡迎回嘉
讓茶香從嘉義登陸
讓櫻花用每一片雕琢
讓桂花用每一朵傳遞
向長長的火車呼喊
太陽回來了，從阿里山
茶葉回來了，從竹崎
讓檀香從鹿麻產登陸
這轟動山林的消息
讓嘉義的茶園
用慢活的速度
一路向茶農傳遞
讓日出從嘉義出發

▲以媽媽的家鄉為主題，寫出自己所認識的嘉義。

三層次提問要點

暖身題	基礎題	挑戰題
引起動機	認識架構	讀寫合一
學生有感 連結新舊經驗	檢索訊息	跨域延展（連結外部）
與挑戰題互相呼應	統整主題	觀點探究（多元觀點）

▲三層次提問要點統整。

▲第四屆種子教師實踐歷程紀錄。

就能設計出貼近學生新舊經驗、生活連結的暖身題。最後，再往挑戰題邁進，在讀寫合一、跨域延展和觀點探究這三部分，可以先擇一來設計，關鍵點是想要學生學到什麼，以此作前後呼應的設計。總而言之，沒有最好的提問設計模樣，只有清楚知道自己教什麼、怎麼教的核心目標。

我們不一定要當最好，但絕不要停止讓自己更好

還記得有位老師曾跟我說：「當自己打從心底很喜歡要教的課文時，學生才會跟著很喜歡。」在MAPS教學路上，我看見大叔便是如此，分析文本、設計提問，從1.0版進化到4.0版。而學生能透過有影響力的老師，認真投入學習，並且不斷的成長、突破自己，這樣的風景令人嚮往，也因為如此，我不斷在MAPS路上學習並精進自己！在這段時間的再學習、理解、討論、再修正、實踐、操作、省思的循環中，會發現自己在哪部分還不夠熟悉，會與夥伴們交流、學習後再次調整，在教學路上不斷滾動式修正。也會發現和過去的自己相比，提問設計上更有思考脈絡，暖身與挑戰的活動安排上會有所選擇，不再是想做什麼就做什麼。此外，也會發現所有的提問不是為了答對，而是為了孩子思考的過程。政忠老師曾勉勵我：「提問是風，托扶著孩子自在前行。」我會繼續努力堅持下去，直到夢想實現的那天。

【國中領域】

2

林育玫／MAPS，教學上最美好的努力

桃園市中壢區內壢國民中學

山中大叔導讀

育玫，一位充滿好奇、嚴謹思考的老師，你可以在這篇紀錄裡看見她對於 MAPS 的疑惑與解惑，包含：MAPS 課程如何設計？何謂有意識的教學設計？學生學習成效如何？

最終，育玫清楚理解 MAPS 教學法不僅僅關乎學生的學業表現，更關乎他們的思考能力、對文本的深入理解，以及對社會議題的敏感度。透過 MAPS 的訓練，有助於培養學生的自主學習和批判思維技能，這些技能對於他們的未來發展至關重要。

教學，不就是提出疑惑與尋求解惑的過程？

◆ 初聞 MAPS 時的問題

Q1：「MAPS 課程如何設計？」

Q2：「何謂有意識的教學設計？」

Q3：「學生學習成效如何？」

這是我初閱王政忠老師《我的草根翻轉：MAPS 教學法》後浮現的三個困惑。即便按圖索驥、反芻再三，仍難以明其精髓，故頻繁參與 MAPS 教學工作坊、夢的N次方共備研習，嘗試在實作中解疑釋惑。而教學翻轉的契機源自於覺察教學困境……

欠缺系統脈絡的國文課

二〇一六年以前，我的國文教學以講述法為主，適時配合文本設計相應活動，當時以為豐富的教學內容，如今檢視實為失焦零碎，且學生多處於被動接收訊息的狀態。加之當時我對文學知識欠缺系統性認知，對教學法亦未意識到系統化脈絡的重要性，學生必然無法在「文本主題」、「寫作手法」、「文意探究」上培養統整解釋、對讀比較及學習遷移的能力。「育玫，學生能在你的課堂裡習得語文思辨的知能，而且喜愛國文嗎？」我不安的自問。

一知半解流於形式的翻轉

接觸 MAPS 教學法後，我整併王政忠老師在「MAPS——教學與提問設計」FB 粉專分享的提問設計單與自製補充資料，然後產出課程講義，老師先帶著學生處理文本一遍，然後討論政忠老師設計的 MAPS 提問單，這需耗費雙倍時間——更大的困惑竟瀰天蓋地而來。如此疑竇，在在證實無法光憑自學《我的草根翻轉：MAPS 教學法》就能習得——我甚至連正確的 MAPS 提問設計原理都未釐清，更遑論達成「有意識的文本教學」目標。

不死心的我，參與 MAPS 教學工作坊、夢N研習。一開始與研習夥伴共同產出文本心智圖即遭遇障礙。是以寫作手法抑或段落大意切入結構？「寫作手法」有無統一的用語與理論體系可參考？MAPS 提問設計單匯聚文意探究精粹，然而課文僅扮演「文本角色」嗎？鮮少動筆筆記，學生有能力與習慣將提問設計單與課文交互參照複習？這些疑惑都在研習歷程中浮現。

事倍功半的小組討論

最初於課堂實施 MAPS 分組討論，眼見小組長積極發問卻得不到組員回應，或者組員面面相覷吐不出隻字片語，又或者小組討論熱絡卻未切中提問核心……游走在各組間的我愈加惶惑，緊迫的教學時間、小組紛呈的問題，直指教師示範成效不佳。「假使師生投注氣力改變『教與學的樣態』，卻無法在學習表現與成效上收穫回饋，那麼學生終將排拒信任教師。」必然是關鍵環節出了問題，焦灼憂思、徹夜難眠的我呼喊著：「何處存在解方？」

▲ MAPS 第四屆種子教師工作坊國中班，相互扶持的四〇三小組。

◆ MAPS 黃金圈

在報名「MAPS 教學法推廣計畫」第四屆種子教師國中班後，我動身到爽文國中觀課，親見政忠老師嚴謹且有系統的文本提問，引導學生有效討論並進行高層次思辨，科技載具適時融入提升學習效能，如此國文課堂風景美矣郁矣、心嚮往之——這就是政忠老師強調「老實備課」的成效啊！如此方能「不負自己，不負學生」。在第四屆 MAPS 種子教師工作坊裡，穩固我掌握三層次提問設計能力。接下來，將以「MAPS 黃金圈」介紹我的教學實踐。

「MAPS 黃金圈」：Why

Why：課程設計脈絡化，師生有意識的教與學，讓思考與閱讀成為日常。

※MAPS 教師備課起手式：以「心智繪圖」進行文本寫作形式分析

反覆閱讀文本，將一〇八課綱國文「文本表述」落實在心智繪圖第一層架構中，不過教師也能統整文本數個意義段，形成心智繪圖第二層架構。心智繪圖第二層是「主題」，彙整文本諸多訊息並加以分類整合而成，在教學實務中即是訓練學生「彙整諸多訊息下標題」。心智繪圖第三層則是「關鍵訊息」，根據五大文本表述或意義段統整，進一步「摘要文本重要資訊」、「辨識重要修辭與欲凸顯之寫作效果」、「統整文意與詮釋」、「彙整作者寫作觀點」等。

初學者如我，編寫 MAPS 提問設計時，依照「基礎題」→「暖身題」→「挑戰題」順序。初入 MAPS 堂奧，依此順序設計不僅較易掌握脈絡，更能反覆鍛鍊文本分析的敏感度與能力。

※教師依據心智繪圖逐層以題組化模式完成「基礎題」設計

學生透過基礎題「認識文本架構」，綜觀全文與理解段落間關聯，同時基於文本學會「擷取訊息」及「統整主題」。環環相扣的基礎題讓學生經由自學、共學形式練習「擷取訊息」、「統整歸納」、「解釋推論」等能力，以達「澈底了解文本意涵」和「作者觀點」之學習目標。

然而進入「基礎題」之前，教師需先設計「暖身題」創造文本與學生間的連結。「暖身題」之目的在引領學生觀察文章標題或閱讀類型近似的媒體素材，而後猜想文本主旨與細節、初探或複習寫作架構，重啟學生新舊生活、學習經驗間的連結。教師在暖身題可以誘發學生好奇心、揭示本課學

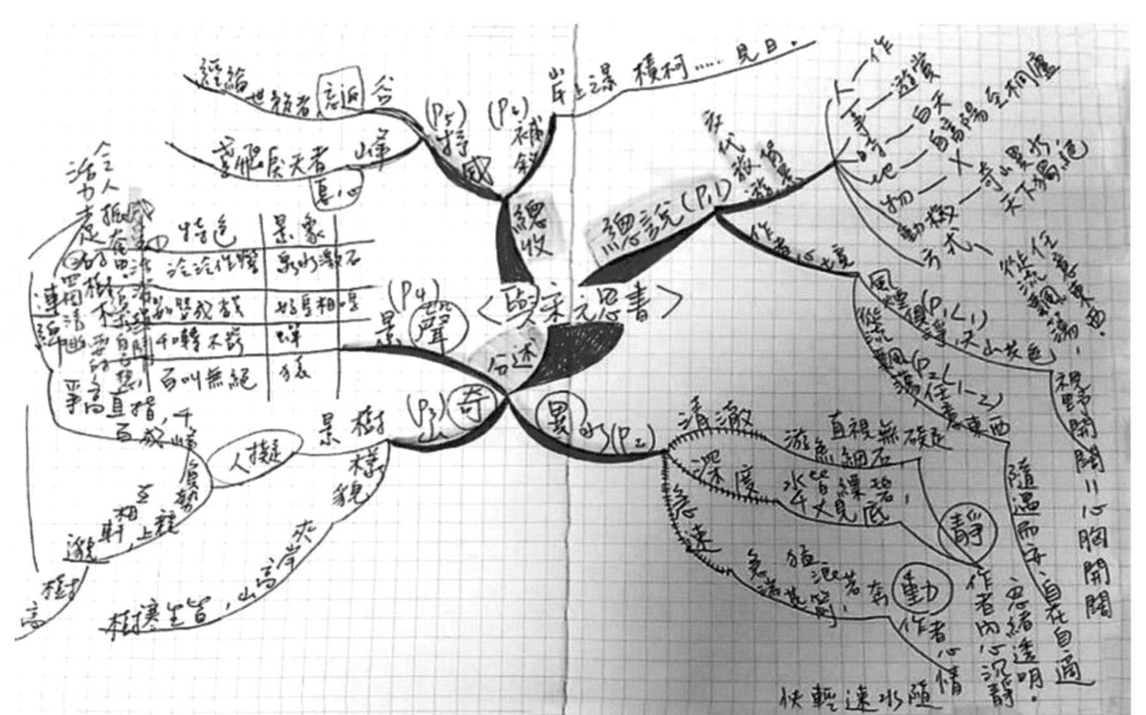

▲教師備課起手式「以心智繪圖分析文本」。

習要點、喚起學生學習舊知識、生活舊經驗，並拉近學生與文本間的距離、產生意義，為基礎題鋪墊。

學生在「暖身題」與文本建立連結、了解學習要點；「基礎題」則進行文意探究、理解作者觀點與寫作架構；「挑戰題」則延續深化暖身題，在「觀點探究」上透過文本解讀、類文對讀等方式型塑「讀者觀點」；在「讀寫合一」中練習該課之寫作手法；亦可構思「跨域延展」題，鼓勵學生將習得知能應用於生活情境議題的解決。

教師掌握三層次提問設計的能力，師生即展開有意識的教與學，更有機會「讓思考與閱讀成為日常」的理想永駐課堂。

「MAPS 黃金圈」：How

How：國文與彈課閱讀之三層次提問設計說明。

MAPS 教學流程精妙處在於能因班制宜。在評估自己任教班無法全然複製「『政忠版』MAPS 教學流程」後，依據教學現場需求，我的 MAPS 教學流程如下圖所示。以下分別就〈記承天夜遊〉與一一一學年度於內壢國中任教七年級彈性閱讀課程「國際教育議題：你所不知道的東南亞」為例，分享踐履 MAPS 教學法的歷程。

※〈記承天夜遊〉MAPS 三層次提問設計

以心智繪圖分析文本

全文依表現手法分為「敘事」、「寫景」、「抒情」三架構。針對第　段敘事手法，先以「六何法」分析事件基本訊息，接著從文本觀察蘇軾情緒的變化，最後從蘇軾與張懷民的互動判斷兩人為知己情誼。第二段為寫景手法，月下漫步同賞虛實交錯、動靜互融之景，再進一步探究景物蘊含的

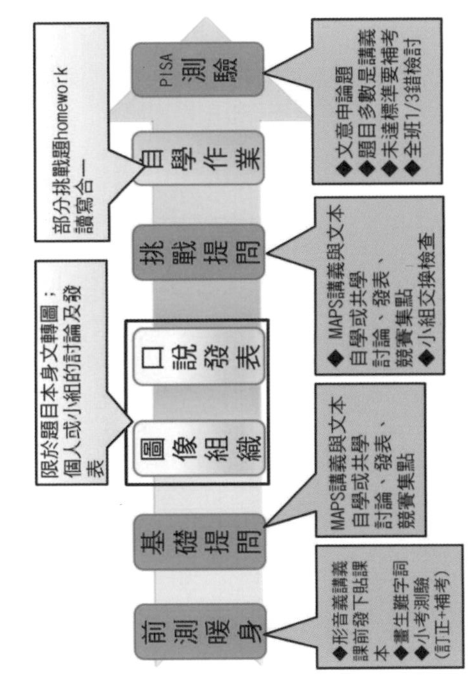

▲因班制宜的 MAPS 國文教學流程。

寓意，方能深探蘇軾所感所懷。末段則為抒情手法，以激將法傳達月與竹柏咸尋常之物，初始貶謫黃州，心為閒人閒官所囿，故無心賞玩諸景；今謫居黃州已四稔矣，在挫磨沉澱中反省，故能以閒心閒情欣賞平凡之景。〈記承天夜遊〉架構簡明，加上學生已學過「敘事」、「抒情」、「寫景」、「描寫」等表現手法，故文本架構的判斷並不困難。因此我將教學重點、難點放在文意探討及蘇軾境遇與學生現實經驗的連結。

暖身題設計

邁入暖身題之前，我引用並改寫宋怡慧主任《國學潮人誌，古人超有料》中〈他並不完美，卻是好感度最高的潮男——第一名的圈粉高手蘇東坡〉一章；怡慧主任現代感與幽默詼諧兼具的筆觸，拉近學生與蘇軾間的距離。當時我仍堅持訓練學生回家預習文本的習慣，故「暖身題」一至四題針對蘇軾家庭、貶謫緣由、黃州際遇設題；第五題則環繞蘇軾生平補充資料設題，目的令學生能在同理蘇軾的心境下，順利進入文意探究；第六題檢驗預習成效、喚起學生判讀表現手法的先備知識。

基礎題設計

處理文言文字、詞、句釋義後，進入基礎題。首先呼應暖身題第六題，讓學生區分文本架構，接著第二至四題以架構為綱、題組為緯設題。首段敘事為核心，分就「事件關鍵訊息、蘇軾情緒轉變、分享讓樂趣加乘、推論懷民與蘇軾情誼並舉事證」提問，讓學生穿透事件表層訊息，讀懂蘇軾深層心理訴求；加上暖身題前學生已自學蘇軾生平，也為課文末段抒情鋪墊文意探究的高度。第二段描寫「月下漫步之景」，以「虛實動靜」引導學生逐層解析寫景手法，並從景物寓意明瞭作者寫作目的。末段抒情，學生透過探討「閑」字多重意涵和參考蘇軾生平資料，讀出在坎坷中茁壯的蘇軾形象。

挑戰題設計

挑戰題承接「基礎題」與「暖身題」設計，讓學生閱讀相關經典文句，並連結課文主旨；深層探究文意，輸出讀者觀點。接著，統整基礎題「閑人」意涵與蘇軾生平補充資料，三探「閑」字映照出的蘇軾人生體悟。官場遭貶的表象下，小組討論「閑」激發蘇軾哪些感悟與嘗試。最後讓學生透過回溯失敗經驗的書寫與閱讀〈定風波〉詞作後的檢測，除強化自我肯定外，亦提升文意探究層次。

※ 閱讀彈性課程「國際教育議題：你所不知道的東南亞」MAPS 三層次提問設計

內壢國中彈性閱讀課程「國際教育議題：東南亞課程」，

〈記承天夜遊〉暖身題

一、如果你預習了〈記承天夜遊〉，會知道這一課是蘇軾（蘇東坡）的文章。東坡祖籍四川眉州，後世　稱他跟父親、弟弟為「三蘇」（唐、宋八大家之一），請你寫出「三蘇」各有誰？ 爸爸＿＿＿＿＿＿＿＿；大兒子＿＿＿＿＿＿＿；小兒子＿＿＿＿＿＿＿。

二、如果你預習了本課，就會知道蘇軾是為何到黃州的？

＿＿＿＿＿＿＿＿＿＿＿＿＿＿＿＿＿＿＿＿＿＿＿＿＿＿＿＿＿＿。

三、承第三題，如果你預習過本課，會知道蘇軾被貶黃州時是誰陪伴他度過呢？＿＿＿＿＿＿＿＿＿＿＿＿(別忘記人家的姓)。你猜想這位陪伴蘇軾的人，會是因何來到黃州？＿＿＿＿＿＿＿＿＿＿＿＿＿＿＿。

四、如果你預習過本課，會知道蘇軾起身夜遊的原因是＿＿＿＿＿＿＿＿＿＿＿＿＿＿＿。

五、事先讓你閱讀作者蘇軾介紹，請回答下列問題：

（一）剛剛貶官黃州，連住處都沒有的蘇軾，心情應是如何？＿＿＿＿＿＿＿＿＿＿＿＿＿。

（二）剛到黃州的蘇軾不管是在江邊，還是在梧桐樹下，問了自己：「我怎麼會搞成這樣？」蘇軾是真的不知道自己為何被貶官嗎？還是這句話有另一層涵義？請用完整句子表達：

蘇軾＿＿＿＿＿＿＿＿＿＿＿＿＿＿＿＿＿＿＿＿＿＿＿＿＿＿。

（三）在黃州的蘇軾一步步走出以前的舒適圈，為了要生存，做著以前從未做過的事。請你寫出東　坡到黃州後，曾經從事的勞動、開發的飲食：＿＿＿＿＿＿＿＿＿＿＿＿＿＿＿＿。

（四）你會發現蘇軾很認真、很接地氣地生活著，但是貶官不是應該灰心喪志、怨天尤人嗎？為何　他沒有充滿負能量呢？黃州的生活、官場的挫敗，你認為它們提供東坡何種能量呢？

（五）黃州的經歷對於蘇軾在人生以及創作上的成熟成長，是非常重要的，他變成了「東坡居士」。　請你比較蘇東坡貶官黃州前跟後，看待自己跟其他人事物的心境、態度。

	貶官黃州前	貶官黃州後
看待自己跟其他人事 物的心境、態度		

六、如果你踏實預習了〈記承天夜遊〉，從寫作內容上看，包含了

□敘事 □抒情 □寫景 □議論 面向。

▲〈記承天夜遊〉暖身題設計。

〈記承天夜遊〉【基礎題】

一、 呼應暖身第六題，本文的寫作架構可以區分成

＿＿＿＿＿(段＿＿)、＿＿＿＿＿＿(段＿＿)、＿＿＿＿＿＿(段＿＿)。

二、 先看第一段，「敘事」是核心：

(一)請你運用「六合法」整理出記敘事件的基本訊息：

主題	when	who	where	why	how	what
訊息						

(二)「解衣欲睡」到「欣然起行」，蘇軾的情緒變化為何 ？

(三)「念無與樂者」，蘇軾為何想跟人分享月色的美好呢？

(四)張懷民元豐六年貶官至黃州，剛到時借住承天寺裡，雖然當的是黃州主簿這類小官，但懷民並沒有惴惴不安或恐懼，反而內心坦然，沒有將貶謫記掛心上。請你推論，蘇軾會「遂至承天寺，尋張懷民」，代表這兩人的交情、脾氣心性應該如何？

(五)第一段中哪一句話可以傳達蘇軾、張懷民非常有默契，甚至可以說是知己呀，才會面對大好的月色都有相同的反應。＿＿＿＿＿＿＿＿＿＿＿＿＿＿。

三、接下來第二段，重點放在描寫「月下漫步的景色」。蘇軾用短短三句話描寫月光，可你卻沒有看到任何「月」字，「月光」卻無所不在。請你根據對文意的理解，先(一) **區分第二段句子**，哪些在寫想像景色或現實景色。(二)這些**現實景色**本身有什麼**寓意**呢?(三)分析**現實景色**動靜交錯的**狀態**。

想像景色	現實景色	現實景物的寓意	現實景色的狀態
			□動態 □靜態
			□動態 □靜態

四、 進入最後一段，蘇軾「抒發夜遊賞景的感受」。

(一)「何夜無月？何處無竹柏？」用了設問修辭中的＿＿＿＿＿法，主要想傳達 月亮跟竹樹、柏樹都是＿＿＿＿＿＿＿＿的景色。

(二)「但少閑人如無兩人耳」，「閑」字的意義你能讀出哪些呢？

1. 「閑」就是現在的「閒」，本來是＿＿＿＿＿＿＿＿＿＿＿＿意思。
2. 「閑人」這個詞放到蘇軾、張懷民這兩個被貶官的人身上理解，意思就更 豐富了，請你至少讀出「閑人」的兩層含意。

(1)＿＿＿＿＿＿＿＿＿＿＿＿＿＿＿＿＿＿＿＿＿＿＿＿。

(2)＿＿＿＿＿＿＿＿＿＿＿＿＿＿＿＿＿＿＿＿＿＿＿＿。

▲〈記承天夜遊〉基礎題設計。

〈記承天夜遊〉【挑戰題】

一、 蘇軾貶至黃州那年，寫了一篇〈臨皋（ㄍㄠ）閑題〉，蘇軾常從臨皋亭往下走８０幾步去江邊取水，文中經典的句子：「**江山風月，本無常主，閑者便是主人。**」（翻譯：「自然景色原本就沒有固定的主人，誰有閒暇誰就是主人，就能欣賞、擁有那份美好。」）這句子可以呼應課文中哪一句呢 ？______________________________。

自然景觀一直都存在呀，你認為除了「閒暇」之外，還必須具備什麼條件，你才能真正進入自然、享受自然？______________________________。

二、 統整以下兩項訊息，請深入探究「閑」字反映出蘇軾在生命成長、成熟的意涵。

1．基礎題第三題第（二）答案。

2．作者介紹的資料。

閑	官場上	閑字代表著： 1. 2.
	生命過程	因為貶官，閑了，蘇軾可以重新......
		因為貶官，閑了，蘇軾可以重新......
		因為貶官，閑了，蘇軾可以重新......
		閑下來了，除了活下去之外沒有太多雜念，有很多時間可以面對自己、審視自己、問自己。看待自己的方式也發生轉變： ____________→____________ →____________

三、承第二題，你經歷過巨大的失敗嗎？曾經徹底否定自己努力的意義與存在價值嗎？

（１）你是如何恢復過來的呢？

（２）失敗就意味著失去嗎？為什麼？

（３） 在失去（失敗）後，那一段慢慢復原的日子是重要的，它的必要性跟重要性何在？

▲〈記承天夜遊〉挑戰題設計。

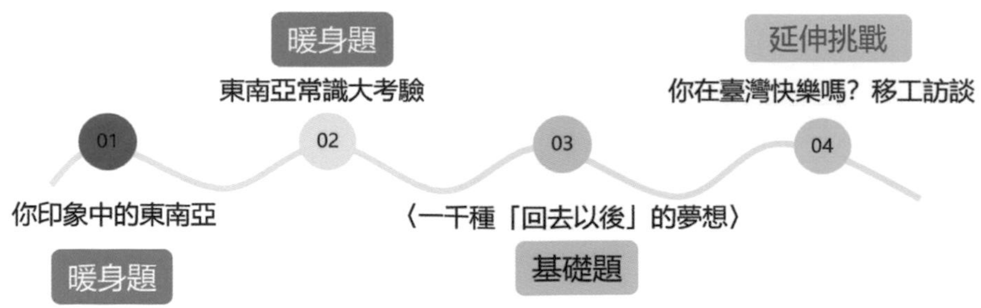

▲「你所不知道的東南亞」課程架構圖。

是閱讀磐石推手楊秀嬌老師創設。當時我初任教閱讀課，幸有秀嬌老師無私分享教材，然歷經一〇九、一一〇學年度教學嘗試、挫敗回饋，我方醒悟：依樣畫葫蘆，我教不出前輩的精彩，眾生喧譁盡述東南亞十一國只能失焦。一一一學年度，我體檢課程，重新定錨課程意義，課程設計回扣一〇八課綱，最終擬定教學目標，呈現我所規劃的「你所不知道的東南亞」閱讀課。

暖身題設計

「暖身題」利用 Mentimeter 文字雲蒐集學生對校區周圍常見的東南亞移工第一印象。從文字雲中，學生覺察確實對東南亞移工存在刻板印象，要破除偏見何不查詢資料與閱讀釐清？就從認識東南亞國家地理位置、文化特點與民俗禁忌開始吧！此外，我向「One Forty」NGO 組織申請「移工議題教育包」教材，將在臺（特別是桃園區）東南亞移工人數、年齡分布、工作性質與福利差異等知識，透過遊戲化方式讓學生吸收，目的讓學生對在臺的東南亞移工有最基本、大略的了解。

基礎體設計

「基礎題」設計（詳見後文「MAPS 黃金圈」：What）我選擇顧玉玲《我們移動與勞動的生命記事．一千個「回家以後」的夢想》作為「讓同理深入學生心坎裡」的閱讀文本。帶著學生從一位移工的角度看桃園，進一步同理主角的處境與選擇。若學生能夠同理文本主角為夢想付出的努力與堅毅，那麼對於校區周遭的移工朋友，我們是否能夠釋出更多善意？

挑戰題設計

「挑戰題」我選擇和學生一起執行「你在臺灣快樂嗎？移工訪談」任務，目的是聆聽與蒐集東南亞移工真正在意的問題與需求。在移工訪談歷程中，我希望孩子應用所學知識解決問題，同時讓他們相信自己有能力改變與付出。因本課程架構龐大、教學時程逾一學年，故僅呈現基礎題〈一千種「回去以後」的夢想〉提問設計。

課程中，小組成員皆須學會 iPad 拍照截圖、錄音錄影，並將小組討論成果上傳至Padlet。科技工具的代入，對於學生彼此觀摩討論或教師課程記錄、回饋與點評，都極富效率。基礎題最後是文本補充——「遊戲化科普閱讀『黑白切拼盤挑戰』」。

「一個人限時五分鐘能完成嗎？」我追問。「不可能，太難了！」學生頭搖得跟波浪鼓似的。「喬伊在極短時間內熟記豬隻每一個部位、名稱與價格，屠宰流程跟肢解技術，還自願加班。你們怎麼看待喬伊這個人？」學生：「很堅強、勇敢，學習能力高。」「你會特別意識到她是女性嗎？」我用稍帶質疑的口吻。「不會，這跟性別無關。」一位男孩子很自然反駁我。「你會特別注意到喬伊是菲律賓移工的身分嗎？」我加重語氣問道。學生：「不會。到最後很佩服她，根本不會去在意她是不是移工的身分。她的能力跟是不是移工無關。」師生一來一往的問答才花了三分多鐘，然而以MAPS教學法系統的帶領學生閱讀文本，最終實現「尊重與同理東南亞移工」的教學目標，我很清楚已然成功。

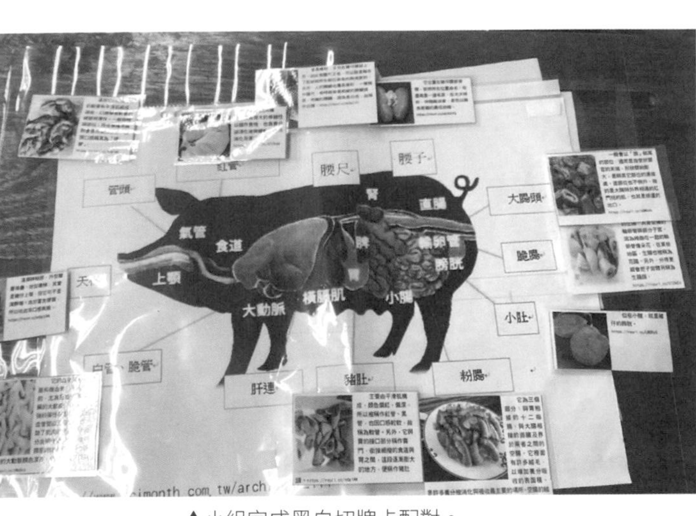

▲小組完成黑白切牌卡配對。

「MAPS黃金圈」：What

What：國文與彈課閱讀之三層次提問設計學生成果展。

這部分將呈現我在國文科與閱讀課實踐MAPS教學法提問設計之學生成果。

一一〇學年度因為教學時程緊迫，我並未在課堂上指導學生依據基礎題繪製整課的心智圖，而是訓練學生以心智繪圖方式，歸納基礎題某些題組。後來我利用暑期輔導時間，讓科任班先後以小組、個人方式繪製〈記承天夜遊〉心智圖，我先用五分鐘複習心智圖結構後，各組在半小時內完成層次清晰且架構多數正確的心智繪圖。在這歷程中，我省悟到MAPS教學法為孩子建立的思考鷹架，事實上已然內化為學生思維邏輯。

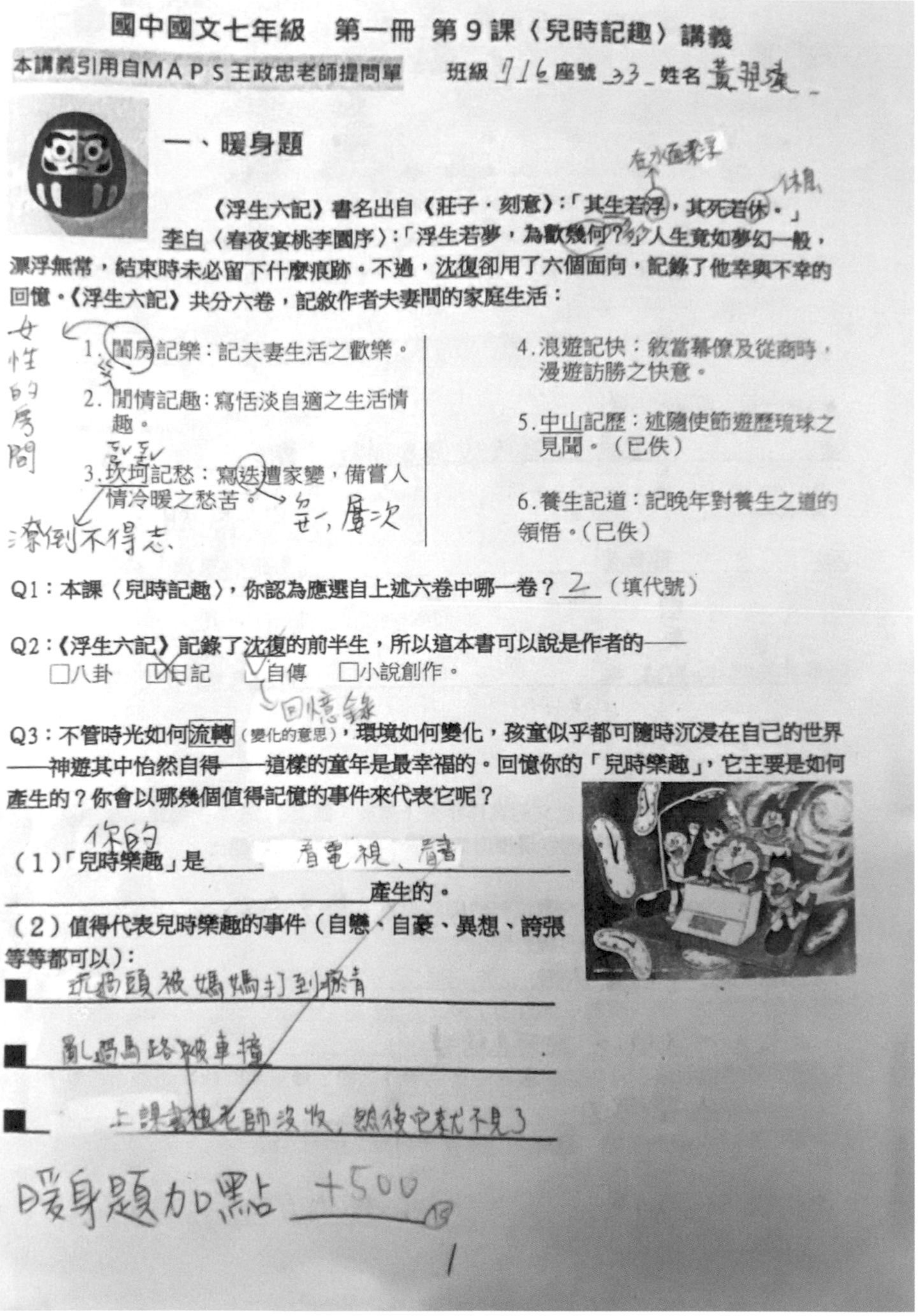

國中國文七年級　第一冊　第９課〈兒時記趣〉講義

本講義引用自ＭＡＰＳ王政忠老師提問單　　班級 716 座號 33 姓名

一、暖身題

《浮生六記》書名出自《莊子‧刻意》：「其生若浮，其死若休。」李白〈春夜宴桃李園序〉：「浮生若夢，為歡幾何？」人生竟如夢幻一般，漂浮無常，結束時未必留下什麼痕跡。不過，沈復卻用了六個面向，記錄了他幸與不幸的回憶。《浮生六記》共分六卷，記敘作者夫妻間的家庭生活：

1. 閨房記樂：記夫妻生活之歡樂。
2. 閒情記趣：寫恬淡自適之生活情趣。
3. 坎坷記愁：寫迭遭家變，備嘗人情冷暖之愁苦。
4. 浪遊記快：敘當幕僚及從商時，漫遊訪勝之快意。
5. 中山記歷：述隨使節遊歷琉球之見聞。（已佚）
6. 養生記道：記晚年對養生之道的領悟。（已佚）

Q1：本課〈兒時記趣〉，你認為應選自上述六卷中哪一卷？ 2 （填代號）

Q2：《浮生六記》記錄了沈復的前半生，所以這本書可以說是作者的——

□八卦　☑日記　☑自傳　□小說創作。

Q3：不管時光如何流轉（變化的意思），環境如何變化，孩童似乎都可隨時沉浸在自己的世界——神遊其中怡然自得——這樣的童年是最幸福的。回憶你的「兒時樂趣」，它主要是如何產生的？你會以哪幾個值得記憶的事件來代表它呢？

（１）「兒時樂趣」是　看電視、看書　產生的。

（２）值得代表兒時樂趣的事件（自戀、自豪、異想、誇張等等都可以）：

■ 玩過頭被媽媽打到瘀青

■ 亂過馬路被車撞

■ 上課書被老師沒收，然後它就不見了

暖身題加點 +500

▲國文科學生成果：〈兒時記趣〉暖身題。

4.1 請為第三段下一標題 於土牆、花臺處進行觀察及想像 再以「物外之趣公式」，整理歸納第三段的文句為下表。

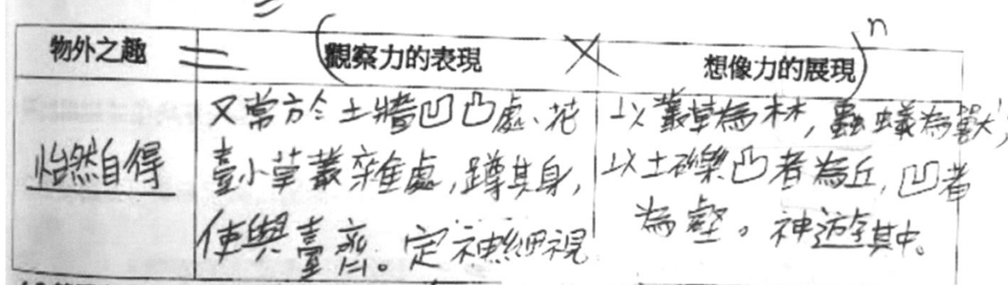

物外之趣 =	觀察力的表現 ×	想像力的展現
怡然自得	又常於土牆凹凸處、花臺小草叢雜處，蹲其身，使與臺齊。定神細視	以叢草為林，蟲蟻為獸；以土礫凸者為丘，凹者為壑。神遊其中。

4.2 第三段對於童趣的描述，偏向 ☑靜態描述 □動態描述。

4.3 請先看一下第四段第一句，會發現第四段的內容與第三段是有連帶關係的，請以15字以內說明此種關聯：第三段為第四段作鋪陳。（環境）

▲國文科學生成果：〈兒時記趣〉基礎題第三段提問設計。

三、挑戰題~文章賞析／讀者觀點

1.課文中「忽有龐然大物，拔山倒樹而來，蓋一癩蝦蟆也」，為何不寫成「忽有一癩蝦蟆，拔山倒樹而來」？這樣不是簡潔多了嗎？請分析其中原因、理由。
①沈復在自己的想像世界 ②癩蝦蟆不先寫，是為了保留神秘感，引起讀者好奇。

2.一般參考書對於沈復處理癩蛤蟆的心態多解釋成「同情弱者、具正義感」，你認同這個說法嗎？請說明理由。 不認同。純粹因為癩蝦蟆打擾了沈復的樂趣。

3.語言中誇張敘述超過了客觀事實，就叫做誇飾修辭法，請在課本中將這篇文章中的誇飾文句畫線。

4.請依照下方步驟，嘗試將「物外之趣」換句話說~ *(本題引用梁雅晴老師「換句話說」)*

What 關鍵詞句	欣賞夏蚊、神遊花臺小草叢雜處、觀賞二蟲爭鬥與鞭逐癩蛤蟆
☆ Why (作者這樣說、這樣舉例的原因)	透過專注的觀察力與豐富想像力，為孩童時期的沈復帶來「物外之趣」。
So (作者的言外之意)	生活中的樂趣始終存在，但需要好奇心去發掘。

▲國文科學生成果：〈兒時記趣〉挑戰題，引用梁雅晴老師 What-Why-So 之提問設計。

國文第二課近體詩選 ~ 白話文改寫唐詩

一、 選擇課本中兩首律詩中一首□〈山居秋暝〉　□〈聞官軍收河南河北〉

二、 白話文改寫唐詩，就是要你將文字跟情感超級濃縮的唐詩，改編、擴寫(拉長篇幅、增加細節)成一篇散文、一篇故事。

三、 先用「故事結構」區分詩句，再「加戲」：

1.時間、周圍環境、氣候、動植物　　2.情節(事件)

3.作者內心戲　　4.細膩描寫作者動作對白

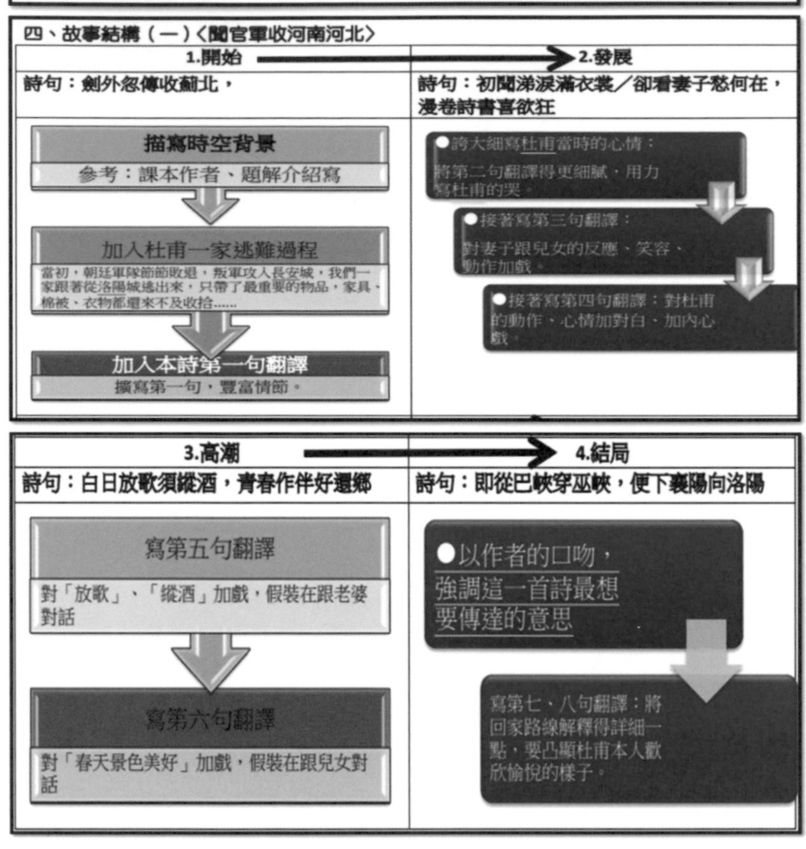

四、故事結構（一）〈聞官軍收河南河北〉
1.開始
2.發展
詩句：劍外忽傳收薊北，
詩句：初聞涕淚滿衣裳／卻看妻子愁何在，漫卷詩書喜欲狂
描寫時空背景
參考：課本作者、題解介紹寫
加入杜甫一家逃難過程
當初，朝廷軍隊節節敗退，叛軍攻入長安城，我們一家跟著從洛陽城逃出來，只帶了最重要的物品，家具、棉被、衣物都還來不及收拾......
加入本詩第一句翻譯
擴寫第一句，豐富情節。
誇大細寫杜甫當時的心情：
將第二句翻譯得更細膩，用力寫杜甫的哭。
接著寫第三句翻譯：
對妻子跟兒女的反應、笑容、動作加戲。
接著寫第四句翻譯：對杜甫的動作、心情加對白、加內心戲。
3.高潮
4.結局
詩句：白日放歌須縱酒，青春作伴好還鄉
詩句：即從巴峽穿巫峽，便下襄陽向洛陽
寫第五句翻譯
對「放歌」、「縱酒」加戲，假裝在跟老婆對話
寫第六句翻譯
對「春天景色美好」加戲，假裝在跟兒女對話
以作者的口吻，
強調這一首詩最想要傳達的意思
寫第七、八句翻譯：將回家路線解釋得詳細一點，要凸顯杜甫本人歡欣愉悅的樣子。

▲國文科學生成果：讀寫合一，〈近體詩選〉白話文改寫唐詩引導語。

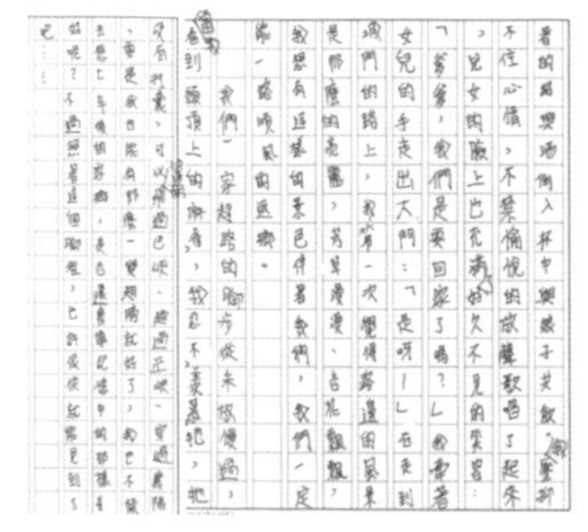
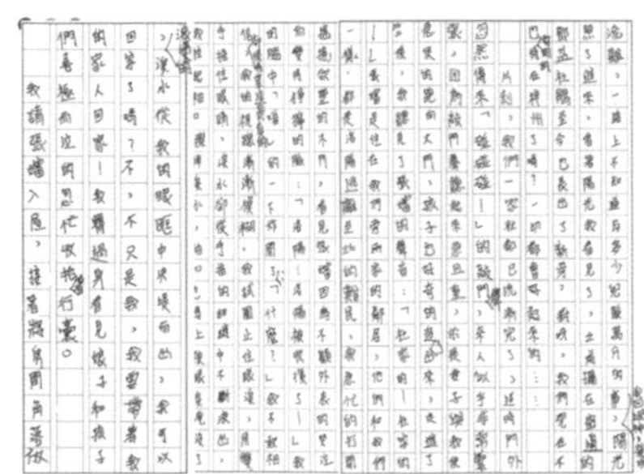
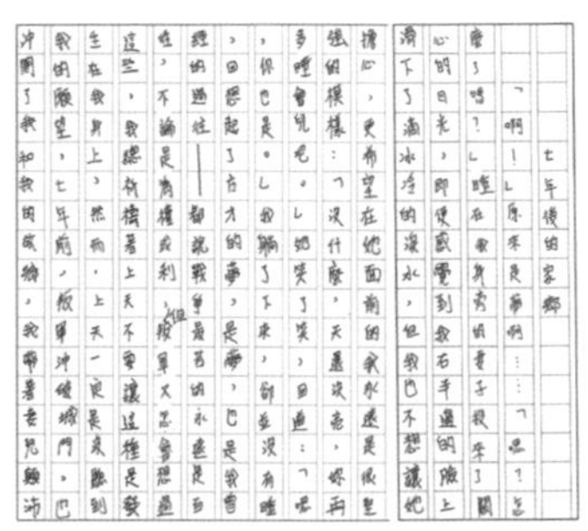

▲國文科學生成果：讀寫合一，〈近體詩選〉白話文改寫唐詩學生作文。

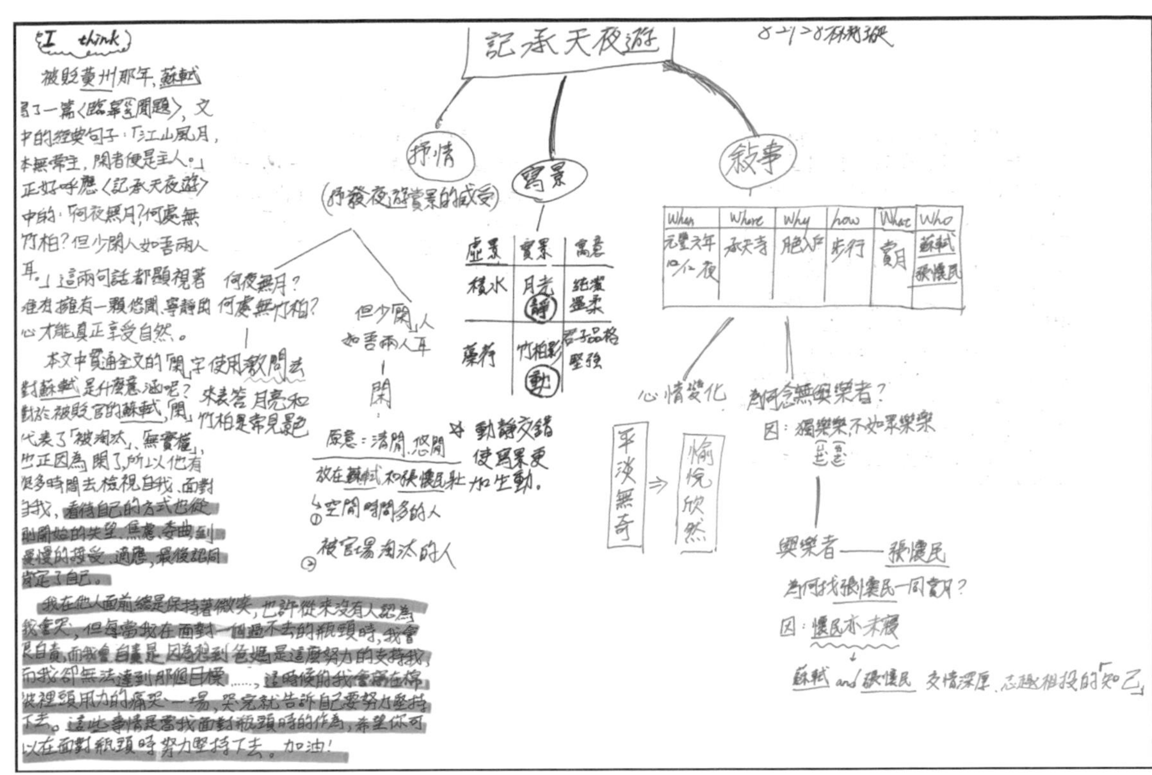

▲國文科學生成果：〈記承天夜遊〉七二七班林渝璇「個人心智繪圖與 I think」。

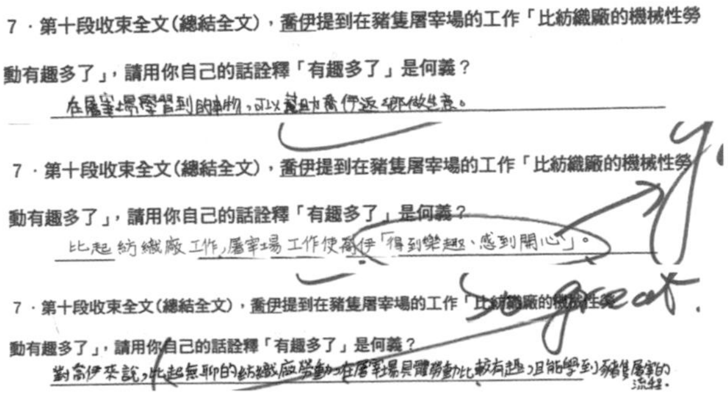

7．第十段收束全文(總結全文)，喬伊提到在豬隻屠宰場的工作「比紡織廠的機械性勞動有趣多了」，請用你自己的話詮釋「有趣多了」是何義？

7．第十段收束全文(總結全文)，喬伊提到在豬隻屠宰場的工作「比紡織廠的機械性勞動有趣多了」，請用你自己的話詮釋「有趣多了」是何義？

比起紡織廠工作，屠宰場工作使喬伊「得到樂趣、感到開心」。

7．第十段收束全文(總結全文)，喬伊提到在豬隻屠宰場的工作「比紡織廠的機械性勞動有趣多了」，請用你自己的話詮釋「有趣多了」是何義？

▲彈課閱讀成果：詮釋作者觀點，是解讀文本的必備能力。

8．時間、經歷都可能改變一個人，但也可能某些特質恆久不變。以下3段文字，描述不同時期的喬伊，請根據描述的內容，推論喬伊人格特質。

有關喬伊形象的描述	人格特質
「喬伊出生在菲律賓南部的農村塔庫洛，位於明答那峨島西南部。明答那峨島是菲律賓最重要的農業重鎮，相形之下塔庫洛只能算是個不起眼的農村罷了，離政治經濟中心遙遠，但年輕的喬伊已是當地社群的佼佼者。她大學念的是商業管理，畢業後接下父母親的雜貨鋪及一公頃的稻田，她擴大規模營運，不到一年就進行地區稻米的統購，還供給村民動物飼料、農作肥料，把一個小店經營成一筆進出頻繁的農產生意。」(改寫自《我們移動與勞動的生命記事》頁112)	有領導才能 精明有遠見 勤奮聰明 開朗坦率 有領導才能 通情達理

P.3

▲彈課閱讀成果：以人為本設題，回扣尊重與同理東南亞移工的學習目標。

◆ MAPS 備課日常，是最美的努力

「MAPS 教學法是否得累積至會考，學生成績才有顯著展現？」如果是這般漫長等待，我將難以挺過此等煎熬。一一〇學年度，我任教兩班七年級國文，上學期我實踐 MAPS 教學法兩個多月，其中一班先天條件與後天努力普遍待拉拔，國文段考平均能在眾多班級裡從倒數而前進十個名次，證實 MAPS 教學法確能鍛鍊學生思考、令其進步。下學期因新冠肺炎疫情肆虐，線上教學再起，一次科任班國文段考成績跌回原形，霎時間無力與沮喪捻滅我所有熱情。幾為挫敗所噬時，感謝靜慧老師、政忠老師與當時 Meet 裡實踐家們的建議與陪伴。回復實體課時，我把握珍貴的時間進行 MAPS 教學（即便離期末僅剩兩週），結果科任班的國文平均又回到水準！MAPS 教學法協助孩子鍛鍊思考力，我認為這是科任班得以谷底直追的關鍵。正因為該班先天條件、後天積極度整體偏弱，遭遇學習挫折時恐更易放棄，踐履 MAPS 教學法的我只想傳遞這個信念給孩子——你們紮紮實實的進步了，你們有能力自學與共學，不管何時，都不要放棄學習、不要喪失自信。

何其有幸與第四屆 MAPS 種子教師四〇三小組共備。擬定教學目標與做出文本分析後，我聆聽組長桃園東興國中洪婉真老師、夥伴花蓮國風國中葉憬忠老師、臺中大華國中廖思婷老師的建議，再微調課程架構與內容——如果這一年在閱讀課裡，收穫了學生對課程的認可、真心同理東南亞移工現實處境，我都得感謝四〇三小組的傾囊相授與陪伴。同時，感激同校莊煒明老師為我引介的移工訪談對象（耶穌善牧修女會 Sr. Marnie 修女）並入班陪伴；感謝 Marnie 修女與煒明老師對此課程的認同與協助。「MAPS 的備課即是日常，是我所做最美的努力」，以此恆常自勉。

▲彈課閱讀成果：自學完成文本提問單，小組討論與確認結果。

【國中領域】

3

沈賜宏／以 MAPS 為路引：看見語文教學中的山與海

臺中市北屯區北新國民中學

山中大叔導讀

賜宏，一位熱愛閱讀、醉心教學設計的老師，在他的實踐中，你將看見一位老師如何透過 MAPS，讓學生在語文學習中找到更多的啟發和連結。

賜宏坦誠提到以前教學方式傾向於各種教學法的混合，但缺乏明確的方向和流程，直到學習 MAPS 才讓他發現教學的新蹊徑，讓學生真正參與和探索，並激發了他們的自主學習潛力。

透過教學目標的訂立、教學設計的轉變，以及 MAPS 課堂中各個階段的具體教學方法，讓我們一窺賜宏如何將文學教育提升到更深層次的體驗和精神連接。

◆與 MAPS 相遇在山海之間

「孩子的夢就是我們的初衷，來自山，來自海，來自山海之外……」悠揚的歌聲伴著吉他的清脆聲響，在臺中教育大學的禮堂迴盪著，手機的光源燈彷若星子，沿著旋律的弧線落入我們的心底。我至今仍記得，歌曲甫結束，我與身側的夥伴相視而笑，看見彼此眼中相互輝映的光亮。

陷在各式教學法的盆地裡

以往的我以為紮實的備課、趣味的教學，就能茁壯學生的語文素養、就能造就最好的課堂設計，但是，桌案上常是教學法、文本分析相關書籍砌成的山脈，密室逃脫、大地遊戲、多媒體應用、築壩閱讀、遊戲化學習機制等教學法與課堂設計思維，常將我圍困在思維的盆地裡。雖然高參與的教學方式頗受學生歡迎，教學內容卻無法準確聚焦，也缺乏有效的評量方法，更常因外放的設計使預設的教學進度無法如期完成。嘗試了幾年後，我決定走出自己窄仄的教學思維，參加各式研習。

前人的教學經驗的確拓寬了我的教學視野，教學方法更多元且能有效檢視教學的成效，但各具特色的教學路徑，卻缺乏明確的流程或方法，能將學習模組或策略融入課本選文中，直到我遇到了 MAPS 教學法，引領我攀緣而上，站在高處審視每個教學步驟和策略的融入，是否促使學生發展自主學習與表達應用、省思評鑑的能力。

緣 MAPS 教學設計而上

MAPS 教學法透過「暖身題－基礎題－挑戰題」為框架設計教學內容，並以課文內容所設計的提問單為渠道，除了按「引起動機－策略學習－應用評鑑」疏通學生學習難點，也在挑戰題讓學生在既有的範圍內任思維奔流擴散。由於設計課程前便須決定教學目標，且有固定的流程與階段性的任務配置，更能在設計課程時考慮教學時間的配置與資源的應用，並將教學法融入各個階段，反覆操作演練，而非用多個教學法分開訓練類似的策略，不僅讓學生覺察自己的學習狀態，還能透過提問單的答題狀況立即檢視學習難點，真正做到有感的自主學習。

MAPS 種子教師研習，不僅讓我對暖身題與挑戰題的呼應設計更有概念，也對心智繪圖和基礎題的應用提問設計更有想法，還引導我看見學生的學習難點，並能夠針對不同學習狀況的學生，給予不同的提問設計。此外，每週一次的線上共備討論，也讓我發現不同的教學路徑，看見不同的運課風景。與夥伴共闢蹊徑，讓我更有勇氣突破自己的教學舒適圈，並借助夥伴的回饋與分享，逐步修正自己的教學設計。

選擇卷和應試作文
較難看出學習歷程

▲在與 MAPS 教學法相遇之前，教學活動較常失焦，也較難及時檢視學習難點。

▲ MAPS 教學更聚焦課堂目標與學習活動的連結，還能熟悉思維整理工具的操作。

開關 MAPS 教學的蹊徑

將 MAPS 帶回課堂後，我更清楚如何讓每個教學節點設計「有目標」。

對第一次操作 MAPS 教學法的班級，我會先請同學概覽課文，再透過自由發言的方式，收集學生對陌生文本的觀察、感受與發現，並確認提問單中需放入多少引導語。進入課程後，經由觀察小組討論的內容、提問單或 Padlet 上傳的學習成果，適時給予選項、關鍵詞、各式句型等鷹架，協助學生逐步建構學習策略，並能有目的的思考與表達。

在畫出自己的心智圖之前，為了讓學生理解心智繪圖的運用方式，先以日常題材為例，帶學生認識各式圖表的妙用，不論是便於比較的T形圖、梳理順序的流程圖，或是發現異同的文氏圖，皆可在日後成為自學、分組討論的重要工具。在學生理解常用圖表的運用方法後，再針對心智圖練習「上、下位概念」的統整，讓學生實際操作「下位資訊統整上位概念」、「上位概念找尋文本資訊」，以期學生能理解繪製心智圖的用意及運用方法，有意識的判讀文本資訊，並能有結構的表達自己對課文內容的看法。

待學生熟悉如何運用 MAPS 提問單後，再以相似寫作形式或內容的文本做二次演練，確認學生在自學或小組討論時，能透過提問單的引導、補充資料和各式圖表進行自學和小組討論，並能針對學習難點發問，甚至能協助其他組員解決難題。

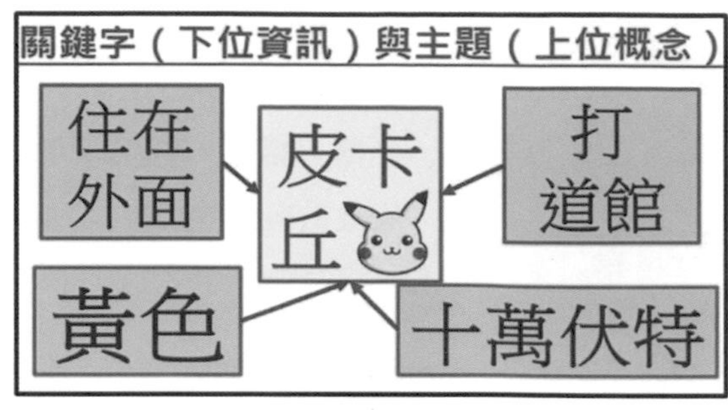

▲引導學生運用表格所整理的資訊，練習資訊整理成上位概念，以繪製心智圖。

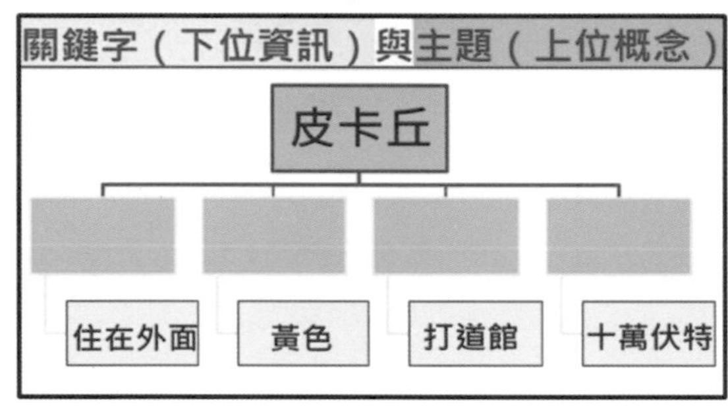

▲透過趣味的活動，引導學生理解圖表工具的運用方法。

〈迢迢牽牛星〉 → 〈慈烏夜啼〉

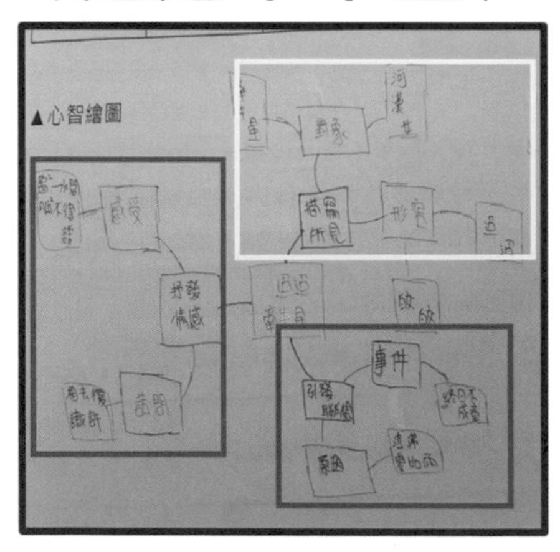

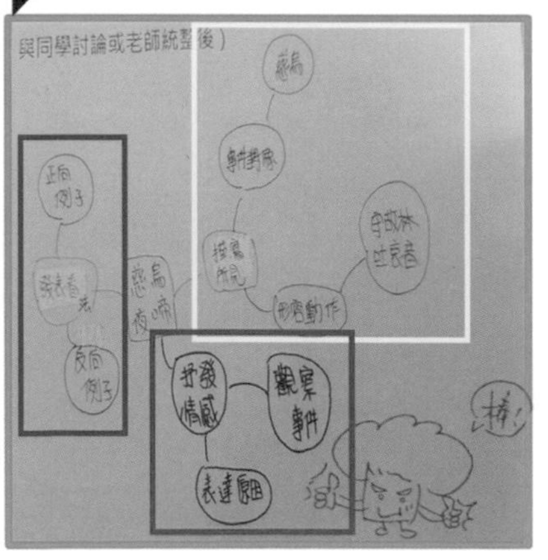

▲利用兩首相似結構的詩作，協助學生將學習從教師引導遷移至小組討論與自主學習。

1

1.請先將課本中每段詩句的「主要描述對象(做出動作或加以形容的對象)」圈起來，並觀察這些描述對象出現的時間，整理出〈夏夜〉的時間變化。

詩句段落	主要描述對象	出現時間	判斷時間的關鍵
第一段	①蝴蝶②蜜蜂③羊群④牛群⑤太陽	黃昏	太陽下山
	①街燈②夏天的夜	入夜	街燈亮了
第二段	①老祖母②山巒③南瓜④小雞⑤小鴨⑥田野⑦小河⑧小弟弟⑨小妹妹⑩夜風⑪螢火蟲	深夜	人和動物都睡了

2

2.請先將第一題表格內的主要描述對象標上號碼，利用號碼將這些敘述對象分成景色(並非人或動物)和非景色兩個類別，利用表格加以整理。再想一想，景色與人和動物在詩句中分別提供了哪些訊息？ Good!

詩句段落	主要描述對象		提供訊息
第一段	景色	5	（太陽下山）的景色告訴我們現在是（黃昏）時刻，所以動物們在這個時候都（回家）去了。
	非景色	1、2、3、4	
	景色	1、2	街燈亮了的景色告訴我們現在是入夜時刻，最後夏夜偷來了月亮和星星。
	非景色		
第二段	景色	2、3、6、7、10、11	人和動物都睡了的景色告訴我們現在是深夜時刻，所以小雞、小鴨和小弟弟小妹妹都睡了，但南瓜、小河、夜風、螢火蟲都還醒著。
	非景色	1、4、5、8、9	

3

3.請利用第一題表格內「第二段」的標號，將敘述對象分成靜態與動態兩種摹寫方式，並觀察詩人想藉由兩種不同的方式營造的效果是什麼。

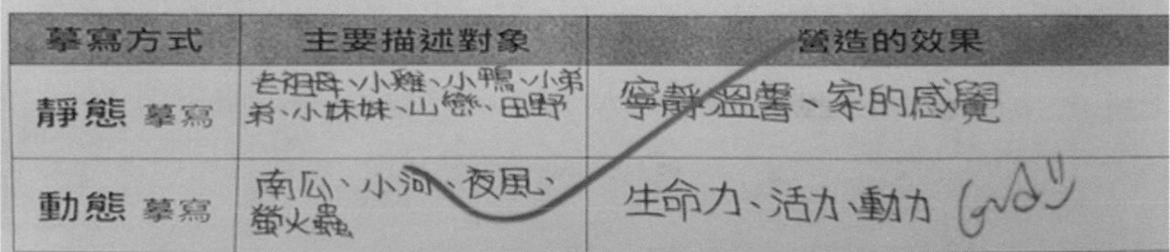

摹寫方式	主要描述對象	營造的效果
靜態摹寫	老祖母、小雞、小鴨、小弟弟、小妹妹、山巒、田野	寧靜溫馨、家的感覺
動態摹寫	南瓜、小河、夜風、螢火蟲	生命力、活力、動力 Good!

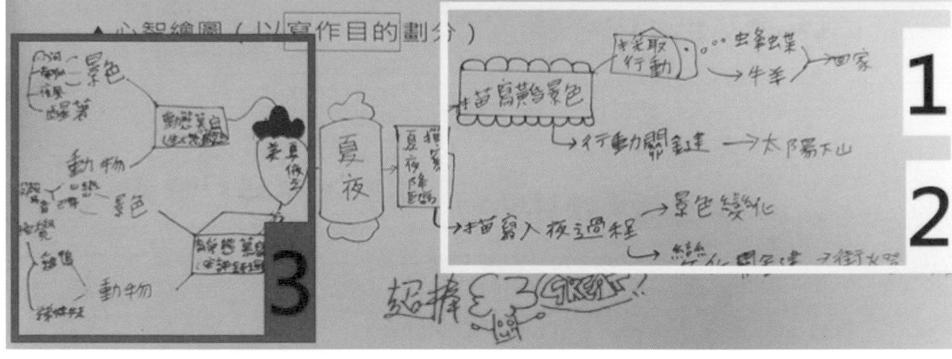

▲提問與表格整理，幫助學生利用心智繪圖整理閱讀資訊。

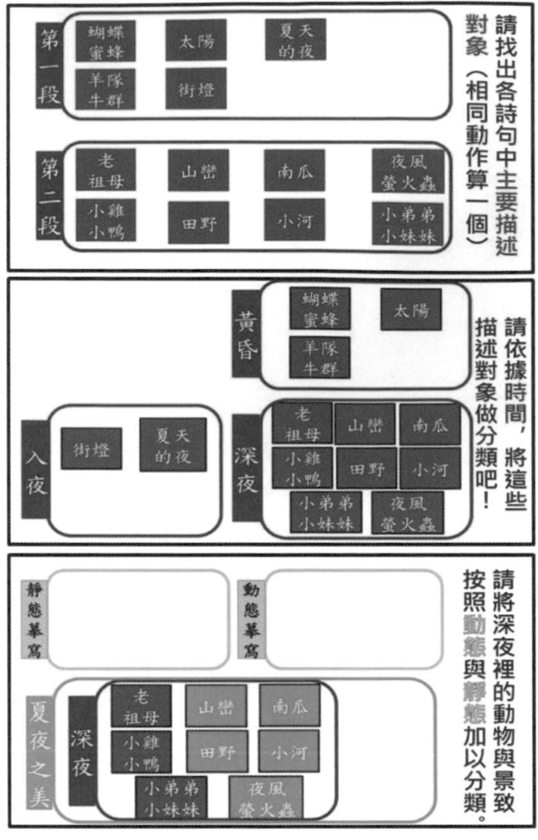

▲運用簡報讓閱讀資訊的整理可視化，在學生操作的同時檢視其學習狀況。

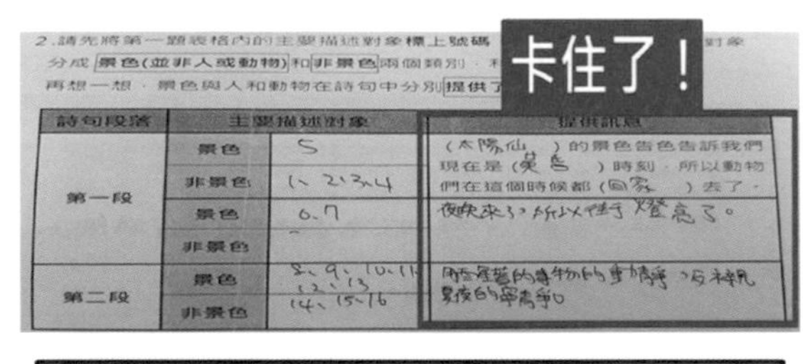

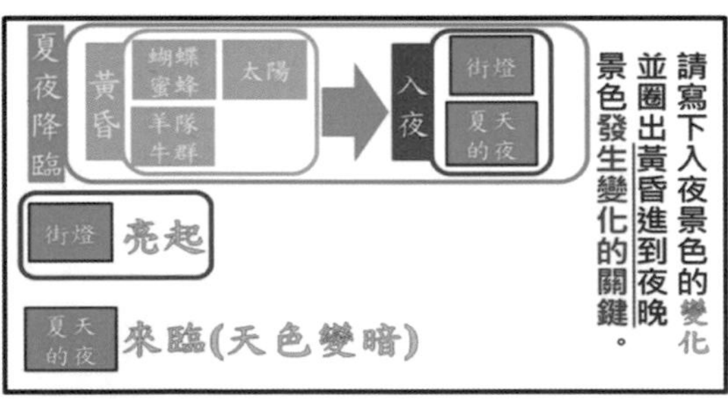

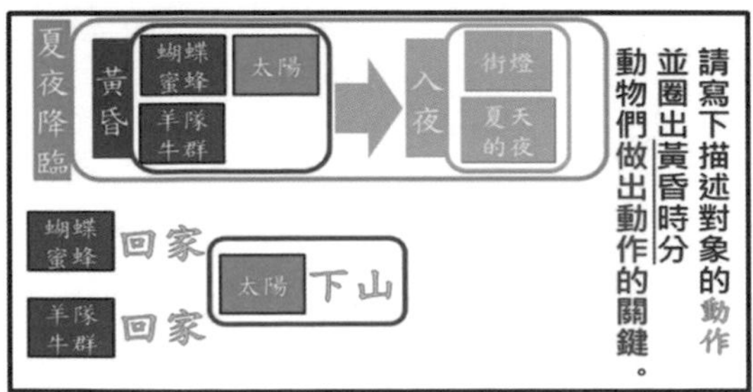

▶課堂內觀察學生作答情形，即時掌握學習難點，在下堂課增加學習鷹架。

◆ 與學生心中的山與海交會

有幸能在第一年就將 MAPS 教學法實行在三個年級和學習扶助、資優課程中，幫助我在設計課程時，更留心學生的先備經驗、生活經歷與課文內容的連結，也學習如何在提問單中放置更多引導的方法。

在課堂實行後，我發現：夢 N 主題歌中的山與海，不僅指學校的地理位置與周邊資源，還代表了學生的個人生活經歷與未來路徑的選擇所織就的學習樣態。因此，提問設計和教學流程除了需視個別差異進行調整外，教學目標還需「結合學生的內在需求與生活經歷」。透過學習扶助和資優課程的設計，陪伴這群在海上迷途、在山間疾行的孩子，透過〈飛魚〉和〈水神的指引〉望見自己內在的山海風景。

海上的迷茫與未來抉擇：〈飛魚〉的課堂實踐

「看完海洋作家廖鴻基分享自己的轉職經驗，你認為他的『無價勳章』又是什麼呢？」一陣沉默的思索後，Padlet 上的回應磚塊旋即在投影幕上砌出一條長長的生命迴響。

原來，這群在老師眼中「對學習無感」的孩子並非和語文學習絕緣，而是還未發現文學與生命經驗連結的路徑。透過 MAPS 教學法「暖身題與挑戰題的連結」搭配「基礎題的文本探究」，國語文不再只是汲取知識的工具，而能成為學生同理他人情感，進而關照自己生命經驗的絕佳受器。

※ 教學目標的訂立

〈飛魚〉一文講述海洋作家廖鴻基出海尋鯨的遭遇。雖然最後沒有和鯨魚相遇，尋鯨的路上卻有飛魚作伴，不但看到了飛魚對光源的「癡迷」與費力躍飛的「姿態」，也領受「阿美族男人對捕飛魚的「熱情」與「執著」，使作者回望：過往經歷中自己執著於成為一位討海人、尋鯨者，放棄了什麼？又得到了什麼？

理想與現實的拉鋸，正是這群孩子正在面對的難題，他們或是對設計、餐飲有興趣而參與技藝學程，或是具備特殊身分而轉投其他升學管道。儘管學科知識的探究已經不再是他們人生方向的指南針，但師長們的期待與過往的經驗仍讓他們十分排斥學習，這時，MAPS 提問單中「暖身題」的經驗連結是引發學習興趣的藥引，「基礎題、挑戰題」的關聯、呼應則是深化思考與同理感受的催化劑，協助這些孩子思考對自身選擇的擔負與因應之道。

※ 教學設計的轉變

在接觸 MAPS 提問教學的設計理念以前，對於以記敘兼抒情手法寫就的〈飛魚〉，多是藉由相關影片內容的提問與討論引起學習動機，再利用模組化教學演練記敘兼抒情手法的閱讀理解策略，或是補充大量海洋文學的相關資料，以期學生在進入課文之後，能夠合理解讀文本訊息，再遷移到寫作。但這種教學方式不僅耗時，也容易失去教學重心。

在學習 MAPS 後，決定將教學內容聚焦在人生的「選擇」。這群在人生的海洋上巡航的孩子，就像文章裡的廖鴻基，需從文本裡理解「每次選擇」的獲得與失去，並在現實與理想的追求中，發展自己的因應之道。期待學生在同理作者情感想法的同時，能藉文本來觀照自己的生命。

※暖身題的引導

在設計暖身題時，先透過訪談講座呈現廖鴻基的職涯困境，再提問「如果是你，面對家人的質疑，你會不會懷疑自己的選擇？」有些同學直言相信自己的選擇，不畏他人批評；有些同學則認為師長的經驗較豐富，應採納他人意見。不論抱持哪種看法，同學皆充分感受到作者對飛魚的情感投射，在問到「作者在描寫自由自在的飛魚時，他可能想帶給讀者什麼感受」時，想要自由、義無反顧的追夢、堅持等關鍵字，便一個一個浮現在討論中，原本乾癟的作者介紹頓時豐潤了起來。

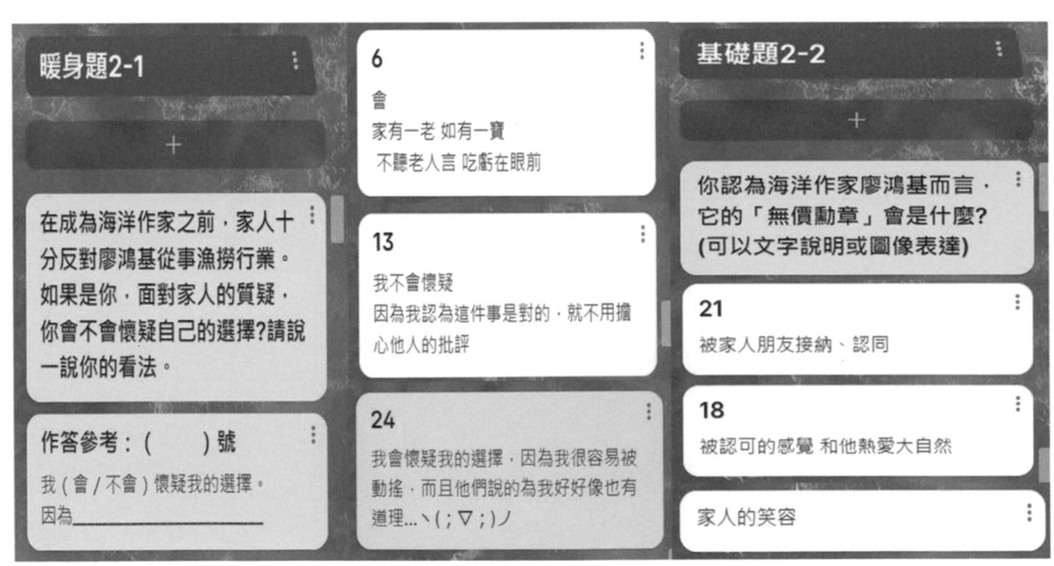

暖身題2-1
在成為海洋作家之前，家人十分反對廖鴻基從事漁撈行業。如果是你，面對家人的質疑，你會不會懷疑自己的選擇?請說一說你的看法。
作答參考：(　　)號
我(會/不會)懷疑我的選擇。
因為
6
會
家有一老 如有一寶
不聽老人言 吃虧在眼前
13
我不會懷疑
因為我認為這件事是對的，就不用擔心他人的批評
24
我會懷疑我的選擇，因為我很容易被動搖，而且他們說的為我好好像也有道理...ヽ(；▽；)ノ
基礎題2-2
你認為海洋作家廖鴻基而言，它的「無價勳章」會是什麼?(可以文字說明或圖像表達)
21
被家人朋友接納、認同
18
被認可的感覺 和他熱愛大自然
家人的笑容

▲先以暖身題連結學生經歷與情感，再透過文本內容探究同理作者感受、想法。

※ 基礎題的建構

基礎題的操作則是以「降低學習負荷」為準則，將原本的制式講義題目按「預測題目－概覽課文－意義段重劃－內容深究－形式評鑑」重新安排，並透過關鍵字填空的形式建構學習鷹架，讓自學與討論更有方向。在進行內容深究時，當討論到「阿美族男人視『漁獲』為無價勳章，那廖鴻基的『無價勳章』是什麼？」許多孩子除了關注作者的海洋夢外，還看到了渴望被家人認可、接納的心。這份感動，帶著他們駛入文中那晚漁火如星落的海洋，可以靜下心關照想被認可、接納的自己。

※ 挑戰題的深化

經由暖身題和基礎題同理、連結自身情感後，挑戰題更進一步連結學生的生活經驗。在暖身題討論「常與家人意見相左的事」時，學生最常提出的是「手機的使用權」。有些同學表示自己的學程作業有使用需求，家長卻不信任他們獨自使用；有些同學則坦言自己的社交需要手機內容的支持，家長卻不以為然，時常引爆親子衝突。

為了讓學生理解「溝通技巧」在解決理想與現實間的衝突中所扮演的要角，先以「正向同理溝通練習」引導學生設想：當廖鴻基的家人在得知孩子辭去穩定的工作，選擇危

▲科技的融入更易讓學生演練圖文轉換的能力，也能透過作品觀察學生的理解情形。

▲線上平臺與紙本引導，輔助學生理解文本內涵的同時，精熟閱讀資訊整理工具的應用。

▲透過答題狀況，即時掌握學生的學習狀況，並給予適當的引導。

險又辛苦的漁撈業，他們會有什麼感受想法？當他在分享會上，面對父親的質問，他該如何回應，才能讓父親在理解兒子理想的同時，放下心中的擔憂？

孩子們在換位思考的同時，也練習了「同理感受－表達想法－提出方案」的親子溝通架構，接著以手機使用權為主題，練習向家長有效表達想法，並制定方案或計畫，讓家長除了能了解這群孩子使用手機的目的外，透過具體可見的規約，更放心讓孩子使用網路。不少學生在回饋中表示，原本激烈反對的家人在理解手機的用途後，逐漸開放平日手機的使用權限，也在和家人的討論中，發現更多不必使用手機的替代方案。

※課後的回饋與省思

課程的最後，學生將溝通架構用於和家人討論未來職涯的選擇。不僅能反覆練習換位思考，學生還表示「看見家人指責語言背後的擔憂」，也在釐清想法和制訂方案的過程中，更了解自己的選擇所要背負的風險和未來急需培養的能力或態度，在獲得家人接納的同時，也認可自己的抉擇。從自身經驗體驗文學所承載的感受、想法，也將所學應用於創設自己的未來。

從MAPS的提問教學中，我看見了文本與學生的生命經

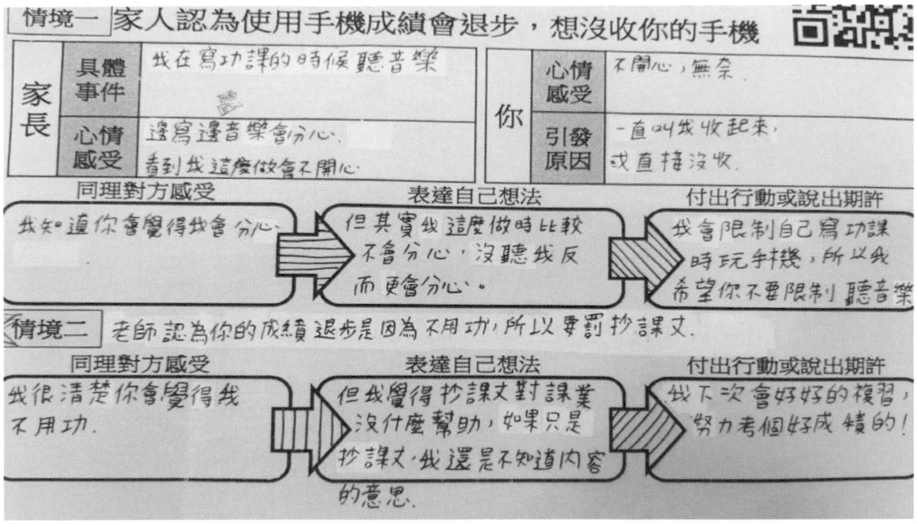

情境一 家人認為使用手機成績會退步，想沒收你的手機

家長		你	
具體事件	我在寫功課的時候聽音樂	心情感受	不開心，無奈．
心情感受	邊寫邊音樂會分心． 看到我這麼做會不開心	引發原因	一直叫我收起來， 或直接沒收．

同理對方感受	表達自己想法	付出行動或說出期許
我知道你會覺得我會分心．	但其實我這麼做時比較不會分心，沒聽我反而更會分心。	我會限制自己寫功課時玩手機，所以我希望你不要限制聽音樂

情境二 老師認為你的成績退步是因為不用功，所以要罰抄課文．

同理對方感受	表達自己想法	付出行動或說出期許
我很清楚你會覺得我不用功．	但我覺得抄課文對課業沒什麼幫助，如果只是抄課文，我還是不知道內容的意思．	我下次會好好的複習，努力考個好成績的！

▲挑戰題「正向同理溝通練習」除了實現高效溝通外，也幫助學生審視自己的未來抉擇。

驗緊密結合，我也看見了國語文除了工具性用途外的更高價值，我還看見了那些迷茫於海上追夢的孩子，回到現實的土地時更自信的神采，找到了屬於他們的無價勳章。

山間的體驗與精神傳遞：〈水神的指引〉的課堂實踐

「仔細觀察這首關於原住民文化的歌詞，女主角認為我們應該如何與自然產生聯繫？」「了解植物的生長！」「打開我們的心去探索！」「親近路旁的花草！」「在草地翻滾！」資優班的孩子高舉的手彷若〈水神的指引〉中起伏的山稜線，隨著文學的土地脈動著。

資優的孩子雖有較敏銳的情感受器，卻常將國語文的學習目的置於考試，面對出題概率較低且缺乏接觸經驗的原住民文學，自然是淪為閱讀理解的練習對象，但原民作品卻能豐盈這群孩子對文學本身的「體驗」。

※教學目標的訂立

〈水神的指引〉一文記述原民作家撒可努與父親入山打獵的經驗，離開部落就學的作者其實與學生們相同——對自身的傳統文化感到疏離。山徑探尋體驗的描摹佐以水神故事、泛靈信仰的敘述，羅織成作者的經驗世界，是對身分認同的追尋，也是原民精神的承接。

「這世界不缺少美，而是缺少發現。」現代藝術的奠基者羅丹曾指出，美感經驗的塑造在於用心覺察身邊的事物。資優班的孩子常汲汲於追求成果，而忽略了過程，期望透過撒可努的創作，讓學生體驗建構自身文化認同的過程。

透過 MAPS 教學法，「暖身題」先從較易引起共鳴的動畫歌曲為渠道，逐步讓學生浸潤在原民「與山水共生、共感」的世界，並在「挑戰題」回頭關照自己的「生活經驗」所構築的世界，用有情、共感的眼光觀察身邊習以為常的事物，進而看見潛游在我們日常生活中的水神。

※ 教學設計的轉變

在接觸 MAPS 提問教學的設計理念以前，對原住民文學〈山豬學校〉、〈獵人〉等文本，輒以補充原住民歷史與文學相關的影音、紙本資料，期許學生能了解其文化背景與創作脈絡後，增強對文本內容的感受，但在課後回饋中，卻發現多數學生雖然能藉原住民族的遭遇，同理作者選擇回鄉的原因，卻較難與文本想傳達的精神聯繫。

在學習 MAPS 的教學理念之後，將教學重點聚焦在感受原民文學的文詞應用與領略對其民族傳統的觀察與傳承，進而回顧自己身邊的文化現象，同理這些傳統文化背後的意義與重要性。讓學生不再只著眼於山頂的目標、結果，可以放慢腳步，親近、融入文學所建構的風景。

※ 暖身題的引導

暖身題以經典動畫電影《風中奇緣》（*Pocahontas*）主題曲引領學生思考原住民族的「自然觀」與「世界觀」，不論是回答探索自然的規律，或是認為要以五感經驗自然的易替，皆有助於理解「獵人文化」對原住民族的重要性。而這些與傳統漢文化不同的感覺經驗，會滲透至創作文字中的每個罅隙裡，形成不同的敘事基調，在暖身題中特別擷取一段原民文學關於狩獵經驗的描述，讓小組成員討論文字所營造的感受，以及猜測作者想描述的事件與感想。

※ 基礎題的建構

為了讓學生能透過文字敘述連結感受、建構想法，進而將這些感想涓滴匯集成原民對自然的崇敬，基礎題改採「分段文字的閱讀探索」，透過作者親身體驗與流傳故事的意涵，引領學生透過撒可努的視角，一步一步建構原民文化的精神樣貌。與先進行全文概覽相較，在進行題目預測之後，讓學生逐段討論，摸索原民精神的同時，修正自己原先的預測，更能同理作者路途上的所遇、所感。

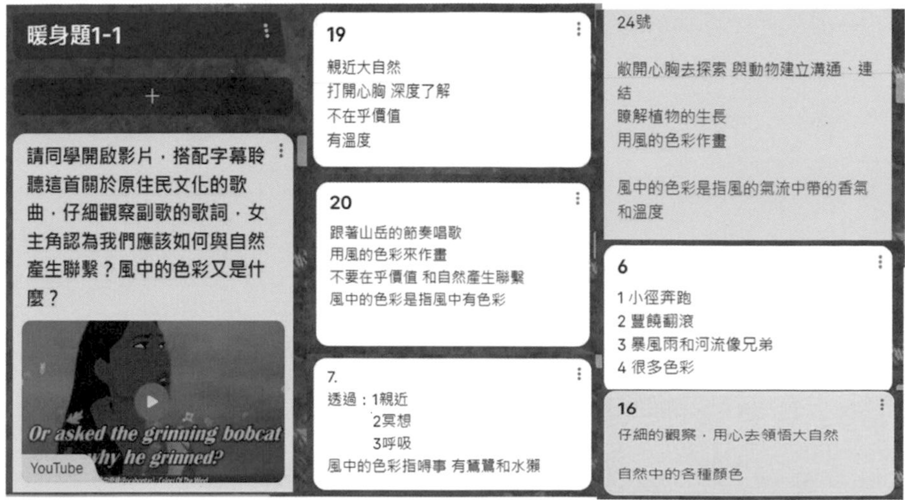

暖身題1-1
請同學開啟影片，搭配字幕聆聽這首關於原住民文化的歌曲，仔細觀察副歌的歌詞，女主角認為我們應該如何與自然產生聯繫？風中的色彩又是什麼？
Or asked the grinning bobcat why he grinned?
YouTube
19
親近大自然
打開心胸 深度了解
不在乎價值
有溫度
20
跟著山岳的節奏唱歌
用風的色彩來作畫
不要在乎價值 和自然產生聯繫
風中的色彩是指風中有色彩
7.
透過：1親近
2冥想
3呼吸
風中的色彩指鳴事 有鷹鷲和水獺
24號
敞開心胸去探索 與動物建立溝通、連結
瞭解植物的生長
用風的色彩作畫
風中的色彩是指風的氣流中帶的香氣和溫度
6
1 小徑奔跑
2 豐饒翻滾
3 暴風雨和河流像兄弟
4 很多色彩
16
仔細的觀察，用心去領悟大自然
自然中的各種顏色

▲歌曲、圖畫等多元文本的融入，拓展學生學習視角的同時，也更易引發共鳴。

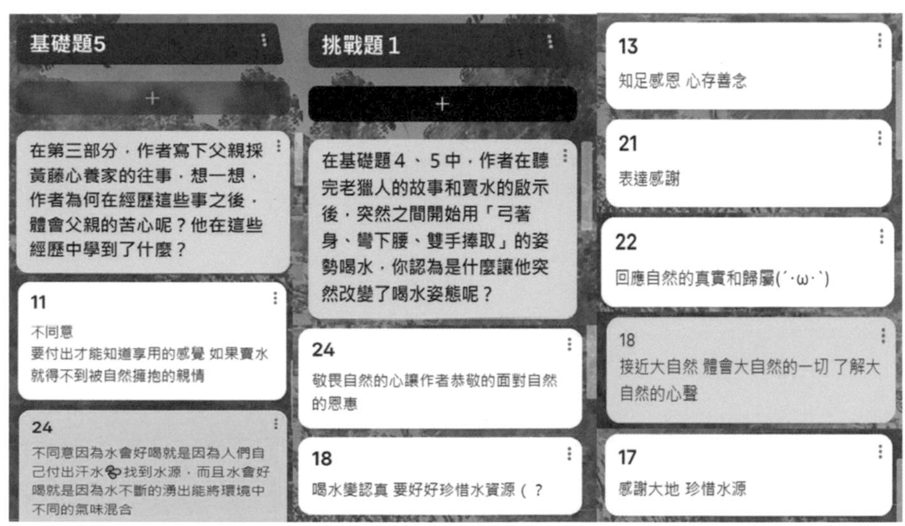

基礎題5
在第三部分，作者寫下父親採黃藤心養家的往事，想一想，作者為何在經歷這些事之後，體會父親的苦心呢？他在這些經歷中學到了什麼？
11
不同意
要付出才能知道享用的感覺 如果賣水就得不到被自然擁抱的親情
24
不同意因為水會好喝就是因為人們自己付出汗水找到水源，而且水會好喝就是因為水不斷的湧出能將環境中不同的氣味混合
挑戰題 1
在基礎題4、5中，作者在聽完老獵人的故事和賣水的啟示後，突然之間開始用「弓著身、彎下腰、雙手捧取」的姿勢喝水，你認為是什麼讓他突然改變了喝水姿態呢？
24
敬畏自然的心讓作者恭敬的面對自然的恩惠
18
喝水變認真 要好好珍惜水資源（？
13
知足感恩 心存善念
21
表達感謝
22
回應自然的真實和歸屬(´･ω･`)
18
接近大自然 體會大自然的一切 了解大自然的心聲
17
感謝大地 珍惜水源

▲以基礎題為根柢，在挑戰題更易深入文本細節的探究與討論。

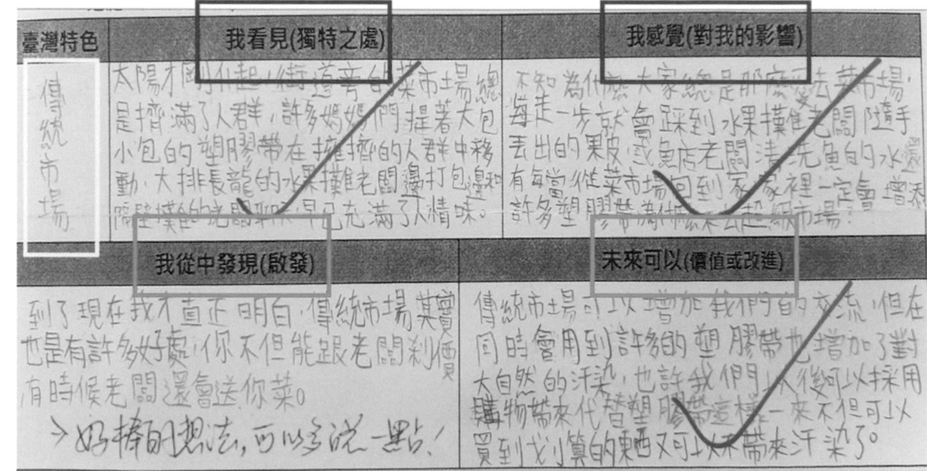

我看見(獨特之處)
太陽才剛升起，傳統市場總是擠滿了人群，許多媽媽們提著大包小包的塑膠袋在擁擠的人群中移動，大排長龍的水果攤老闆邊打包邊和隔壁攤的老闆聊天，早已充滿了人情味。
我感覺(對我的影響)
我從中發現(啟發)
到了現在我才真正明白，傳統市場其實也是有許多好處，你不但能跟老闆殺價，有時候老闆還會送你菜。
→好棒的想法，可以多說一點！
未來可以(價值或改進)
傳統市場可以增加我們的交流，但在同時會用到許多的塑膠袋也增加了對大自然的汙染，也許我們以後可以採用購物袋來代替塑膠袋這樣一來不但可以買到划算的東西又可以不帶來汙染了。

▲挑戰題「臺灣的瑰寶」活動，運用課程所學，觀察自己身邊的文化現象。

▲透過提問單的引導，學生可以自主學習，也可以針對難題進行組內共學。

◀在同學發表看法的同時，其他同學則透過聆聽、閱讀資料與筆記策略提出疑問。

※挑戰題的深化

挑戰題的設計以暖身題為水源，基礎題為土壤，期許孩子能透過文學紮根，並開散自己的想法，甚至結出實踐的果實，讓語文的學習不僅止於汲取知識的工具，而是經驗他人感受、想法，且能改變既有認知並付諸實踐的導引索。

先以〈水神的指引〉練習「我看見－我感覺－我發現－未來我會」的架構，統整學生的閱讀經驗。有些學生從賣水的談論中，發現「唯有付出才能知道享用、受益的感覺」，進而理解作者祖父所說的「對自然的歸屬感」從何而來；有些學生則自作者飲水的姿態轉變中，發現敬畏、感恩自然賜予的想法，會展現在應對的行為上。

再從「臺灣的瑰寶」活動，以相同的架構觀察身邊常發生的文化現象，可能是傳統習俗的影響，或是多元文化積累的展現，甚至是自然風貌、建物所標誌的特殊性，都能透過看見、感受而有不同的發現，進而理解這些活動或特殊現象背後的成因，發現其價值，而對這片土地有更多的認同。

不少學生選擇觀察早晨的市場，發現被認為「悶熱、擁擠、不衛生」的傳統市場被長輩們喜愛的原因，來自於面對面的互動所產生的「人情味」，潛藏在那些叫賣聲、討價還價的爭論中。也有學生針對臺中的海邊藏屍新聞，提出「為消波塊正名」的想法，指出消波塊對海岸線維護的正向作用，

◀在大叔的帶領下，與夥伴共同成長，成為彼此的後盾。

▶學生是最佳備課夥伴，從他們的回饋中獲得許多養分。

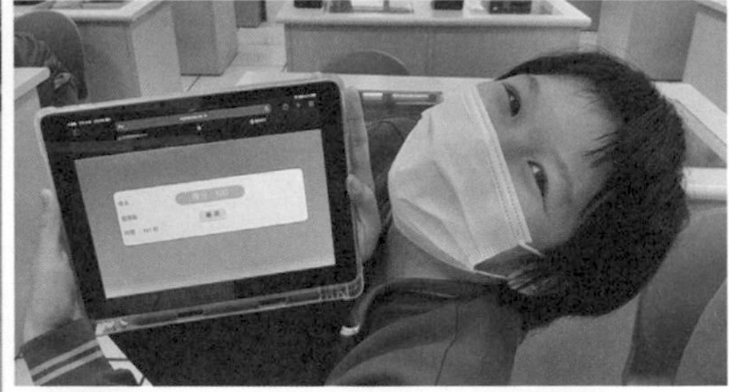

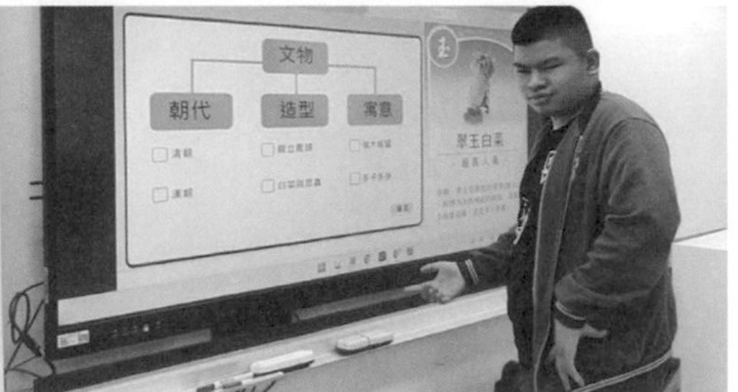

▲學生專注的神情與真摯的笑容是最大的鼓勵。

是不可或缺的海岸特色。還有學生以老街中的童玩為主題，在家長的分享中，看見舊時社會的情感連結，還發現竹槍、彈弓類的童玩，可能源於早期社會的狩獵習慣，是先人智慧的結晶。

這些發現有助於學生重新審視身邊的人、事、物，並從探索的過程中發現樂趣，不再只看到最終結果或執著於表面現象。

※ 課後的回饋與省思

許多學生課後回饋，這些活動不僅改變了對這些人、事、物的認知，還產生應對姿態的轉變。從暖身題和基礎題所感受到的原民文化精神，促使這些資優的孩子帶著有情的眼光看待身邊習以為常的現象，並從中發現它們存在的意義與價值，進而投入實踐。

觀察傳統市場的孩子願意花更多時間陪家人逛菜市場，還能同理家中長輩的情感需求；觀察夜市小販的孩子發現各式飲食文化融合的現象，進而願意敞開心胸嘗試，並接納不同的族群；觀察消波塊新聞的孩子則覺察日常許多片面資訊造成我們對陌生事物的錯誤印象，轉而以更開放的心態、更謹慎的眼光看待這些充斥在電視、手機上的資訊。課程結束後，這些實踐成果仍不時出現在學生的作文、聯絡簿與課間

討論中，MAPS 的教學架構引領這群執著於攻頂的孩子走出捷徑，看見蘊藏在字句間的深意。

◆ 與學生們攜手前行山海間

前文化部長龍應台曾言：「文學，有如一排湖畔白楊樹在水裡的倒影，告訴你不能只看見岸上的實體，也要看見水裡的虛體。」語文學習真正可貴的不是標準答案，而是潛藏於後的信念與情感。文學不僅是積累先人智慧、溝通表達想法的工具，還能透過經驗他人眼中的世界，培養同理、共感的能力，以強化情緒韌性與思考彈性。

參加 MAPS 種子教師工作坊後，不僅能與一群厲害的備課夥伴結伴前行，帶我走出課程設計思維的隘谷；高度聚焦的提問設計思維讓學生帶著覺知學習，有意識的運用資訊與思維，整理工具、解決問題，並讓課文所傳遞的思想、感受在方寸間流淌，浸濡成一片屬於自己的山海風景。

更重要的，是學生們在課堂上投入的神情與真摯的笑容，共學時尤可見思維的星火在他們的眸中迸流，那日夢N禮堂內映在心底的星子，化作學生點點的言語回饋與力行成果，給予我在 MAPS 路上持續前行的動能。

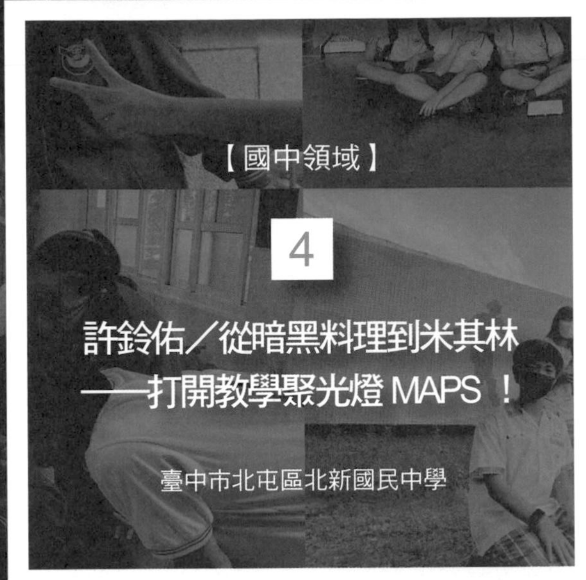

【國中領域】

4

許鈴佑／從暗黑料理到米其林——打開教學聚光燈 MAPS！

臺中市北屯區北新國民中學

山中大叔導讀

鈴佑，一位巧思橫溢、運課嚴謹的老師，透過教學和廚藝之間的相似性，告訴你她如何進行教學方法的轉變和提升。

因為 MAPS，讓鈴佑從過去的「螞蟻上菜」和「火鍋吃到飽」式的教學，轉向專注於主要內容，就像專注於烹製一道主菜，透過有層次有意識的三層次提問，重新構思了課程設計，使學生在學習過程中獲得豐富的經驗與收穫。

MAPS 教學法讓鈴佑找回教學自主權，從一個不知為何而煮（教）的廚子，搖身一變成為為你而煮（教）的專屬私廚。

◆ 眾裡尋它：從發散到收斂的迷茫

很長一段時間，我都是暗黑料理界的一員，我的廚藝養成之路其實和教學成長有很高的相似度，倘若將課堂比喻成餐廳，學生比喻為食客，身為廚師的我想端出什麼樣的菜色呢？

螞蟻上菜：多焦且失焦的教學

有機會接手採買與掌廚後，逛市場成了一大樂趣，有琳瑯滿目的食材向我殷殷招手，誘使我想像它們入口的滋味，但因為烹煮技巧仍待磨練，因此最簡單的方式便從火鍋開始，我可以貪婪的將這些喜歡、有益的食材盡數下鍋，享受豐盛的美味。結果往往慘烈，不是下料過多導致食材過剩，便是煮成五味雜陳、不明所以的「大雜燴」，或是「畫虎不成」的恐怖「食」驗——例如從百菇湯發想「百瓜湯」（櫛瓜、小黃瓜、冬瓜……），最終成了被厭棄的廚餘。

就像初任教師的我，首次接觸一綱多本教材，對於尚在教學與成績間尋找方向、取得平衡的菜鳥而言，最好的備課方式就是「照單全收」，認真執行傅斯年先生所倡導的「上窮碧落下黃泉，動手動腳找東西」，窮盡一切的蒐集、整理、消化所能蒐集到的資料，挑燈夜戰備課，在課本上寫滿各色筆墨的註記；而最保險的教學方式就是提供「什麼都有、什麼都教」的「火鍋吃到飽」，不只提供豐富鍋料（教學內容）供食客大快朵頤，還絞盡腦汁安排各式「上菜秀」（引起動機、綜合活動）吸引目光……身為掌廚者如此用心、賣力又有創意，雖不敢僭稱自己是良庖，但想必食客皆有值回票價、不虛此行之感吧！

多年後拜讀〈鄭圓鈴：從螞蟻式到蜜蜂式的閱讀學習〉一文後，驚覺自己的教學歷程也有相似之處：「火鍋吃到飽」就像「螞蟻上菜」，不停的採集、給予大量知識，但講授的內容缺乏主體性、組織性與發展性，是以老師教得多卻常教不完，學生學得多卻吸收不良；也因為學生得到的是大量片段、零碎的知識，在「考綱不考本」的試題中，過往所學似乎僅能提供部分解題的策略——既然這樣的菜單不甚美味且營養失衡，是該進行改變的時候了！

蜘蛛結網：有軸心但單調的教學

有了前車之鑑，我決定專注於主菜就好，畢竟要在有限時間內完成料理自然無法道道精工，於是我改以燉湯為主角，作為配角的青菜、米麵隨意處理即可。調整後出餐的效率提升了，但燉湯就是那幾味，能搭配的時蔬也不多，弄得不好就是整頓吃來都是油膩感（麻油雞湯配油飯），或是主配菜不對味，達不到幫襯效果。

對照自己第二階段的教學歷程，正是國內閱讀教育蔚為風氣的時代，試題不僅閱讀題型變多且閱讀量大增，「閱讀融入教學」已成顯學。有感於第一階段多焦且失焦的教學模式，我決定將重心放在「以課文教閱讀策略」上，照樣詳讀所有資料後，以備課用書的提問建議為主軸，依照課文脈絡設計提問單，作為上課討論的依據；後來還加入分組討論與小組競賽，期待討論課程可以更活絡，並達成合作學習的效果。至於相關的文史知識、形音義、成語補充、類文欣賞等則製作成補充教材，視需要進行解說或規劃讓學生自學，再搭配自行設計的小考檢測學習成效。在第一階段精心設計的引起動機則變得可有可無，綜合活動也幾乎省略，自認為在發展活動已將課文悉心處理，學生應該都已充分理解，我想要的是爭取更多時間進行課堂討論、補充與檢討。

教學改以閱讀策略為主，自覺有掌握教育趨勢，於是一股腦兒在各課複製相同模式，時間一久，師生竟都疲乏了——雖然學習有明確主軸，題目設計有脈絡，但始終聚焦於課文，課文結束後便是一連串的補充、檢測與檢討，學生能展現學力的機會僅有提問單書寫、討論與檢測，趨近單一的評量方式不利於觀察孩子各面向的成長，建立學習的興趣與自信，國文課對師生而言就是課文提問單、補充單與考試而已。校內的定期評量通常有一定比例來自課內，因此在這樣的教學模式下，孩子或可應付單課或定期評量的檢測，甚至產生「國文真簡單」的錯覺，但等到寫會考題時仍有陌生與恐懼感——足見考、教仍有隔閡，我該如何拉近之間的距離，教學生看清其中的千絲萬縷呢？而在以「閱讀策略」為主軸的教學模式下，情意學習又該如何有感落實？

此時的我還有另一個長期以來的困擾——作文教學。以任課班而言，除了在範文教學分析篇章結構，提示如何應用於寫作外，也會配合定期評量的作文考試主題規劃學習單（例如：寫景記敘文練習），但每每改起作文仍令我痛不欲生……寫作需要對生活敏銳的觀察與感知，也需要多方引導與練習，在有限的時間裡要如何深耕作文教學呢？

借用鄭圓鈴教授提到的閱讀學習歷程，第二階段的我就像蜘蛛織網，雖有明確的閱讀融入教學為主軸，以提問設計為蛛網，為學生搭建文意理解的鷹架，但自覺提問過於瑣碎，教學型態單調，更有教學面向深廣不足、僅止於課文的淺碟感，這又該如何突破呢？

偶然機會下，與校內曾參加第二屆MAPS種子教師培訓的文茹老師閒聊，她建議我可以參加MAPS研習；於是我邀請領域夥伴嘉宜老師同行，後又驚喜發現同校的賜宏老師也報名加入，我們便展開為期一年的學習與蛻變之旅，希望能找到教學的「定海神針」。

◆醍醐灌頂：有意識的立體設計與教學

三天的基礎研習帶給我最大的震撼，便是「有意識的教學」。

回顧過去的設計模式，好長一段時間，我都是以備課用書為馬首，雖會加入自己的見解，但因基本上仍以書中所設定的自然段框架進行設計，容易產生「見樹不見林」的盲點，較少訓練學生「概覽分析」的能力，是以學生難以畫出文本結構的圖像組織。此外，先前每課皆著墨於內容主旨的提問設計，情意與作文教學融入不足，且不同選文亦有其獨特的教學重點，甚至相同文體、主題的不同文本也可以作為多文對讀的比較——這都是我較少觸及的，也不知該如何著手的。研習之前，我意識到須再突破的教學面向，使「有意識的教學」有了初步的雛形，但課程設計是否還有更多的可能與發展？有了這些想法，又該如何融合呢？

MAPS教學法進一步揭示——在「有意識的教學」之前，要先進行「有意識的設計」。

有意識的設計

※第一步

MAPS教學法採用三層次提問，包含暖身題、基礎題與挑戰題，但在設計提問前，教師應先確認教學目標，進行課文分析，畫出能呼應教學目標的課文心智繪圖（包含「架構」、「主題」、「訊息」三層分支），再據此發展基礎、暖身、挑戰的三層次提問。換句話說，三層次提問皆與「架構」、「主題」或「訊息」密不可分。

※第二步

依據課文心智繪圖設計基礎題。基礎題皆應立基於課文與作者觀點，以明確具體的鷹架逐步引導學生練習「檢索訊息」、「統整主題」、「認識架構」，使學生最終能根據基礎題畫出自己所理解的課文心智繪圖。

※第三步

依據課文心智繪圖、基礎題來設計暖身題。暖身題可從「形式架構」、「內容主旨」兩大面向切入，讓學生猜測想像或連結新舊經驗，以期與基礎題產生學習關聯，並為之後的挑戰題做準備。

※第四步

依據基礎題、暖身題設計挑戰題。挑戰題是在課文之外加深加廣的發展與情意的陶冶，對應基礎題的「認識架構」發展為「讀寫合一」，對應基礎題的「檢索訊息／統整主題」

則發展為「觀點探究」與「跨域延展」。「讀寫合一」使我能具體連結範文學習經驗，規劃或短或長的習寫；「觀點探究」與「跨域延展」則為我揭示在課文閱讀理解之外，可以深度發展課程與涵養情意的面向，但尋找合適素材是一大難事，政忠老師提醒我們有一個近在眼前的寶庫：可從各課類文與歷屆會考試題加以變化。

綜上所述，根據政忠老師的 MAPS 三層次提問設計單，茲將課程設計步驟與內涵對應關係整理如下：

	1	2	3	4
設計步驟	課文心智繪圖	基礎題	暖身題	挑戰題
內涵對應關係	架構 主題訊息	認識架構 統整主題 檢索訊息	形式架構 內容主旨	讀寫合一 觀點探究 跨域延展

值得注意的是，MAPS 提問單的題幹敘述也是學習鷹架的一部分，除了用來說明相關知識點（例如：何謂「議論文三要素」），也可以寫入閱讀理解策略的指導語（例如：「在文中找出證據並畫線標記」）。此外，因為三層次提問的內涵有對應關係，因此題幹要明確寫出「呼應暖身題」、「呼應基礎題」等敘述，使學生覺察三層次提問的學習脈絡與意義，並有效連結從暖身題到挑戰題的學習經驗。

經由 MAPS 這套完整的流程，使我在設計課程時能以「架構、主題、訊息」發展文本的點線面，並結合學習者的內在經驗與外部資源建構出溫故知新、加深加廣的立體課程。

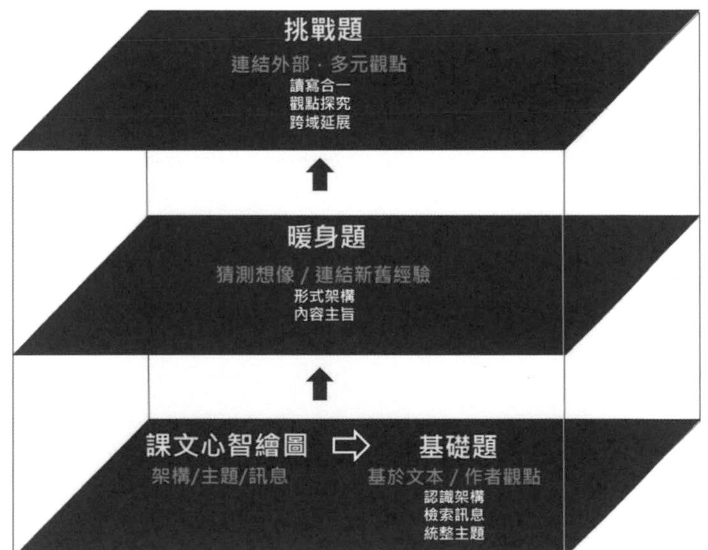

▲ MAPS——有意識的立體課程設計：從點線面到體的流程。

有意識的教學

MAPS 的教學流程與課程設計流程略有不同，教學流程從學習者的起點行為切入，故教學順序是由暖身題進入到基礎題，學生根據基礎題的鷹架繪製個人版的課文心智繪圖，最後再進行更高層次的挑戰題。

◆ 八方百味：創造層次鮮明的學習體驗

由於任教的班級是跨年級、跨版本，備課其實頗有壓力，因此每次定期評量至少挑選一課進行 MAPS 教學的完整設計，其他課次則要求自己在心智繪圖到基礎題階段之外，盡可能發展暖身題與挑戰題。

學生回饋

MAPS 為四個核心元素的簡稱：Mind Mapping（心智繪圖）、Asking Questions（提問策略）、Presentation（口說發表）、Scaffolding Instruction（同儕鷹架），因此課堂教學採分組進行，讓學生在同儕鷹架中經由提問策略、口說發表，漸次完成自己的心智繪圖。以下就 MAPS 核心元素說明學生的回饋。

※ 心智繪圖

一開始規劃心智繪圖時，個人希望能先指導學生熟習一種圖像組織，故主要以「階層圖」為主。經過多課次的練習，發現學生分類概念與位階概念已有顯著進步，學生回饋透過圖像組織更能理解內容、掌握脈絡，也因此更願意主動運用在閱讀任務中，但對於如何發展結構與縮寫重點，還需要更多的練習。

※ 提問策略

學生認為「事先根據基礎題進行課文自學」的方式，對於學習很有幫助，學生回饋：「很有預習效果」、「能先發現自己不懂之處，上課更專心」、「先思考過再上課，印象更深」、「上課跟得上進度」，更可以「練習靠自己找答案，提升閱讀和解題能力」、「有助分析課文」——可見利用基礎題搭建的文本鷹架，並在題幹中埋入閱讀理解策略指導語，確有成效。此外，學生也認為「（基礎題）幫助深入理解課文，（暖身題與挑戰題）還能學到更多」，故三層次提問確實解決原先「過於注重文意解構，課程設計缺乏立體深度」的困擾。但學生也反映提問單有時線索給得不夠明確，不知該如何作答，這是我在設計提問時仍須持續精進之處。

※口說發表與同儕鷹架

原本的教學便已設計分組討論與口頭報告，只是皆側重於文本探究；導入 MAPS 教學法後，基礎題更強調觀點與文本證據的關聯性，還加入生活化、多元化的暖身題與挑戰題，這樣的設計方式甚受學生歡迎。總結學生收穫如下：「聽到不同答案，了解到原來還有這些思考點」、「原來學伴是很有想法的人，而且理由也很充分」、「學習根據證據說服學伴或被學伴說服，一起進步」、「學習如何討論並達成共識」、「變得更敢於表達想法」、「可以學習對方的方法幫助自己找到正確答案」、「原來課文不是只用來考試，其實和生活息息相關」——這是 MAPS 教學法創造共學共好的學習樂趣與收穫。

個人收穫

實踐 MAPS 一年，在以下四大面向帶給我豐碩的收穫：

※教學自主，教師共備社群成形

之前的我迷失在資料庫中，總以備課用書為依歸，幸好有 MAPS 教學法讓我找回教學自主權，使我能更敏銳、宏觀的連結各冊、各課間的關聯，拉出教學的深度與廣度，建立系統性。

此外，MAPS 種子教師培訓為我們安排共備小組，我所屬的四人小組裡，正好一位是同校夥伴，另外兩位是他校的歷史老師與公民老師，再加上一位國文科協作老師，在 MAPS 研習中，我們絞盡腦汁通力合作，完成一課課教案；每月有線上會議分享教學設計、心得與困境，彼此加油打氣並提供建議，都是這一年來莫大的養分與支持。以往與校內夥伴多是進行教學疑義的討論，極少有課程交流的機會，自己也一直很嚮往「共備」模式卻不得其門而入；MAPS 為我創造機會，不只有同科共備夥伴可以探究、共研，社會科老師也讓我見識到說明文教學與心智繪圖結合的多種可能，以及情意與班級經營的有效融入，並提供許多可以轉化的素材。

MAPS 除了種子教師研習，還有與時俱進的回流課程。本屆的回流課程以 TPACK 教學為主軸，經由政忠老師詳盡的解說與示範，加上各組實作分享後，又有每月的共備社群，使我更有信心在第二學期嘗試 TPACK 設計，藉由數位教學帶來更高的學習效益。

※堅實鷹架，兼顧認知情意技能

往昔我過度著重閱讀策略融入教學，將多數精力放在課文解析上，雖同樣採用提問單、分組教學，但處理得不夠細

▲ Padlet 融入〈運動家的風度〉教學。

▲以平板為工具，輔助課堂討論與發表，教師可立即檢視各組討論成效。

膩；MAPS的三層次提問設計使我重新檢視提問單脈絡，重視題幹指導語，在明確的「架構、主旨、訊息」中發展暖身題與挑戰題，使三層次提問成為更堅實的鷹架，幫助學生連結學習經驗並強化外部所需能力，實現「認知、情意、技能」的全面發展。

※多元設計，課堂與作業表現佳

以往提問單的設計僅針對課文，只能狹隘看到學生對於文意的理解情形，長期書寫下來，提問單雖仍有挑戰性，但頗為無趣。而MAPS三層次提問的系統化提示可以延展多元的方向。例如〈生命中的碎珠〉暖身題先讓學生規劃週末活動並加以記錄、評價，以圓餅圖呈現；接著進入基礎題，探究課文主旨與架構；挑戰題則放入〈善用時間的方法〉進行主題閱讀並探究議題觀點，請學生將暖身題的規劃依照「時間管理象限圖」重新安排後，學生對於事務的輕重緩急便有了更清楚的判斷，最後再省思時間管理的主要問題，並找出自己「生命中的碎珠」。

MAPS的三層次讓提問單變得有趣、有深度，且能結合生活情境、班級經營，甚至創造讓學生可以分享作品的機會，教師再搭配適當的獎勵，久而久之，發現學生書寫的意願提高，品質也提升了。

〈我所知道的康橋〉MAPS 暖身題　　座號　　姓名

一、連連看：觀察描寫法懶人包

1-1 觀察的描寫可以從時間或空間著手，以下介紹四種觀察描寫法，請根據定義為它們找到合適的圖示，並試著畫出「？」對應之描寫法的示意圖：

A 隨時推移法	B 步移法	C 定點觀察法	D 動點描寫法
依照時間發展的順序進行描寫。例如：描寫合歡山景從清晨到深夜，或是四季的變化等。	觀察者在移動的過程中，將所觀察到的各種景物依序描寫出來。例如描寫從家門走到校門的沿途景色。	觀察者站在固定處，將看到的景物依序寫出來。例如站在海灘，描寫腳下的白沙、前方的海水、遠方的地平線。	觀察者從不同的角度觀察同一個對象。例如分別從遠處、近處、空中描寫 101 大樓。

1-2 承上題，閱讀下列已學過的課文，請勾選作者使用了哪些觀察描寫法：

文本	觀察描述	景物描寫手法
聲音鐘	慢條斯理，喊著「修理沙發哦」的車子經過時，你知道又是週末了。賣麥芽糖、鹹橄欖粉的照例在星期三出現，賣衛生紙與賣豆腐乳的，都是在星期天下午到達。昨天晚上你也許還吃著燒仙草，今天你忽然聽到他改叫「冷豆花哦」——這一叫，又讓你驚覺春天的確來了。	□隨時推移法 □步移法 □定點觀察法 □動點描寫法
油桐花編織的秘境	隨著小路深入林中，空氣因為注入了金銀花以及山黃梔花的濃香，變得有些黏稠……。循著香味，我找到了爬在小喬木上盛開的金銀花。……走近盛開的山黃梔，它的濃香令人嗆鼻……。小徑越過山澗到對岸，然後斜升入正盛開到頂點的油桐林裡。迎面而來的是許許多多雪片一般飛落的油桐花……	□隨時推移法 □步移法 □定點觀察法 □動點描寫法
	迎面而來的是許許多多雪片一般飛落的油桐花，飄蕩著、旋轉著，好像仙女散花一般，落在姑婆芋的大葉片上，在野薑花的層層葉上，在我的帽子上，也把整條山徑鋪上了油桐花編織的白色長地毯。	□隨時推移法 □步移法 □定點觀察法 □動點描寫法

▲〈我所知道的康橋〉暖身題：認知「觀察描寫法」，根據理解繪製「？」的示意圖（見下圖）；接著複習先前的範文學習經驗，以利之後應用暖身題與基礎題所學，進行挑戰題「我所知道的校園祕境」寫作與拍攝。

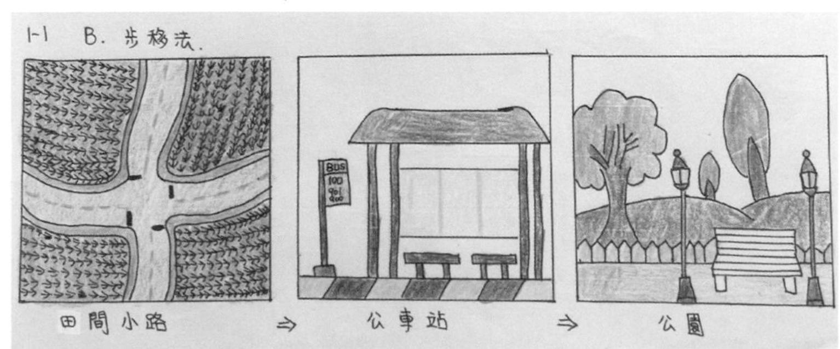

◀〈我所知道的康橋〉暖身題：閱讀「觀察描寫法懶人包」，根據理解繪製第四幅示意圖。

▲〈我所知道的康橋〉挑戰題「我所知道的校園祕境」：分組走訪校園，挑選感興趣的景物進行討論與寫作（讀寫合一）。

▲〈我所知道的康橋〉挑戰題「我所知道的校園祕境」拍攝：各組完成景物介紹大綱後展開個別拍攝，最後合力剪輯成一段介紹影片。

第二學期嘗試以 Padlet 進行 TPACK 教學，以〈運動家的風度〉基礎題為例，請學生蒐集四種風度在生活中的運用實例，透過平板將提問單成果拍照上傳，即時分享與報告，不只學生更能理解本文主旨，教師也能利用課後批改回饋，學生再上網覽讀以溫故，節省不少教學時間與資源。

※發掘亮點，師生關係逐漸增溫

實施 MAPS 後，提問單與課堂發表有了多元樣貌，學生書寫與參與度大為提升，我也從中看到閱讀能力以外的學生亮點。如〈我所知道的康橋〉挑戰題之一是拍攝校園介紹影片，學生要運用本文寫作技巧撰寫介紹大綱，一位國語文學力較弱的孩子不僅完成合乎需求的綱要，拍攝成果更令我驚豔。平時說話十分羞怯的她竟願意大方入鏡，既熱忱又緊張的分享她所知道的校園一隅，這份心意令我感動，也令我刮目相看，這與先前所認知的她截然不同啊！如果提問單仍停留在過去只重文意設計，我可能只看見她對於學習缺乏動力、學力有待加強；但有了 MAPS 後，透過堅實的鷹架、多元豐富的設計，連結學生內在與外部環境，使他們覺察到所有課程息息相關，只要依循脈絡前行，作業與發表不再困難且有各種趣味變化時，學習的態度便改變了！我也因此更能看見孩子在成績之外的亮點，不再只糾結於狹隘學力的成果。

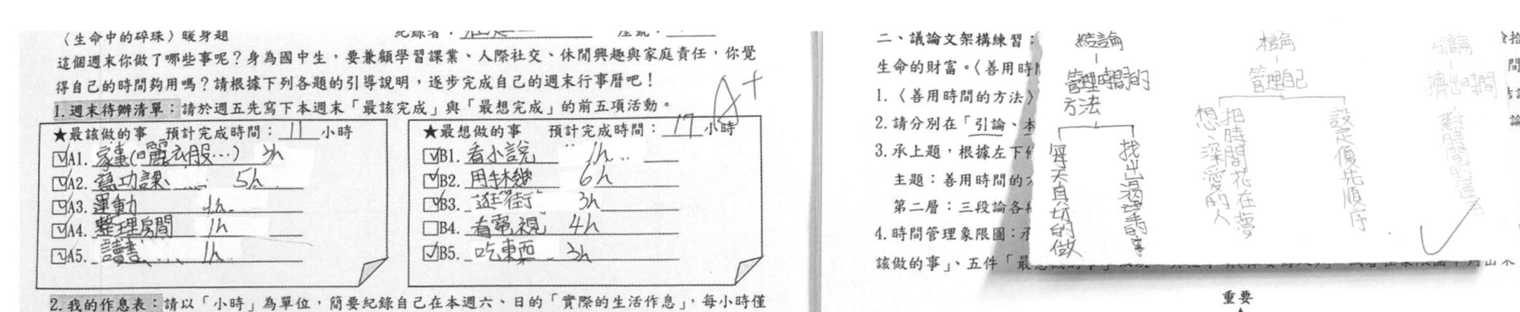

〈生命中的碎珠〉暖身題

這個週末你做了哪些事呢？身為國中生，要兼顧學習課業、人際社交、休閒興趣與家庭責任，你覺得自己的時間夠用嗎？請根據下列各題的引導說明，逐步完成自己的週末行事曆吧！

1. 週末待辦清單：請於週五先寫下本週末「最該完成」與「最想完成」的前五項活動。

★最該做的事　預計完成時間：11 小時
- ☑A1. 家事(晒衣服…) 3h
- ☑A2. 寫功課 5h
- ☑A3. 運動 1h
- ☑A4. 整理房間 1h
- ☑A5. 讀書 1h

★最想做的事　預計完成時間：17 小時
- ☑B1. 看小說 1h
- ☑B2. 用手機 6h
- ☑B3. 逛街 3h
- ☐B4. 看電視 4h
- ☑B5. 吃東西 3h

2. 我的作息表：請以「小時」為單位，簡要紀錄自己在本週六、日的「實際的生活作息」，每小時僅記錄一項主要活動。如果該時段完成「最該做的事」或「最想做的事」，請直接填入項目代號；如果該時段從事「其他活動」，則以 2-4 字簡要說明。

12月10日 星期六				12月11日 星期日			
時段	代號或說明	時段	代號或說明	時段	代號或說明	時段	代號或說明
0:00	Z	13:00	吃午餐	0:00	Z	13:00	溫書 A5
1:00	Z	14:00	寫功課 A2	1:00	Z	14:00	跑步運動 A3
2:00	Z	15:00	玩手機 B2	2:00	Z	15:00	看小說 B1
3:00	Z	16:00	玩手機 B2	3:00	Z	16:00	玩手機 B2
4:00	Z	17:00	A3跑步運動	4:00	Z	17:00	玩手機 B2
5:00	Z	18:00	吃晚餐	5:00	Z	18:00	吃晚餐
6:00	Z			6:00	Z		
7:00	Z	19:00	看小說 B1	7:00	Z	19:00	溫書 A5
8:00	Z	20:00	玩手機 B2	8:00	Z	20:00	玩手機 B2
9:00	吃早餐	21:00	玩手機 B2	9:00	吃早餐	21:00	玩手機 B2
10:00	溫書 A5	22:00	Z	10:00	溫書 A5	22:00	Z
11:00	看小說 B1	23:00	Z	11:00	看小說 B1	23:00	Z
12:00	整理房間 A4			12:00	吃午餐		

註：本表紀錄完成後，請回到待辦清單，將已完成的事項於☐打勾。

3. 時間圓餅圖：請分別統計上表中「最該做的事」、「最想做的事」與「其他活動」的總時數，將右下方的圓形依總時數等比例切成三塊，塗上指定顏色，並寫上「實際花費的時數」，畫成圓餅圖：

項目	最該做的事(紅色)	最想做的事(綠色)	其他活動(留白)
總時數	預計花費 11 小時 實際花費 13 小時	預計花費 17 小時 實際花費 15 小時	實際花費 6 小時
完成度	完成 5 項	完成 4 項	若想提高效率，我應該…… 擬訂一張生活作息表，事先規畫。
滿意度	♡♡♡♡♡	♡♡♡♡♡	
滿意或不滿意的原因	我在這個週末該完成的都有完成，可以放心去想做的事。	沒有比想像的花多時間在玩樂上。	

二、議論文架構練習：……，將可創造生命的財富。〈善用時間……〉
1.〈善用時間的方法〉……
2. 請分別在「引論、本……論」。
3. 承上題，根據左下……論中的論據。
主題：善用時間的……
第二層：三段論各……
4. 時間管理象限圖：……列的五件「最該做的事」、五件「最……」

5-1 時間淘寶：檢視圓餅圖與象限圖，如果想讓生活更為充實，做更多有益的事，「善用零碎時間」是極有幫助的方式。請細想平日時間的運用，從中淘寶出自己的「時間碎珠」吧！

時段	下課	洗澡時間	國文課寫完筆記的時間
時間長度	10 min	1~5 min	1~2
可做之事	寫功課、溫書	背週期表 Wow!	背注釋

5-2 根據學習前繪製的圓餅圖與學習後重新安排的象限圖，你覺得自己在時間管理最大的問題是什麼？

(1)最大的問題是：玩樂的時間太多

(2)原因：有很多的時間都花在玩樂上，可以把看小說的時間 30 min 在溫書上，玩手機的時間 6 提。

▲〈生命中的碎珠〉暖身題（左）與挑戰題（右）成果。

《世說新語》擅長人物描寫，善於觀察人物特徵加以生動刻畫，且善用譬喻、想像、對比、誇飾、渲染等技巧，寫出被記錄者的多元面貌。現在請你觀察班上師生，選擇一位進行正面特質的描寫吧！
（註：「渲染」是透過對景物、人物、環境的心理、行為，做多方面描寫形容，突出形象，加強藝術效果。）

人格特質	樂於助人
印證事例（簡述）	每次遇到課業上不懂的問題，她都會詳細的講解給我聽，直到我理解為止。
錦上添花的描寫（詳述）	☑譬喻 ☐想像 ☐對比 ☑誇飾 ☐渲染 只要我有課業上的問題，她都會熱心的講解給我聽，就像是行走的Google，上知天文，下知地理，有問必答，幾乎任何問題都難不倒她。雖然她看起來不易親近，但她可是標準的「看似冷酷，實則熱心」的人呢！
謎底揭曉	我描寫的是＿＿＿＿＿＿

▲〈六朝名士畫廊——世說新語選〉挑戰題：世說英雄榜——猜猜我是誰（讀寫合一／跨域延展）。

蜜蜂釀蜜：聚焦的立體鷹架教學

回到我的廚藝精進之路。之前的我是閉門造車，經歷多次的失敗後，開始尋找適合的食譜，並上網學習知識，於是能上手的菜譜變多了，更重要的是掌握到烹飪的基礎心法，即便冰箱內的食材無法完全符合食譜所需，也能變出一桌美味料理。

對應到教學也是如此。教學是活的，需要不斷的滾動調整；但設計的本質不變，要有目標才不致迷失。MAPS教學法誕生以來已歷經多次升級，持續引入新知，始終走在教育最前線；四個核心元素與三層次提問則起定錨作用，使我在教學設計時能拉出鮮明的主軸線、搭建有層次的鷹架，落實「認知、情意、技能」的點線面體學習。

若再以鄭教授的閱讀學習三階段為喻，MAPS帶我進入教學第三階段的「蜜蜂釀蜜」。蜜蜂採集食物後將其轉化成蜂蜜，這正是MAPS培養我的能力，也成為我的教學心法——找回自主權，進行有意識的設計與教學。

未來有MAPS伴我前行，以這盞「教學聚光燈」持續創造對焦且聚焦的課堂風貌，端出一道道色香味俱全且饒富層次的美味料理吧！

【國中領域】

5

官容任／我的 MAPS 實踐歷程

臺北市文山區木柵國民中學

山中大叔導讀

小官，一個細膩又用功的老師，娓娓道來如何從挫敗與沮喪中，透過 MAPS，讓自己與學生谷底翻身，感受教與學的甜美滋味。

她結合班級經營，建立良好的學習氛圍和互助精神，採用異質性分組，關注人際和諧，鼓勵學生共同筆記；她強調模組架構，將教學內容組織成模組，以跨課次呼應；她強調新舊經驗連結，透過提問鼓勵學生思考作者的觀點和情感，幫助學生更好的理解。

MAPS 讓小官重新感受教學的價值，更讓學生進步到基礎 B，最重要的是，班級中形成了良好的合作習慣，相信自己可以不斷進步。

◆ 現實的考驗

複製帶來挫敗

有幸進入學校服務後，多年皆擔任訓育組長這個行政職位，大部分的心力都花在辦理學校活動，國文教學則單純以講述為主。我們學校所在學區，文教商業兼具、新舊社區並存，家庭社經背景差異大，弱勢家庭比例偏高，因此學生的學習成就、學習意願、優勢能力都天差地遠。

因為工作內容常常需要主持活動或典禮，我的口條尚稱流利，講述活潑，舉例生動，因此上課時與學生互動良好，受到學生的喜愛。然而，除了少數學生因個人天賦、努力及興趣，表現優異外，大多數學生享受相對輕鬆自由的課堂，卻未能在學科知識和學習動機上有所提升，也未對知識產生好奇或更進一步的探索。

近年少子化的社會現象，本校亦發生部分學區小學畢業生流失，加上十二年國教政策及新課綱的到來，我感到改變迫在眉睫，必須提升自己的教學專業，正好在二〇一六年聽到王政忠老師的演講，感到「這就是我在尋找的！」便認真閱讀《我的草根翻轉：MAPS 教學法》，開始按照書本內容，認真複製在自己的課堂上。

沒想到面臨了極大的挫敗。學生的學習動機的確提升了，上課氛圍更好了。但學科知識卻沒有隨之增加，成績慘不忍睹。家長對此感到疑慮，同仁也善意勸解，也許是本校學生特質不適用，切莫灰心。

學習促成進化

我痛定思痛，統整出幾個原因：

一、我尚未當過導師，較難從班級經營的本質與教學互相搭配。

二、我雖有多年教學經驗，但主力在行政工作，對學生的先備能力了解不足。

三、我沒能把握國文學科的本質，過度生活化，對於學生要面對的考點不夠熟。

四、我花太多時間在暖身題和課堂上畫心智圖，卻沒有足夠的挑戰題來回應。

五、我過度追求複製書本中的方法，卻忘了我的學校不是政忠老師的學校，我的學生也不是他的學生，應該根據現況靈活調整。

然而，我在專業不足的情況下，連複製都很辛苦了，更遑論靈活調整呢！

正好二〇一八年 MAPS 第一屆種子教師培訓班開辦，我趕緊報名。整整三天，只能用「醍醐灌頂」來形容！懂得了政忠老師是在怎樣的情境中做出那樣的設計，又搭配怎樣的校規與文化，而且老師更體現了終身學習與進化的精神，新版的三階段提問與《我的草根翻轉：MAPS 教學法》初版內容相較，更加重視題幹本身就能讓學生閱讀及學習，減少紙筆抄寫而更聚焦於認知文本。

我體會到了學習的快樂，當然也了解書寫提問敘述的不易，但決心接下來要貫徹執行。接著我在二〇一九年開始擔任導師，生平第一次帶班，開啟了結合班級經營的 MAPS 教學法實踐歷程。

◆量變而質變

結合班級經營

由於本校沒有像爽文國中有新生銜接課程，我規劃七年級第一次段考之前，作為講述式教學至 MAPS 分組合作教學的過渡時間。

首先，建立班規：準時守信、同舟共濟、精益求精，在班會通過。我對學生笑稱，這是我們班的《憲法》，任何規定不得違憲。準時在現代社會並不只是道德問題，而是法律問題，因此準時上學、上課、交作業，我們都要從國中開始練習。在自己份內的事做好後，我們應該互相幫助，並追求變成更好的自己。

在班上，我準備了一塊白板，藍筆登記違規，例如：遲到、缺交作業等；紅筆登記獎勵，例如：上課回答問題、好人好事。一筆藍色，必須在放學後留下十五分鐘，這十五分鐘必須待在座位上寫作業、寫聯絡本的日記、讀書等。藍色和紅色可以抵銷，鼓勵學生主動表現良好行為，豁免放學後被老師留下。

接著，暫時進行講述式教學，心智圖畫在黑板上，在課堂上提問、公布答案，要求學生確實抄寫筆記。能力較弱、錯字太多，難以完成筆記的同學，放學後，我親自教導他們完成。並利用辦理班親會、座位排成ㄇ字形的機會，測試分組上課，由老師提問，大家搶答。學生覺得這樣上課很有趣，對分組上課的方式，表達高度意願。同時，學生發現留下完成作業沒什麼不好，不會的地方還有人可以問，大家一起做比回家一個人做更容易完成；明天的作業今天交出，又能記一筆紅色，一舉多得。於是，學生自然而然形成了三三兩兩討論、合作的風氣。身為導師的我，也能乘機觀察學生互動，以利未來安排組別。

第一次段考後，本班正式進入 MAPS 分組合作的學習模式。

營造學習氛圍

此階段著重營造安全的學習環境。採異質性分組，但並不完全依照學生程度，首重人際和諧。關於個人回答或小組回答，學生認為不要標籤化：題目無論難易，積分相同；學生無分程度，答題積分相同。導師從善如流，令學生感到公平和安心。

小組合作有時尚不足以產出答案，那麼黑板就是大家的畫布，畫圖、尋找失物、分享學科重點等，都可以使用。部分提問讓小組討論後，利用午休時間寫黑板，營造「共同筆記」、「共同成果」的感受。有時規劃尋寶活動或解謎遊戲，鼓勵學生一起尋找答案、彼此核對線索，並不斷告訴他們，閱讀理解就如尋寶或解謎，要用這樣的態度面對課堂任務和階段考試。

經過引導，學生細讀文本，開始產生共鳴與感動。例如：讀完〈飛翔的舞者〉後，提問：「你認為，飛翔的舞者是誰？為什麼？」標準答案應該是欒樹的種子。但有學生回答：那位失智的老人——體會到「心靈也能飛翔」的主旨；還有學生的答案是：每一個能從植物中獲得啟示的人——體會到本文重要概念，還能關注首尾呼應。

設計提問時，我也盡可能讓知識與生活結合，將古老的文言文與生活對照。例如：「你覺得自己的個性與能力，最

▲採異質性分組，但並不完全依照學生程度，首重人際和諧。

◀▲鼓勵學生一起尋找答案、彼此核對線索。

像孔子的哪一位弟子？為什麼？如果你是孔子，你希望給自己怎樣的學習建議？」學生回答：「我覺得我像子路，因為我和他都是慷慨、不自卑、不以貧富動其心的人，但會衝動。如果我是孔子，我會說：『先思後行，做事不要太急。』」另一位學生說：「我覺得我像子夏，子夏為兒子的死亡哭到失明，我對離別感傷也很重。有時我也很怕事，遇事也會退縮。我想告訴自己：『一定會再相見，只是不知何時而已。不要畏懼，那都是考驗。』」另外，我還請學生假設孔子是班導，而所有孔子的弟子都是同學，師生共同在Line建立班級群組。以此為前提，設計一段Line中的聊天，談論本班拔河比賽盡力卻不敵的事。學生的回答，令人驚豔。

經過七年級一整年的實踐，學生的學習動機明顯提升，課堂中老師管秩序的情況減少，學生多能自主進入討論，並習慣非選擇題的手寫表達模式，思索能力也日漸深入。科任老師也反應，學生在彈性課程的分組作業中，比起尚未習慣此模式的班級，更懂得如何合作。但在成績方面，則沒有顯著差異。

關照跨課呼應

學生升上八年級後，心理逐漸進入狂飆期，同時課業也變多變難，特別需要有效率的學習，也特別需要自信心和成

論語選挑戰題

八.

故事	流派(九流十家)	原因
揠苗助長	農家 儒家	凡事要按部就班。欲速則不達。
成人之美	儒家	子曰：「君子成人之美，不成人之惡，小人反是。」
[illegible]	儒家	說要努力達到目標，不放棄 不屈不撓
待價而沽	儒家	孔子與[illegible]的對話
不材之木	道家	莊子說「沒用的木不會被砍，有用的會被砍去用」
自相矛盾	法家	自己制定的條法違規又要去私下討好警察
濫竽充數	法家	表面好像制度很好，但有人在裡面混
刻舟求劍	雜家	不會運用
狐假虎威	縱橫家	這故事告訴，別的國家怕的不是將軍而是真正的君主。
摩頂放踵	墨家	墨子四處叫別人不要打架 打仗
白馬非馬	名家	重邏輯
慎終追遠	儒家	曾子說的話 儒家重視喪事中「禮」的作用
[illegible]	道家	莊子與惠施的辯論

九.顏淵，因為我也不認為有富才有幸福。

十.三思而後行。

▲孔子 Line 班級群組。

就感。我開始偶爾「故意忘記」去畫記，拆除物質獎勵的鷹架，學生也已習慣這種學習方式。而我自己也經過一年的練習，設計學習單時更能注意新舊經驗的呼應，更進一步能以一次段考為模組，完整規劃課程，因此也會調整課次的教學順序。例如：八年級下學期，將第三課〈鳥〉作為最先進行的課次，暖身題等於複習，帶學生回憶詠物類文本、首尾呼應的回憶類文寫作手法、描寫人與物形象的角度、感官摹寫方式、時間順序布局方式等。

挑戰題則建立新經驗：典故如何表達情感。首先，用學生熟悉的生活經驗，用 Line 貼圖及新聞內容，讓他們看了即會心一笑，理解典故的作用。接著，引導思考，如：課文中引用「一行白鷺上青天」可視為單純寫景，但知道典故後，情感上更為豐富，可聯想：梁實秋和杜甫一樣在四川避難，渴望回鄉，也許也在隱微的表達希望戰爭早日結束；又如：杜鵑啼鳴讓梁實秋感到客夜的酸楚。學習重點不在背誦典故，而是理解文本透過典故傳達怎樣的情感。因此，結合文本比較，讓學生先整理出杜鵑在傳統詩文中可能有哪些含義，再讀六首詩文以判別其義。

關於「典故」的新經驗，到了同為本次段考抒情文本的〈古詩選〉，就成了為學生複習的舊經驗，幫助學生鞏固學科知識及閱讀理解能力。此時再次強調「以典故表達情感」

一、這些 line 貼圖，使你想起哪些人物或篇章？

二、下文中的「全集中呼吸」能幫護理師解決問題，而且護理師所發的推特能引發廣大迴響，原因為何？

全集中呼吸（以下內容來自 2020.11.3 華視新聞）

《鬼滅之刃》動畫和劇場版都非常成功，叫好又叫座，一名護理師兼作家就在推特上發文表示：「《鬼滅之刃》可能有各種不一樣的成就，在醫學領域，當你在幫兒童抽血或是打針時，喊一聲『全集中呼吸』，小朋友就知道冷靜下來、深呼吸。」她大讚「這招非常有用」，工作也簡單很多。這篇推文到現在已經有 26 多萬人按讚，6.7 萬個轉推，1998 則引用，引發廣大迴響。

▲用 Line 貼圖及新聞內容，讓學生看了即會心一笑，理解典故的作用。

六、請參照課文及以下短文，回答問題。

I. 課本 p. 30【課前暖身——杜鵑與客夜的酸楚】。

II. 維基百科：

古蜀建國於今中國四川省成都一帶。杜宇統治蜀地時，和當時位處中原的周朝也有往來。根據歷史記載，杜宇的年代，大約在商周之間至春秋時期，治國約 200 年。由於人類的壽命限制，因此又有杜宇不是一個人、乃是一個族的說法。

III.〈從望帝杜宇到杜鵑啼血的神話傳說〉節錄：

杜鵑俗稱布穀鳥，又名杜宇、子規（諧音「子歸」）、鶗鴃（ㄊㄧˊ ㄐㄩㄝˊ），每到春夏，徹夜啼鳴，喚起許多情思。根據《華陽國志．蜀志》及《蜀王本紀》，杜宇死後化為杜鵑鳥，可歸納為四種由來：
1. 國君死後仍心懷人民，放心不下務農之事，啼鳴催促百姓耕種。
2. 國君禪位後，隱居外地，但思念故國家鄉。啼叫表達遊子思歸。
3. 國君被迫退位，內心積鬱含恨。啼聲哀怨淒苦，是為冤魂悲鳴。
4. 故國滅亡，身為亡國之君卻無能為力。啼聲勾起國破家亡之恨。

（一）關於杜鵑鳥在梁實秋〈鳥〉一文中的作用，下列何者正確？
☑杜鵑鳥的音質讓思鄉者感到哀怨悲淒
☑杜鵑鳥的發音在人類聽來近似「不如歸去」
☑作者聽見子規啼鳴的地方，剛好是相傳古蜀建國之地。
□從子規啼鳴及梯田紬綠等線索，判斷文中季節可能為~~秋冬~~春夏。
☑作者夜聽子規啼叫，感受接近張繼寫的「夜半鐘聲到客船」。

（二）請將杜鵑啼血的四種傳說由來，都濃縮成四個字。
思鄉愛國　催促耕種、遊子思歸、冤魂悲鳴、國破家亡

（三）承上題，除了四種由來之外，杜鵑啼血因隱含死後仍心懷某人的強烈情感，也常常讓人們思念遠方親友。杜鵑鳥在春夏鳴叫，也提醒著春天到來。年歲漸長者聽見杜鵑啼，也容易產生一年又過去了、青春寶貴卻易逝的慨嘆。
以下詩詞皆使用杜鵑啼血的典故，請判斷它們表達了何種情感。

▲了解典故後，引導學生思考及聯想。

1. 清代　黃遵憲〈贈梁任父同年〉
寸寸山河寸寸金，侉離分裂力誰任，
杜鵑再拜憂天淚，精衛無窮填海心。　國破家亡

2. 宋代　翁卷〈村莊即事〉
綠遍山原白滿川，子規聲里雨如煙。　催促耕種
鄉村四月閒人少，才了蠶桑又插田。

3. 唐代　李白〈宣城見杜鵑花〉
蜀國曾聞子規鳥，宣城還見杜鵑花。　思念親人
一叫一迴腸一斷，三春三月憶三巴。（三巴：巴郡、巴東、巴西三地合稱。）

4. 宋代　王令〈送春〉
三月殘花落更開，小檐日日燕飛來。　青春易逝
子規夜半猶啼血，不信東風喚不回。

5. 唐代　李白〈聞王昌齡左遷龍標遙有此寄〉
楊花落盡子規啼，聞道龍標過五溪。　思念家鄉
我寄愁心與明月，隨風直到夜郎西。

6. 唐代　李賀〈老夫采玉歌〉
采玉采玉須水碧，琢作步搖徒好色。　冤魂悲鳴
老夫饑寒龍為愁，藍溪水氣無清白。
夜雨岡頭食蓁子，杜鵑口血老夫淚。
藍溪之水厭生人，身死千年恨溪水。
斜山柏風雨如嘯，泉腳掛繩青裊裊。
村寒白屋念嬌嬰，古台石磴懸腸草。

語譯：老人不斷地採玉啊採玉，採集那珍貴的水碧玉石。不過是雕琢成貴婦的首飾，替貴婦們裝扮容姿。飢寒交迫來採玉，連水中蛟龍也替他愁戚。碧藍的藍溪水也被翻攪得渾濁不清。夜黑雨狂的山崗上，只好以榛子充飢。杜鵑聲聲哀怨啼血，就像老人悲傷的淚滴。又深又險的藍溪水，吞食了多少採玉工人。葬身水中的冤魂，縱然過了千年仍怨恨藍溪。又陡又斜的山坡上，柏樹呼嘯，風狂雨急。老人腰繫繩索蕩悠悠，從山腳直垂到藍溪底。心理掛念著寒村茅舍裡，嬌兒弱女在嗷嗷哭啼。看著山崖石級上的懸腸草，老人的心悲戚無已。（懸腸草：又名思子蔓、離別草。古人以此喻思子或惜別。由此也可呼應，採玉工作非常危險，為了養育家人而工作，卻因工作而有可能再也見不到家人。）

▲結合文本比較，讓學生先整理出杜鵑在傳統詩文中可能有哪些含義，再讀六首詩文以判別其義。

的概念，讓學生閱讀李白〈春夜宴從弟桃李園序〉，既可以與課文〈生年不滿百〉中的「晝短苦夜長，何不秉燭遊」連結，同時又是課文〈四月十五夜鐵窗下作〉的典故來源。閱讀後提問，協助學生理解「及時行樂」不一定消極，也有著活在當下、享受人生的積極精神。

學生在這個階段已有能力區分「作者觀點」和「讀者觀點」。以〈鳥〉的挑戰題為例，請學生思考「愛」的定義：層次一：將鳥關在籠中的人，認為自己愛鳥。層次二：作者梁實秋說「我愛鳥」，並認為讓鳥在大自然飛翔就是最大的自由。層次三：學生也就是讀者，未必同意作者梁實秋的看法，可發表自己的觀點。此處不同於輔導活動課的教學，而把握了國文學科本質，基於文本，先辨識作者的觀點，再反思和評鑑。

學生約有一半認為作者對鳥的看法很主觀，鳥類在大自然中也要面臨很多天敵，並非自由自在，而比較像是「進擊的巨人」在城牆外的處境，自由的代價就是承擔危險。而且學生也發現，作者並不是喜歡全部的鳥，而是喜歡長得美麗、鳴聲悅耳的鳥類。部分同學思索自己對寵物的態度，而得出了介於籠中鳥和放牠自由之間的結論：會給予物質條件，並陪伴不讓牠孤單，不把牠關起來，讓牠能夠自由來去，選擇要不要回來自己準備的窩。

	愛的定義	評價
養鳥人	給鳥一個家 餵鳥吃東西	雖然有食有住，但沒有適當的給牠自由，與世隔絕，就不算是愛了。
作者	不拘束 憐憫不自由的鳥	可以用鳥的角度，來體會鳥的苦悶，來用最好的方式來愛護鳥。
我	不強制 給牠適當的愛	如果我們自己不想被強迫，也不應該去強迫鳥，讓牠們能幸福

▲以「作者觀點」和「讀者觀點」，思考「愛」的定義。

強調模組架構

到了八年級下學期，學生更能舉一反三，教師能夠運用的舊經驗也更加豐富。不只能夠跨課次、跨學期呼應，還能以明確的主軸貫串模組。以第二次段考為例，授課流程為：喚起舊經驗→〈田園之秋選〉→〈木蘭詩〉→〈深藍的憂鬱〉→〈空城計〉。

	第五課 田園之秋選	第四課 木蘭詩	第六課 深藍的憂鬱	自學二 空城計
授課時數	六節	七節	一－二節	七節
故事結構	V型	N型	倒V型	W型（交由學生討論判斷）
敘事手法	補敘	詳略得宜	懸疑、轉折	詳略、懸疑
視角	第一人稱	第三人稱	第一人稱 結尾視角變換	第三人稱 兩軍視角變換
敘事手法 新舊連結	順敘、倒敘、補敘、插敘的寫作手法。 複習戲劇的基本結構，即八年級上學期〈張釋之執法〉的舊經驗。	連結八年級上學期的〈張釋之執法〉詳略得宜以凸顯主旨的寫作手法。	回憶七年級〈視力與偏見〉第一人稱視角造成的懸疑。	連結八年級上學期的〈張釋之執法〉、〈王冕的少年時代〉，以對話凸顯人物的寫作手法。

之所以將〈田園之秋選〉排在敘事手法模組的第一課，是因為〈田園之秋選〉中的戲劇結構，「烏雲密布→閃電雷鳴→大雨滂沱→雨過天青」，相對簡單，學生可輕易辨識，因此從此課入手敘事手法文本。

故事曲線的概念，在本次段考四篇文本的學習中不斷增強，到了教學順序的最後一課、自學二的〈空城計〉，就讓學生自行判斷是何種戲劇結構。先小組討論，再打破原本的小組，讓學生跟想法相同的人聚在一起，並想辦法說服認為是其他結構的人改變陣營。

討論結果，V型結構支持者著眼於司馬懿陣營來勢洶洶，曲線的最低點位於司馬懿兵臨城下，退兵後才逐漸升高，在諸葛亮解釋原由時升到高點。N型結構支持者認為一開頭便是飛馬來報軍情，處境已在谷底，諸葛亮做出決策時，曲線稍稍升高，穩定軍心，令人相信他真的有辦法；接著視角轉至司馬懿，曲線下降，接下來便與V型結構支持者想法相同。而W型結構支持者則將司馬懿陣營來勢洶洶，到諸葛亮做出決策，視為第一個V型；司馬懿兵臨城下、退兵、諸葛亮釋疑，為第二個V型，故而是W型結構。極少數支持倒V

型結構者認為，空城計不是獨立事件，是依附馬謖街亭事件後的被迫而為，那麼諸葛亮即使在空城計取得小小成就，整體來說仍是一場大敗仗，爭取的僅僅是蜀軍平安撤退回漢中，因此，是倒V型。討論故事曲線的重點不在誰對誰錯，而是學生有能力表述自己對劇情的理解，只要言之成理，教師便給予肯定。

由於學生即將進入九年級，學科基礎比以往厚實，升學壓力也在升高，因此以模組而非單課去規劃教學內容時，設計提問更加注重複習，提取過往舊經驗來進行統整。同時仍著重引導學生對古代社會環境有所理解及思辨，讓文學史知識不再只是講述與記誦，而是經由提問設計去推導出來，這樣也能讓學生跨越時空距離去理解作者觀點。

以古典小說史的教學為例，在八年級上學期〈王冕的少年時代〉已經依照時代認識古典小說，到了八年級下學期〈空城計〉，除了複習，更重要的是將文本以「長篇／短篇」、「文言／白話」、「一人創作／多人參與」等三種方式來分類，並思索為何會形成這樣的差異。學生將歷代小說的文本張貼在筆記本，並做出各種標示。理解概念後，無須背誦，也能理解文學史的流變。

學生讀完〈深藍的憂鬱〉後，學到現代小說有三大基本要素：人物、情節和場景，並能夠判斷：中國古典小說至少到唐傳奇才符合這個定義。章回小說的特色也能夠在模組中前後對照、加深印象。學生先從〈木蘭詩〉學到，「問女何所思？問女何所憶？」可能是木蘭的父母對她說話，也可能是敘事者提問以引出下文，並非真實對話。這種特色不只出現在敘事詩，只要是口耳相傳的故事，往往帶有說故事的口吻，藉此引導學生熟悉章回小說帶有說書人口吻的特色。

◆邁向新起點

雖然實踐MAPS教學法，構思、執行及批改作業十分耗時，但十分值得！過程中看見學生能夠深入體察文本的幽微之處，提取訊息、確認主旨已非學生的難點，因此在提問設計上，能做更多嘗試，帶領學生認識寫作手法所帶來的效果。費心安排的學習情境，能夠強化學生的參與，提升表達和溝通的能力。

學生在這樣的學習中，打下學科知識的基礎，大部分在新生測驗中不及格的同學，都進步到「基礎B」的等第。期許未來「減C」的學生除了「達B」，還能有一部分人更上一層樓。而原本就在國文表現較佳的同學，則保持領先，沒有突破性的進展。因此，我期許自己未來繼續努力「拔尖扶弱」。

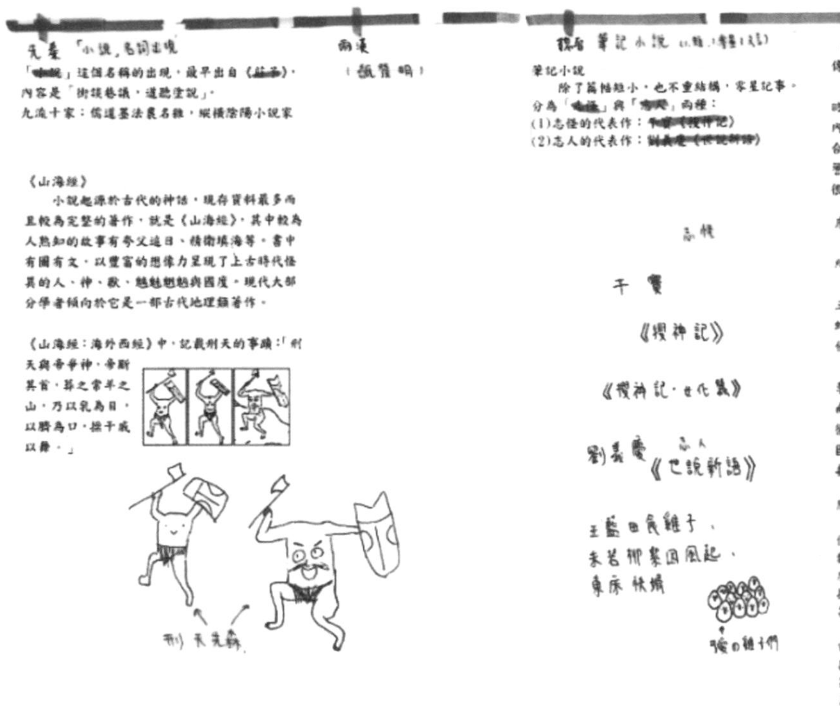

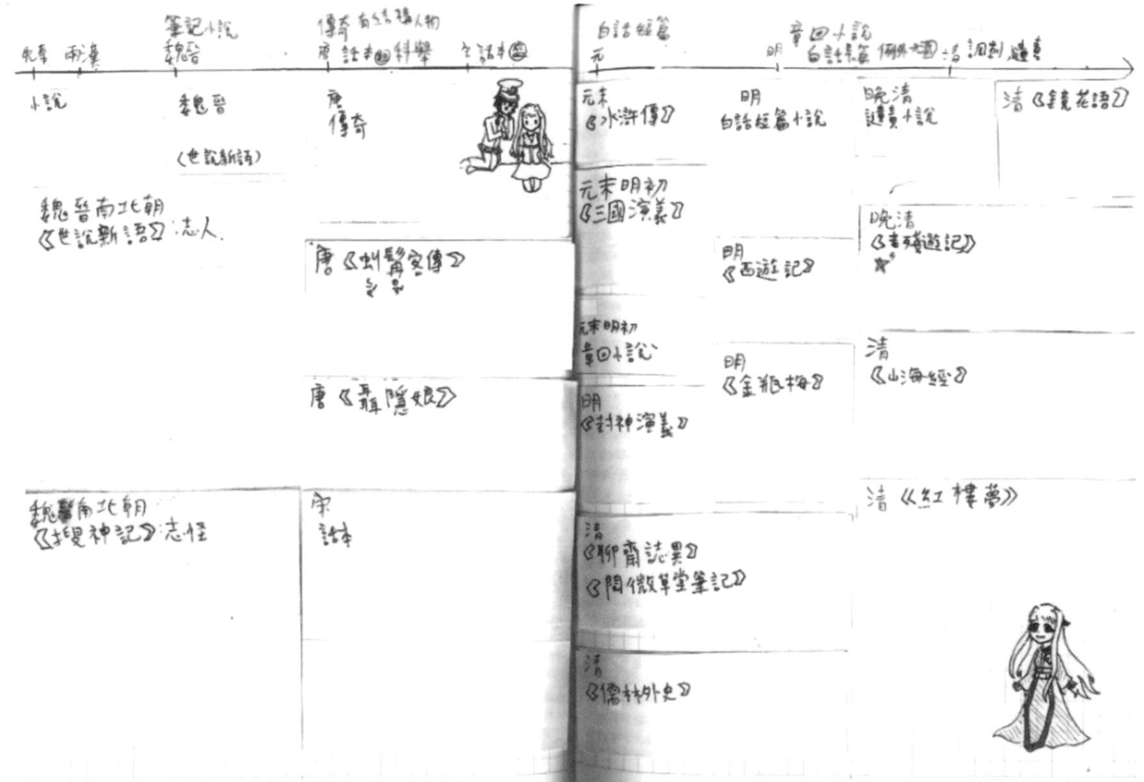

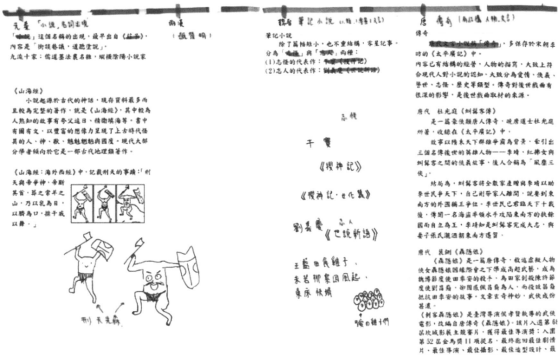

▲學生將歷代小說的文本張貼在筆記本，並做出各種標示。理解概念後，無須背誦，也能理解文學史的流變。

而班級的風氣也日漸發生改變，將對文本的理解與自己的生活結合，在情緒起伏較大時，例如課業壓力、親子衝突等，起到安定與反思情緒的效用；全班參與的課堂風氣，凡事互相聽取想法、討論商量的習慣，也帶來其他方面的正向改變。例如：在班際籃球賽時，大家會先以能力分組，各自學習技能，再混搭進行實戰，並一一分析每位同學的長處和弱點、如何組隊和分派任務才能取得優勢等。又如：童軍露營分站活動的羅馬砲項目，即便是能力較弱的學生，也會自動補位去做簡易但需要有人做的事，像是以臉盆或雙手傳遞水球等；學科能力較強的學生，則共同研究和調整發射角度、方向和距離，測試如何施力才能準確飛向目標；有體能優勢、動作反應靈敏的學生則配合拋接。在羅馬砲項目，因分工合作使班級表現獲得高分。而在關主要求班級討論並回答「我們剛剛學到了什麼」時，班上三五位有想法的人趕緊彙整意見，並很快派出個性較為鎮定、樂意口語發表的同學上臺回答，並有人協助提詞。這些實例都能見到國文課的能力遷移至生活各層面。

我常常提醒學生，也常常提醒自己：不必等到很厲害才開始，要開始了才會越來越厲害！曾經我們覺得某件事很難，現在卻理所當然能夠做到。現在我要大聲說：「恭喜站上新的起點！」我們可以帶著這樣的自信，從新的起點開始，持續進步，現在覺得難到無法克服的事，未來也會變得簡單。

山中大叔導讀

岑璟，一位專注教學、持續積累底蘊的老師。在這篇文字裡記錄了她如何透過 T-MAPS 改善自己的教學方式，提高學生的學習成效。

從高中生到教育實踐家，岑璟初期的教學充滿熱情但方法不足，直到接觸 MAPS，讓她的課程更有結構和目標；同時，也因為運用科技，讓課堂的互動和學生的參與更加有效能，更能將學習延伸到課外閱讀和生活中。文章中的兩個具體課程實例，可以讓大家參考。

教育，始終是一個不斷成長和學習的過程，岑璟，請繼續加油，成為妳喜歡的老師模樣！

◆ 夢的開始

我有一個夢

「我覺得這是很棒的投資，比我買好幾件衣服還值得，因為衣服會過時，但是你不會！」就是高中班導的這些話改變了我的人生。當年，我還只是個學生，班導所謂的「投資」，不只是自掏腰包的獎學金贊助，更是在每一堂國文課的投入，為我心底種下了嚮往的種子，讓我走上教師這一條路。

於是，我真的當上了老師，但熱情有餘，方法不足，想跟上翻轉教育的浪潮，卻自己亂翻，安排看似多元的課堂活動，但就真的是一場空歡喜的「活動」，教學嚴重失焦，學生的回饋往往只是空泛的「有趣」，說不出什麼具體受惠之處，捫心自問：我讓他們感受到國文的美好嗎？我教會他們自學了嗎？我讓他們懂得應用所學去面對人生課題了嗎？我越問越心虛，知道不能再誤人子弟了，怎麼辦呢？後來，我看了政忠老師的《我的草根翻轉：MAPS教學法》，初識MAPS教學法，更參與了夢N研習，讓我混沌的教學之路「彷彿若有光」。

讓夢實現

二〇二二年加入第四屆種子教師培訓，無論是實體課程還是每個月的線上共備，在有系統的實作與檢核下，所產出的是兼顧國文學科本質與符應新課綱趨勢的課程設計，文本連接古今與學生生活經驗，三層次的提問環環相扣，讓教學更聚焦，甚至有資訊科技融入MAPS的「T-MAPS」練習，而且在協作老師的引導與政忠老師的指點後，讓我能更有意識的抓到教學目標，更有組織的安排課程，更有勇氣的帶回課堂履行，而且當我又受挫或迷茫時，這裡的共備夥伴永遠都會是最堅強、最溫柔的後盾。

◆ 夢的實踐——T-MAPS教學實踐歷程

新課綱的推行與後疫情時代，使用資訊能力融入課堂教學已成為教師須具備的能力，因此，本篇著重在分享個人的「T-MAPS」實踐歷程，分三部分：首先以康軒版〈論語選〉、〈記承天夜遊〉二課為例，接著分享使用Padlet帶一點班經，最後是教學省思。

以〈論語選〉為例

※ 教學目標

提到〈論語選〉你會想到什麼？是儒家思想？還是必背課文跟默寫？因為這一課沒有什麼大架構，就是孔子與學生

▲小組共備，繪製心智圖的成果合照。

康軒版第一冊〈論語選〉

暖身題	基礎題	挑戰題	修正
國學常識	課本知識	生活情境	挑戰題失敗
1.JohnnieWalker 教室版 2.如果孔子有IG	Padlet輔助課堂討論	一日論語魂IG發文	第二冊再戰

◀〈論語選〉三層次提問設計的架構。

課堂對話的紀錄，在教學時反而會補充很多國學常識跟其他篇章，因為學生到高中還會再遇到《論語》，我希望他們多少能體會到孔子是一個文化實踐者，他的偉大不是開創什麼重要的學說來讓後世景仰，而是他親自走過了什麼，帶著一群有那麼些傻勁的學生，實證在當代社會中、宇宙天地間，個人該以什麼樣的姿態存在（自己備課到此也不禁想到夢N的前輩們），而且我相信孔子所說的話到現代仍有意義，有賴於身為老師的我們的轉譯，所以我的**教學目標有兩個：國學常識紮根、課文有感共學**。

※暖身題設計

我參考了備課用書、宋怡慧老師的《國學潮人誌》、厭世國文老師的《厭世讀論語》、陳茻的《地表最強國文課本第一冊》、司馬遷的《史記．孔子世家》等資料，設計了「Johnnie Walker 教室版——周遊列國的故事」、「如果孔子有IG——儒家思想的現代宣傳」（我自己再創IG帳號），讓學生透過仿周遊列國的教室走動，與用平板完成IG闖關，認識重要的國學常識。

在「周遊列國」的部分，我選了孔子在齊國、魯國、衛國、宋與鄭國合一篇、楚國等五篇短文故事，**學習重點有二：(1)明白孔子周遊的歷程與目的；(2)欣賞孔子美好的人格特質，了解其智慧與涵養。**

在「如果孔子有IG」，只要是用到他人書籍的圖文，皆有明確標明出處，我所引用厭世國文老師的論語梗圖，也是私訊他得到本人同意而採用，學生兩人一組共用一臺平板，首先登入自己的IG，我給他們孔子的IG帳號，搜尋到後點入查看貼文，根據其貼文完成學習任務，我安排5+1關，其中一關是暗號解謎，謎底即是孔子的第二個小帳，學生須在IG搜尋欄打上謎底，連結到其他帳號去找答案，有點像拆驚喜包。他們反應熱絡，我也讚嘆他們使用科技的能力，而且有些關卡其實是課本應用練習或是延伸閱讀，等於學生會有兩次學習的機會，**學習重點有二：(1)儒家思想；(2)補充篇章的預習。**

※基礎題設計

因為語錄題篇幅短小，所以我們在課堂問答中，直接將筆記寫在課本上，一些半開放式的提問讓小組使用Padlet回答，讓課程更有效率，這樣的歷程也實現了共學的「不亦樂乎」。

其中在進入每一篇前我都會提問來喚起學生注意力，希望帶他們練習對比思考與連結生活經驗，接著才進入文意賞析，例如：

(1)〈學而〉篇：為什麼我們要學習？你覺得學習有什麼樂趣？

暖身題：孔子周遊列國（仲尼走路 Johnnie Walker）血淚史闖關卡

1. 孔子在30歲時成為老師，他首創平民教育的先河，教育理念是【　　　　】、【　　　　】，傳遞公民意識與道德教育，培育為國家服務的「士」階級人才。
2. 孔子為何要周遊列國？他的目的是什麼？

答案：

3. 請問以下圖片的情境可能是孔子在哪一國可以看到的？

4. 請問以下描述是孔子在哪一國時發生的？　　答案：【　　】國
「東門有人，其頭似堯，其項若皋陶，肩類子產。然自腰以下，不及禹三寸，儽儽若喪家之狗。」
子貢以告孔子，孔子□然笑曰：「形狀未也，如喪家狗，然哉！然哉！」
☞上述孔子的反應：□然，是哪一種心情？□欣然　□勃然　□索然　□孑然

5. 孔子前往楚國的路上，在陳、蔡被圍困斷糧，面對當前的困境，孔子表現的態度，以及綜合他的周遊列國之旅，讓你覺得他是什麼樣的人呢？
請用10個字說明（禁止寫厲害、很棒等籠統詞彙，答案越具體越好）

答案：

◀▲教師先在教室不同角落貼五篇文章，學生以小組行動，組員可以同時在不同的五定點找答案，分工合作，並在計時內完成小組學習單（任務單的圖是老師參考網圖自繪的）。

5. 孔子前往楚國的路上，在陳、蔡被圍困斷糧，面對當前的困境，孔子表現的態度，以及綜合他的周遊列國之旅，讓你覺得他是什麼樣的人呢？
請用 10 個字說明(禁止寫厲害、很棒等籠統詞彙，答案越具體越好)

答案：努力不懈，看得很開，即使遇到不公平的事，也不會這樣對其他人，堅守底線。

答案：十分冷靜，並在危機中仍可保持從容不迫，是一位十分有修養的人

答案：孔子是個非常有勇氣且很會思考的人，我覺得他的表現值得我們去好好的學習。

答案：思緒清晰，面對這種情況還能冷靜思考

答案：孔子是很有理性非常優秀，令人敬佩，不會在背後亂罵人。

答案：有君子之風，大度，聽見別人的想法，討厭貪污，為人正派，不會巴結別人，瀟灑。

▲學生初步認識孔子的不同人格特質，正是《論語》裡常提及的精神。

◀▲學生使用平板到孔子的 IG 完成闖關解謎任務。

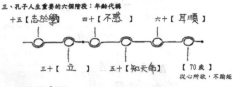

Confucius 715 703

【第五課　論語選，補充講義】
班級：703　座號：27　姓名：莊宜儒

一、萬世師表，成就儒家思想

	代表人物	思想主張	備註
儒家	孔子	1. 中心思想：【仁】人文關懷 2. 客觀表現（普世價值）：【禮】 (1)是一種合宜的【禮節規範】，讓人辨認尊卑、理解善惡 (2)是「有秩序的」，維護人際和諧與社會穩定 3. 具體行動：行【儒家 忠恕】之道： 忠：【竭盡心力】 恕ㄕㄨˋ：【推己及人】，將心比心，以同理心對待他人。 4. 教育理念： 【有教無類】、因材施教	1. 中國學術以儒家為主流 2. 戰國時期，儒、墨並稱顯學 3. 漢武帝採董仲舒之議，罷黜百家，獨尊儒術
	孟子	主性善、倡仁義、法先王、民貴君輕、尊王霸賤	
	荀子	主性惡、隆禮樂、法後王	

二、《論語》簡介

作者	【孔子弟子】及【再傳弟子】
內容	孔子與弟子及當時人物談論、應答的語錄。
體裁	【語錄體】
成書年代	春秋戰國之際（孔子已死）
篇數	全書分二十篇，每篇又分若干章，各章之間一般並無一定聯繫。各篇原來沒有標題，後人各取首章開頭的幾個字充當標題。起於「學而」，終於「堯曰」。
價值	1. 反映了孔子的政治思想、學術思想和教育思想，是【儒家】最重要的經典。 2. 南宋理學家朱熹集【論語】、【大學】、【中庸】、【孟子】為「四書」，元、明、清時被列為科舉考試範圍，成為士人必讀經典。

三、孔子人生重要的六個階段：年齡代稱

十五【志於學】　三十【立】　四十【不惑】　五十【知天命】　六十【耳順】　【70歲】從心所欲，不踰矩

四、淺談孔子論「學習」

（一）學習態度

1. 子曰：「譬如為山，未成一簣，止，吾止也；譬如平地，雖覆一簣，進，吾往也。」配合課本 P. 79《論語．子罕》

①「譬如為山」一句和 ☑行百里者半九十　☑為山九仞，功虧一簣　相呼應

②「譬如平地」一句和 □精誠所至，金石為開　□鍥而不舍，金石可鏤　相呼應

綜合以上☞本篇強調為學【善始善終】的精神　之＝代詞

2. 子曰：「由！誨女知之乎？知之為知之，不知為不知，是知也。」《論語．為政》

翻譯：子路啊，我告訴你，知道嗎？知道的就是知道的，不知道的就是不知道的，這就關於知道的真諦。☞強調【誠實】的精神　助詞

（二）學習方法

1. 子曰：「學而不思則罔，思而不學則殆。」無用

「吾嘗終日不食，終夜不寢，以思，無益，不如學也。」

翻譯：讀書卻不思考，會越學越糊塗；思考卻不讀書，會越想越疑惑，也不會長進。

☞強調【學思並重】的精神

2. 子夏曰：「日知其所亡（ㄨㄥˊ，通「無」），月無忘其所能，可謂好學也已矣。」

翻譯：每天學到一些自己所不知道的知識，每月溫習一下我所學會的，不把它忘記，這樣就可以稱得上好學了。☞強調【溫故知新】的精神

▲學習單以表格統整為主，從以前教師講述填空轉為學生用平板自行找答案。

:Padlet

林宥瑾 • 13 • 大約1個月

703第五課論語選

我們都是孔子優秀的後代

第2題作答區:為什麼我們要時常溫習?

第一組
以免忘記以前學的東西

歡樂勁爆第五組
鞏固知識、加深印象

第六組(((o(*ﾟ▽ﾟ*)o)))❤
因為
1.很怕學了之後就忘記，所以要時常溫習
2.因為溫習才能使自己的記憶更清晰，並且上課也能更清楚的了解老師在講的話

第四組
因為溫習可以鞏固知識點，並且思考

第4題作答區:為什麼學習需要夥伴?

❤第四組OVOV❤
1.自己一個人可以想到的東西有限
2.多個人一起想答案更豐富，可以想到的方向更多
3.當學習快要堅持不住時，夥伴可以互相扶持
4.學習時才可以一起進步
5.一起學習才會快樂不會覺得孤獨

ㄈㄨㄈㄨ喜歡粉紅色（？？
1.相同競爭 切磋能力2.克服困難3.添加學習動力4.學習需要夥伴5.能添加樂趣

歡樂勁爆第五組
無法進行學術交流、討論添加學習樂趣，進步空間減少

第5題:請問文章中的「悅」跟「樂」有沒有差別？

有差
悅是在內心
樂是在外表

超級無敵霹哩啪拉托馬士360度黃金迴旋究極一路火花帶閃電的第5組
快樂的程度不同 悅淺 樂深

我們班有口殺
悅：是代表內心愉悅
樂：是代表表面很歡樂

第四組滅了OVO
字完完全全不一樣
一個是自嗨 一個是見到朋友很開心¥

▲基礎題教學與學生課堂用 Padlet 作答擷取。

	內容
學生回饋與分享	1、老師上課十分有耐心 2、和同學們互動多 3、進度上有些落後 4、上課氣氛良好 5、不會想睡覺，很有趣 6、國小完全沒有像拿平板去IG解謎這種上課模式！真的超級有趣!!心

◀第一次實踐 T-MPAS 有許多要修正的地方，但讓學生聽到《論語》不再退避三舍或是無感，是我的教學目標之一。

(2)〈述而〉篇：你覺得交朋友有哪些好處？那麼有壞處嗎？

(3)〈衛靈公〉篇：《聯合報》每年都會舉辦臺灣年度代表字大選活動，在臺灣二〇二一年的年度代表字是「宅」，二〇二〇年的是「疫」，呼應了當年的大事件，如果請你選出一個你的二〇二二年國中生活代表字，你會想選哪一字呢？

基礎題中〈學而〉篇較有新意的是「學而時習之，不亦悅乎？」一句。「時習」在課文解釋為「時常溫習」，但《論語》是語錄體，很多被記錄下來的字句其實很精要，於是我帶學生再多思考一層涵義：為什麼要時常溫習？學生回答：「這樣才不會忘記。」

我就再推進他們思考其他可能性，提到有一種學術的解釋立場是：「時」不當「時常」解釋，而是「適時」；「習」不當「溫習」解釋，而是「應用」，就有學生回：「要把學到的用在生活中？」

因此我們試著推論：時常溫習有助於通曉道理，才更能適時應用。當時沒有什麼考試反而是處於亂世，學習也從不是為了升學考試，能在生活中活用才是孔子所重視的，我老話一句：「學過的東西，記得的叫知識，忘掉的叫氣質，解決難題的叫智慧。」所學可以解決生活問題、讓自己變更好，那就是一件很快樂的事啊！而這樣的互動問答也是MAPS精神的展現，讓我上起課來很痛快！

※挑戰題設計

本來設計「一日IG論語魂」，讓學生透過IG發文展現生活中實踐的論語精神，希望能呼應暖身題並連結生活經驗，但是太過理想化，一下子就要整合延展，結果成果難產，第一次T-MAPS的嘗試虎頭蛇尾。所幸學生的回饋給了我改進的動力，於是決定之後的挑戰題設計不要眼高手低，先從「讀寫合一」開始，還能練學生的基本寫作能力。

以〈記承天夜遊〉為例

※教學目標

在新課綱下〈記承天夜遊〉只保留在康軒跟翰林版，康軒在第二冊，翰林版則是排在第五冊〈蘇東坡突圍〉一課的應用練習中。以往教這一課時會發現文本的賞析其實要靠對蘇軾生平的理解，解讀要動用龐大的背景知識，才更能窺探出文中寄託的人生價值觀，而且學生無論在考題還是往後的高中課程，都會冉遇到蘇軾，於是我思索這一課我到底要教什麼？

回顧人生中的種種挫敗經驗，再加上讀到約瑟夫．坎貝爾（Joseph Campbell）的《千面英雄》，書中提及無論我們的背景或面貌有多麼不同，想成為戰勝命運的「英雄」，都要歷經一段「啟程↓啟蒙↓回歸」的旅程，在過程中實現並超越自我。赫然發現，蘇軾在現今不斷的被提起，不就是因為他跟我們每個人一樣，經歷了人生的起落，歷劫歸來後的蛻變，成為了「豁達灑脫」的代言人與生命的典範。於是，我決定透過這一課讓學生思索自己的英雄之旅。**教學目標有兩個：認識蘇軾、讀作者後讀回自己——培養在逆境中保持平常心的曠達胸懷。**

康軒版第二冊〈記承天夜遊〉

暖身題　基礎題　挑戰題　回饋

作者生平　課本知識　讀寫合一　好文共享

蘇軾的英雄之旅　Padlet輔助課堂討論　自己的英雄之旅

▲〈記承天夜遊〉三層次提問設計的架構。

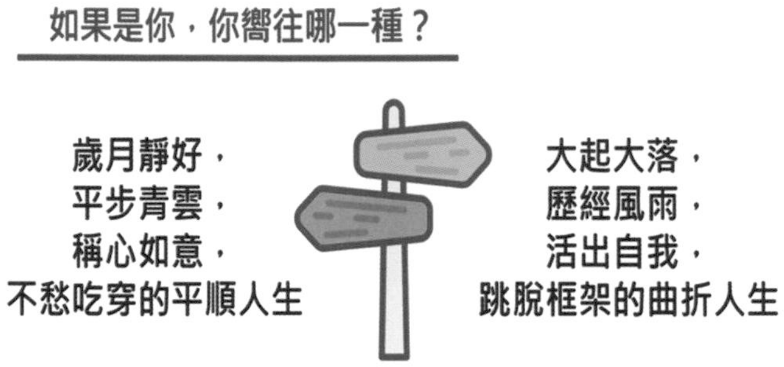

如果是你，你嚮往哪一種？

歲月靜好，
平步青雲，
稱心如意，
不愁吃穿的平順人生

大起大落，
歷經風雨，
活出自我，
跳脫框架的曲折人生

▲暖身題連結新舊經驗帶入蘇軾的生平介紹。

※暖身題設計

第一部分，**連結新舊經驗**，提及上學期認識孔子時，他不願當個辟世之士，反而走入亂世中宣揚儒家思想，人生歷經波折卻影響後世深遠。接著拋出人生道路選擇題，問學生想過什麼樣的人生？想過順遂的站老師左手邊，想過驚心動魄的站右手邊，並說明原因。學生有不同的回應，甚至有人站中間，認為太過順利的人生很無聊，因此想要經歷一些挑戰，但又不想總是多災多難，所以站中間取得平衡。再來我請學生猜猜看蘇軾的人生偏向哪種，可以看文章標題進行猜測想像。他們很妙，說雖然「夜遊」感覺充滿樂趣，但他們覺得一定有詐，因為通常被收入課本的作者人生大多是坎坷的，所以學生猜蘇軾的人生充滿波折。在這樣的互動中，帶入了認識作者生平，發現學生的思考剛好符合「文窮而後工」的說法。

第二部分，**內容主旨的猜測**，透過「蘇軾的英雄之旅」Padlet闖關活動，認識蘇軾是什麼樣的人。比照上學期的〈論語選〉模式，我知道有線上與實體桌遊可使用，而且更好玩與精緻，但是我有我想給學生的東西，有些東西我想加深、有些東西我想省略，所以仍然自己設計。康軒版教材有提供《胖古人的古人好朋友》的精華試閱本電子檔，我大量引用其資源以及翰林版的〈蘇東坡突圍〉課文（很愛余秋雨的文筆），設計了五個關卡，Padlet 選地圖版，再次嘗試 T-MAPS 教學。

黃州我來囉　〈卜算子〉

余秋雨〈蘇東坡突圍〉節錄

- 他經過「烏台詩案」已經明白，一個人蒙受了誣陷即便是死也死不出一個道理來，你找不到慷慨陳詞的目標，你抓不住從容赴死的理由。
- 你想做個義無反顧的英雄，不知怎麼一來把你打扮成了小丑；你想做個堅貞不屈的烈士，鬧來鬧去卻成了一個深深懺悔的俘虜。
無法洗刷，無處辯解，更不知如何來提出自己的抗議，發表自己的宣言。
- 這是一种真正精神上的孤獨無告，對於一個文化人，沒有比這更痛苦的了。那闋著名的〈卜算子〉，用極美的意境道盡了這种精神遭遇。
- 正是這種難言的孤獨，使他徹底洗去了人生的喧鬧，去尋找無言的山水，去尋找遠逝的古人。在無法對話的地方尋找對話，於是對話也一定會變得異乎尋常。

▲第三關「黃州篇」，引用作家余秋雨的文章。跟上學期闖關課程最大的不同在於：文字量增加。

黃州我來囉

〈豬肉頌〉

洗淨鐺，少著水，柴頭罨煙焰不起。
待他自熟莫催他，火候足時他自美。
黃州好豬肉，價賤如泥土。
貴者不肯吃，貧者不解煮，
早晨起來打兩碗，飽得自家君莫管。

東坡～
你養的這隻小豬叫什麼名字？
哇！眞文藝的名字。

▲引用《胖古人的古人好朋友》圖文。

惠州我來囉　〈與子由書〉

惠州市集生意冷清，但還是每日殺一隻羊。蘇軾因被貶官而不敢與當地人爭買羊肉，只是囑咐屠夫幫他留羊的某部位……

- 骨間亦有微肉，熟煮熱漉（ㄌㄨˋ，過濾）出，漬酒中，點薄鹽炙微燋食之。終日抉剔（挑骨頭中間的肉），得銖兩於肯綮之間（所得不過一點點，銖兩：極輕的分量），意甚喜之，如食蟹螯；率數日輒ㄓㄜˊ一食，甚覺有補。
- 子由三年食堂庖，所食芻ㄔㄨˊ豢ㄏㄨㄢˋ（肉類），沒ㄇㄛˋ齒而不得骨，豈（怎能）復知此味乎？
- 戲書此紙遺之，雖戲語，實可施用也。然此說行，則眾狗不悅矣。

▲在關卡中加入文言文的閱讀練習。

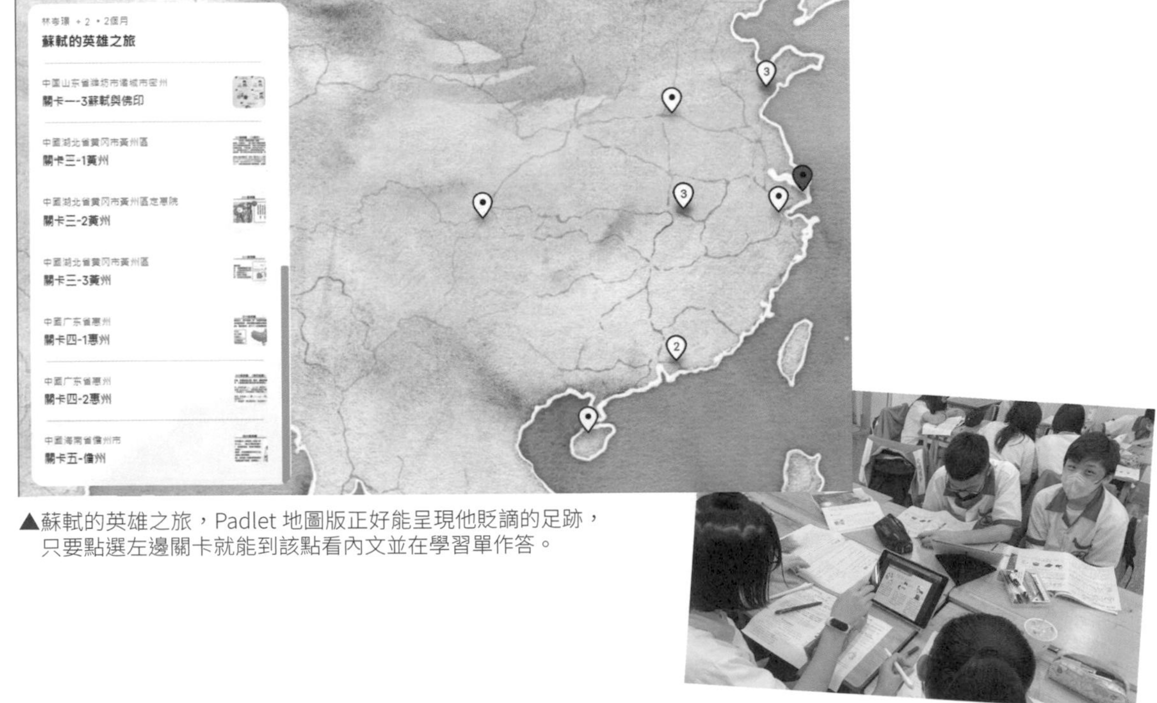

▲蘇軾的英雄之旅，Padlet 地圖版正好能呈現他貶謫的足跡，只要點選左邊關卡就能到該點看內文並在學習單作答。

【第七課 記承天夜遊】

班級：715 座號：3 姓名：林暘竣

第一關【文豪親友圈】

1. 蘇軾寫給初戀王弗，即第一任妻子的詞作中，哪兩句寫出蘇軾自己不想去思念亡妻，卻難以忘懷？請用螢光筆畫出來

〈江城子〉：「十年生死兩茫茫，不思量，自難忘。千里孤墳，無處話淒涼。縱使相逢應不識，塵滿面，鬢如霜。　夜來幽夢忽還鄉，小軒窗，正梳妝。相顧無言，惟有淚千行。料得年年斷腸處，明月夜，短松岡。」

本詞傳達□蒼涼哀怨的風木之思（父母） ☑孤寂淒婉的鼓盆之戚（莊子 喪妻） □骨肉相離的抱痛西河（喪子） 心情

2. 蘇軾寫這闋詞時，與弟弟蘇轍已經六年未見面，其實作品中表達了對弟弟的思念，動人的情意流至今被譜成歌曲，聽完歌後，你覺得那些句子表達蘇軾對離別之苦的自我解憂呢？ 請用螢光筆畫出來

<水調歌頭>：「明月幾時有？把酒問青天。不知天上宮闕，今夕是何年。我欲乘風歸去，又恐瓊樓玉宇，高處不勝寒。起舞弄清影，何似在人間！　轉朱閣，低綺戶，照無眠。不應有恨，何事長向別時圓？人有悲歡離合，月有陰晴圓缺，此事古難全。但願人長久，千里共嬋娟。」

猜猜看這闋詞可能在何時寫下？□春節 □元宵節 □端午節 ☑中秋節

3. 一日，蘇軾與佛印一同遊玩長江，蘇軾無意間發現岸邊有一隻野狗在啃骨頭，立刻萌生歪主意，指著岸邊並對佛印狂笑說道：「狗啃河上骨」，於是佛印故意把蘇軾的摺扇丟入水中，即對出下聯：「水流東坡詩」，兩人互相戲謔，你知道他們在玩什麼梗嗎？

諧音雙關

第二關【烏臺詩案】

（ C ）1. 李定等人以文字獄陷害蘇軾的主要原因為何？
(A)蘇軾諷刺神宗沒能以法律監督官吏　(B)蘇軾曾批評朝廷興修水利措施不當
(C)蘇軾批判新法，得罪推行新法當權者　(D)蘇軾不能輔佐神宗成為堯、舜般的聖君

（ A ）2. 蘇軾寫「讀書萬卷不讀律，致君堯舜知無術」、「東海若知明主意，應教斥鹵變桑田」，其實是想表達何種心意？
(A)期望輔佐神宗，為人民謀求福利　(B)有自知之明，情願擔任地方小官
(C)學法不精，無法獲得皇帝的信任　(D)積極揣摩皇帝想法，以符合君意

（ D ）3. 關於這篇文章，下列敘述何者不正確？
(A)太后曹氏、章惇、蘇轍等人出面求情，讓蘇軾逃過死劫
(B)烏臺詩案讓蘇軾的身體和精神遭遇前所未有的打擊
(C)歷劫歸來後讓蘇軾對人生境遇的無常有更多的體會
(D)神宗對蘇軾從輕發落，將他貶謫到儋州以遠離是非之地

第三關【黃州我來囉】

1. 蘇軾剛貶謫到黃州，寄居在定惠院時寫了一闋詞〈卜算子〉，你覺得當時他的心情是如何呢？ 請將最有感的文句用螢光筆畫出來

「缺月掛疏桐，漏斷人初靜。時見幽人獨往來，縹緲孤鴻影。驚起卻回頭，有恨無人省。揀盡寒枝不肯棲，寂寞沙洲冷。」

2. 貶謫黃州的第三年，蘇軾作了〈定風波〉，你覺得後來他的心情有何轉變呢？請將最有感的文句用螢光筆畫出來

平靜、順其自然

「莫聽穿林打葉聲，何妨吟嘯且徐行。竹杖芒鞋輕勝馬，誰怕？一蓑煙雨任平生。料峭春風吹酒醒，微冷，山頭斜照卻相迎。回首向來蕭瑟處，歸去，也無風雨也無晴。」

翻譯：不用注意那穿林打葉的雨聲，不妨一邊吟詠長嘯著，一邊悠然地行走。竹杖和草鞋輕捷得勝過騎馬，有什麼可怕的？一身蓑衣任憑風吹雨打，照樣過我的一生。春風將我的酒意吹醒，有點涼意，山頭初晴的斜陽照了過來。回頭一看剛才走過的地方，是如此寂靜冷清。回去吧，現在既沒有什麼風雨，也無所謂天晴。

第四關【惠州我來囉】

1. 請問根據你所看到的介紹，從黃州到惠州，哪些食物跟蘇軾有關呢？請圈出來

 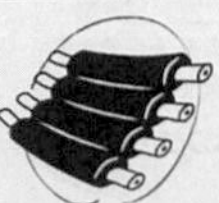  

第五關【儋州我來囉】

1. 蘇軾曾自嘲：「問汝平生功業，黃州、惠州、儋州。」在跑完關卡認識其生平後，綜上所述，你覺得他是一個什麼樣的人呢？請用 20 字說明（禁止寫很厲害、很棒等籠統詞彙，答案越具體越好）

隨心隨和、自己安撫自己，雖然打擊大，但仍堅持續過下去
入境隨俗、與當地人同樂
不受困境及障礙影響，反而盡自己所能，決定透過最有利的方式，讓當地人可以跟首府人一樣是個文化人

▲〈記承天夜遊〉學習單——暖身題完成版，從找尋答案的過程了解蘇軾的人物形象，明白他不是一開始就那麼樂觀，而是有一段心路歷程。

第五關【儋州我來囉】

1. 蘇軾曾自嘲：「問汝平生功業，黃州、惠州、儋州。」在跑完關卡認識其生平後，綜上所述，你覺得他是一個什麼樣的人呢？請用 20 字說明（禁止寫很厲害、很棒等籠統詞彙，答案越具體越好）

不會因為挫折而止步，反而會自娛自樂，更努力向前。

統詞彙，答案越具體越好）

蘇軾是一個勇敢創造的人，也是一個重視發現和培養的人才。

我覺得他很樂觀，這七年來死了9個他的親人，在職場上又被人霸凌，一路都在流放，但他不僅沒有放棄，決定透過講學和教化當地人，對文化有所貢獻，甚至發明了東坡肉，這點我很佩服。

上所述，你覺得他是一個什麼樣的人呢？請用 20 字說明（禁止寫很厲害、很棒等籠統詞彙，答案越具體越好）他就像⋯水一樣，為了拯救儋州人的奇怪思想。可以忍受孤獨的人（全能學霸）

統詞彙，答案越具體越好）

他是一個樂觀的人，他在經過人生中的風風雨雨後還可以樂觀面對生活

統詞彙，答案越具體越好）他的個性很堅強，即使經歷了那麼多大事，他也能活下來，並找到人生的意義。

統詞彙，答案越具體越好）心如水一般，海納百川，積極、樂觀，很思念自己的亡妻，同情心高。

具體越好）把危機變成轉機，無論是不是本地人，都投入心力在那個地區，在什麼地方都保持積樂觀的心情。

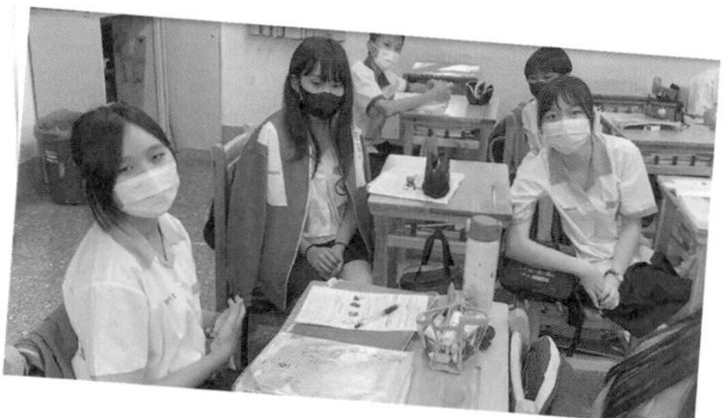

◀▲完成暖身題後，我讓學生口說發表（可惜影片截圖中發表的學生戴口罩），從學生們的回答中以及文字中感受到蘇軾更立體豐厚的面貌，而不是只有豁達一詞而已。

4. 承上題，作者用哪一種**修辭**連結實際看到的景物與腦海想像的景色？請圈出關鍵字
5. 又作者透過哪一個**連接詞**將讀者從他自己腦海想像的景色帶回現實？請圈出關鍵字
6. 綜第 3~5 題所述，請你根據作者使用此修辭的目的來判斷，他與張懷民所體會的**夜遊之美**是什麼？ 使用譬喻來說月光照在地上，有積水般的清澈透明；幽靜，襯托出深夜中的承天寺很寧靜、無人打擾他們

7. 接著，**第三段**開始【抒情】，首兩句以【激問】法強調美景【隨處可見】，只是少了【閒人】欣賞，作者把自己與張懷民稱為【閒人】似乎別有用意，請你推論其中的弦外之音是什麼呢？
（樂觀、坦然、超脫困境、自由自在）
一般人的煩惱比較多，不能像他們一樣自由自在，but 蘇軾可以苦中作樂

4. 承上題，作者用哪一種**修辭**連結實際看到的景物與腦海想像的景色？請圈出關鍵字
5. 又作者透過哪一個**連接詞**將讀者從他自己腦海想像的景色帶回現實？請圈出關鍵字
6. 綜第 3~5 題所述，請你根據作者使用此修辭的目的來判斷，他與張懷民所體會的**夜遊之美**是什麼？
寧靜、大自然之美，使讀者能明確想像

7. 接著，**第三段**開始【抒情】，首兩句以【激問】法強調美景【隨處可見】，只是少了【閒人】欣賞，作者把自己與張懷民稱為【閒人】似乎別有用意，請你推論其中的弦外之音是什麼呢？
在蘇軾被貶到黃州之後，只有張不在乎，願意陪他，不在乎他人眼光，只有張有這種閒情逸致了
同是天涯淪落人，原皆是受人尊敬，有些苦中作樂，拿的起放的下。
皆可暫時忘卻煩惱的能力

◀▲基礎題作答中仍須搭配課本，而且學生更能讀出閑人的言外之意。

我先引用《胖古人的古人好朋友》介紹烏臺詩案前平步青雲的蘇軾，接著說：「人生就是會有but!」同時簡報秀出該書「人生就是起起落落落落落的」一圖文，讓學生找尋蘇軾的人生為何「落」、怎麼「落」、如何面對「落」。於是，闖關就開始了！

※基礎題設計

分「敘事」、「寫景」、「抒情」三部分提問，依照政忠老師的提醒「就文言文讀文言文」，採一段翻譯↓一段問答賞析↓寫學習單，其中第二段寫景是學生最常出現的學習盲點：容易混淆實景與虛景，先讓學生補省略主語↓圈關鍵詞注意修辭，譬喻的喻詞連結實際景物與腦海聯想（第4題）↓注意連結詞回到現實（第5題）↓賞析與寫作目的，讓學生有初步的寫景概念。最後因為暖身題的鋪墊，讓學生能更聚焦的讀出「閑人」的弦外之音。

※挑戰題設計

呼應暖身題的讀寫合一，在學生寫作前帶學生閱讀《品學堂：閱讀理解junior 9月號》（2022第1期）中〈特殊特質讓這些人發光〉一文，這是主題式的長篇文章，讓學生了解「英雄之旅」，從課內整合延展到課外閱讀，希望增加閱讀的廣度，最後讀回自己身上，找尋自己身上的光。

2. 美國神話學大師喬瑟夫・坎伯在《千面英雄》一書中提到：古今中外不同文明與文化之間，存在著一種極其驚人的相似精神，而不論我們的背景或面貌有多麼不同，想成為戰勝命運的「英雄」，都要歷經一段「啟程→啟蒙→回歸」的旅程，在過程中實現並超越自我。

「英雄的旅程」不只關於前往迷宮或洞穴歷險這些「向外」的旅程，也可以是一場「內省之旅」，每人在不同的人生際遇中成長、轉念、蛻變，找尋「自己想成為什麼樣的人」，進而從中發現自己的價值及理想。**而蘇軾走過人生風雨後的超然曠達，無疑也是成為了自己的英雄。請你根據下方示意圖，參考暖身題：蘇軾的生平，完成他的英雄之旅圖（口說分享）**

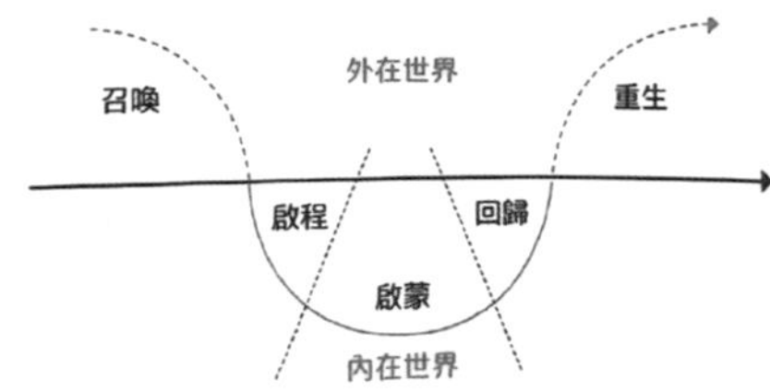

3. 現在的你，是不是正在自己的英雄之旅途中呢？最近有沒有發生什麼事，讓你的想法有所改變？發現了不一樣的自己？無論有沒有走到「重生」，都請你寫下自己的「英雄之旅」吧！

▲挑戰題讀寫合一提問設計。

第七課〈記承天夜遊〉讀寫合一：我的英雄之旅

班級：915
座號：25
姓名：張以軒

寫作引導

美國神話學大師喬瑟夫・坎伯在《千面英雄》一書中提到：古今中外不同文明與文化之間，存在著一種極其驚人的相似精神，而不論我們的背景或面貌有多麼不同，想成為戰勝命運的「英雄」，都要歷經一段「啟程→啟蒙→回歸」的旅程，在過程中實現並超越自我。

「英雄的旅程」不只關於前往迷宮或洞穴歷險這些「向外」的旅程，也可以是一場「內省之旅」，每人在不同的人生際遇中成長、轉念、蛻變，找尋「自己想成為什麼樣的人」，進而從中發現自己的價值及理想。**而蘇軾走過人生風雨後的超然曠達，無疑也是成為了自己的英雄。**

現在的你，是不是正在自己的英雄之旅途中呢？最近有沒有發生什麼事，讓你的想法有所改變？發現了不一樣的自己？無論有沒有走到「重生」，都請你寫下自己的「英雄之旅」吧！

寫作流程參考：

首段點題－我遇到的挑戰、困境→起初心態→遇到轉機→末段總結－歷劫歸來、新領悟

人生，就是要挑戰自我，不管有多痛苦、多堅難，我都要自己去領悟，畢竟這是我的人生。五歲時，我就開始學鋼琴了，老師認真教我，我認真學習，日復一日、夜復一夜，但是我違背了承諾。我還小，不懂得負責任每一件事，我的學琴旅程就像遊子一般，不想練琴時，就像在街道上流浪的街友；直到放棄練琴時，就像在路上即將大去的老人。過不久，爸爸非常認真的和我談這件事，他情緒起伏非常大，嚴厲的指責我，質問我為何食言，從原本天天練琴，到如今頹廢的模樣，我確實被嚇到了不少，但奈何是我自己不練琴，我沒有為自己辯解的理由、機會，這種無助、委屈的感覺，我一生不想再經歷第二次。

因此我下定決心，我不能再違背諾言了，這是我的人生，不管有多痛苦，我都要自己找到人生的價值，這是我的人生！起初，我每天都練琴半小時以上，直到看到一點點的進步，現在，我一天不練琴就悶的發慌，日積月累的努力，終於看到我心滿意足的答案——七級鋼琴檢定合格證書。所以，不管曾經如此的糟糕，只要有心重頭來過，肯定能找到學習的意義、人生的價值，並實現夢想！

98 一氣呵成，切題發揮！

◀學生讀寫合一成果。

科技融入教學能帶班經嗎？

可以的。在康軒第二冊〈謝天〉一課，我設計了一題挑戰題來營造班上勇於感恩的風氣，因為我發現學生們常常愛在心裡口難開，所以想藉此課機會教育，我知道很多老師都做過類似的活動，不過站在專任的立場，要怎麼帶才更有效果呢？於是我用Padlet辦了為期一週「感恩小日記」打卡活動，學生匿名上去打卡分享當天的感恩事件，每天國文課的下課前五至十分鐘開版看同學們的留言，從第一天的不溫不火，到第二天起的漸入佳境，學生開始更期待上國文課，更期待看感恩打卡內容，更期待自己是不是也成了別人的感謝對象，無形中落實了「謝天」的精神。

一週的感恩活動後，透過學生的回饋，明白大部分的學

【挑戰題】感恩小日記

1. 臺灣心理學作家劉軒曾在臉書發起「#一百天感恩日記」活動，每天睡覺前，會花幾分鐘簡單的寫下三件感恩的事，這活動引起廣大迴響，他更發現了一個現象：**時常表達感恩的人，會有較高的生活滿意度。**

不過有人會說：「我每天都過得平凡又普通，不知道能感謝什麼？」

有聽過電影〈靈魂急轉彎〉嗎？片中的迷途靈魂「22號」試圖找到他的「火花」以順利投胎為人，過程中發現所謂的「火花」未必非得是一個人的天賦或是志向，**「火花」可以是我們的日常，用心感受生活的每一刻。**

因此，想讓每天過得更順，至少有兩個訣竅：1.感受當下 2.懂得感恩

現在，請你試試維持一週的時間，記錄當天值得感恩的一～三件事，再怎樣微不足道的小事都行，或者練習換個角度去感謝不喜歡的事，說不定不順的事也會有新的啟發，幸福的人生就像馬拉松，沒有奇蹟，只有累積。今日，就來記錄吧！

感恩小日記記錄區：掃QRcord到Padlet留言牆

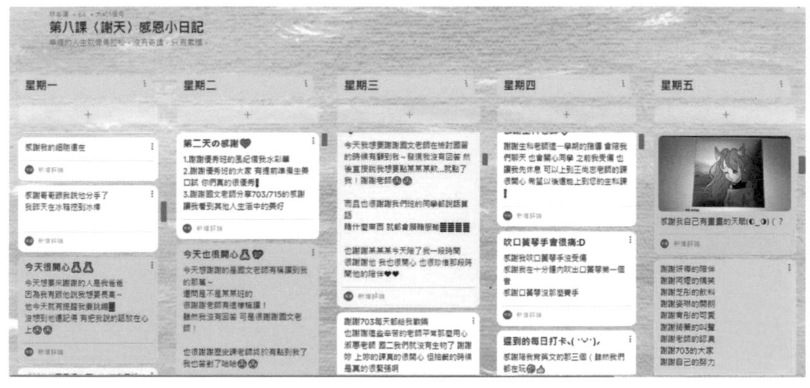

▲學生們在Padlet上打卡的感恩小日記。

70332

這幾天下來 其實我們每天有許多事情都是大家一起共同努力下來的 才會有結果
因為有結果 我們才可以有感謝
一天三個感謝真的沒什麼 生活中許多事情都可以感謝，許多小事也都是我們可以感謝的
這幾天下來 每天上來打（雖然我都不承認是我的）真的重新回想了一整天很開心也很謝謝 我謝謝的人 幫助我讓我開心、快樂
讓我的生活添加了一天趣味
感謝一個人一件事真的不難
只有想不想 要不要而已！

70312

經過這幾天的分享，不僅能讓自己開心，有時也能讓別人感到開心，而且每次寫完都可以平定心中複雜的情緒。藉由這次活動我知道人們要經常懷有感恩的心。

不能再發地獄梗了(;´口`)

林岑璟 8天
地獄梗也早融入在你生活了，掌握分寸的搞笑也是不錯的~

70303

好啦 認真了 不鬧
首先 居然都到最後一次了 所以我要先感謝 我今天的手感
再來 經過這一個禮拜的感謝 讓我十分舒壓 也十分的輕鬆 在這幾天 生活上其實原本應該因為很多的考試 所以會很煩躁 但是每天來上面打卡 讓我有可以舒壓的機會 一個緩和的時間
最後 謝謝 老師透過課文 讓我們有這種機會 可以體驗到「真正的感謝❤」藉此這些機會 可以隨便說出對同學的感謝
我覺得阿~ 在現在的各科領域上 較少有這種體驗
希望下次還有這種多元的活動可以體驗~~

▲學生付諸行動感謝。

◀學生們很喜歡這次的挑戰題活動。

生是有感且有嘗試認真感謝的，而且在期末時，照往例我都會給小老師們小禮物，這次我也收到學生的感謝回饋，覺得很窩心，有種善的循環在默默發酵的感覺。

◆ 夢的延續

教學省思

分享了我的第一次 T-MAPS 實踐經歷，也許有人會問：「心智圖咧？怎麼沒看到在課堂運用？」我想說的是，在成為種子教師前，我的課堂風景仍有 MAPS 出現，讓學生畫心智圖，不過卻沒有那麼嚴謹連貫的三層次提問，作業看似很完整，但我知道有一部分的孩子是畫不出心智圖的、是抄同組同學的，到後來是應付老師的，於是我苦思要怎麼做才能盡可能的照顧到每位孩子的學習，真正落實差異化教學，兼顧學術情境與生活情境。在培訓期間我體悟到，真正 MAPS 的圖像運用是多元的圖像表格，不限於心智繪圖，只要能協助學生從檢索到組織訊息，甚至產生學習遷移，就是恰當的方式。

在這兩課中，我的課程地圖是比以前清晰可見的，也有所突破，如前面所述，這兩課的共通點是延伸篇章會比單一文本更常出現，而且需要一定的背景知識，所以我才會從 TPACK 教學著手，和學生一起走入 T-MAPS。暖身題的情境導入與古今連結，基礎題的文意理解與統整解釋，遇到使用平板的網路問題時，大家集思廣益想出解決方法（相信我，學生為了能順利使用平板，智商突然都開外掛），以及最後挑戰題省思評鑑，從文本讀回自己身上，這一連串共感的教與學，對我而言是很震撼的。設計課程時，我參考了很多課外資源，並利用 MAPS 教學很厲害的地方——幫助老師善用與有脈絡的轉化資源，並且不斷思考。

感謝 MAPS 教學法，還有共備夥伴成為彼此成就的力量；我也很感謝來到我生命中的每一位學生，我們或許無法一次到位，但很願意一起嘗試。有句話我很喜歡：「過程即是目的，當下即是答案。」回首走過的路，會發現一切都是禮物。

成為實踐家後

政忠老師說：「孩子不一定會做老師說的，孩子會做他看見老師做的。」正是這股傻勁，讓我願意行動。當年，我的高中班導在我最困頓時的支持，讓我如今能帶著這份愛的肯定站在教室裡，陪伴孩子找到永不過時的價值，而我知道，永保謙卑的心才能與時俱進，成為實踐家後更要跟緊走在前頭的夢N夥伴們，繼續在風雨兼程中無畏的實踐。

【國中領域】

7

葉憬忠／有意識的教與學：讓 MAPS 長在「自己」的手中

花蓮縣花蓮市國風國民中學

山中大叔導讀

憬忠，一個內斂卻對教學充滿無限想像的老師，幾次摸索 MAPS 卻無法一窺全貌，於是毅然參與種子教師培訓，終於得以造福後山學子。

終於理解文本分析的重要，包括設定分析的方式；終於理解三層次提問的目的和用法，包括根據學生程度進行差異化設計；加以同質性和異質性分組，包括在不同情境下使用不同分組方式；更融入數位工具，包括 Slido、Kahoot 和 Google 簡報等工具。

學生的真實回饋，讓憬忠深刻理解，雖身處後山，但 MAPS 卻能跟著先照的日光閃耀課堂。

◆雲深不知處

最好的開始

「要跟我實習，就要做分組合作學習喔！」淑卿老師對我這樣說。

教育實習是師培的最後階段，實習夥伴們各自尋找教學上跟隨的標竿。當時在師培同學的引介之下，也因為對於分組合作學習的好奇，就此展開與MAPS的連結。在實習過程中看見淑卿老師生動有趣的運課、孩子聚精會神熱烈參與的課堂樣貌時，心中感覺MAPS的教學似乎有著特殊的魅力，也期許自己在未來的課堂中，建立這樣的風景，因而嘗試運用MAPS模式，這是我認為最好的開始。

真實的困境

隨著時代的更迭，「差異化」一詞表示教育對於個別特質的重視。在課堂中有的學生振筆疾書、積極回應，有的學生似懂非懂、欲言又止，有的學生則隨時準備與周公開啟超時空座談；第一類的孩子大致一路順行，對於難點會適時求助，而第二類、第三類的孩子則很容易止步前行，需要更多的引導及鼓勵，否則學習僅止於課堂，下課後又是另一種日常。這些現象，好似學生透過不同的樣態，敘說著在課堂的學習反饋：所學的於生活中找不到連結、無實行的著力點。

諸多面向彰顯學生的某些特質，但又似乎不若以往所知的學生圖像，有更多的需求等著被看見。我一邊觀察著這些課堂現象，一邊努力熟讀備課用書，回歸教學者的角度，對於教學也產生一些困惑。

(1)提問品質的不穩定：「提問」是我在教學中和學生慣用的互動模式，透過提問，可以得知學生的理解層次，也能在過程中理解學生的思維脈絡。承蒙現今社群網路的暢通，提問的來源眾多：備課用書、網上公開的教案、神人分享的內容等，俯拾皆是，當中亦包含自己閱讀文本後產出的問題，一路拼湊著這些覺得重要、看似有意義的提問，希望能激起學生的好奇與動機，有時學生的反應熱烈，好像激起了一些什麼？自己也因而雀躍，但內心總覺得少了一塊，像是失落的圓，不停的滾動著尋找適合的一角。

(2)安全表層下的思慮：走在先行者之後，總是格外的幸運。備課夥伴們就是我的百寶庫，在自己遇到瓶頸的時候，翻閱社群中大家上傳的內容，在備課聚會時看著老師們討論的設計課程時的發現，提供我另一條思路進行課程設計。此外，在聚會的過程中，聆聽彼此分享的近期遇到的難點，結合著自己的情境，又或是因著他人的分享，補充自己設計時沒發現的盲點，這些都讓我受益匪淺！在共備夥伴的協助之下，問題似乎都能找到解法，但內心深知最後還是要回歸教學者自身的能力培養及精進。

要學就要學「正宗版」

為了想要完整的學習 MAPS 教學法，曾經參與幾次政忠老師舉辦的短期研習，諸如：夢N的工作坊、出版社舉辦的線上研習、校際研習等，讓我獲得某些問題「點」的收穫，然而回到實際設計提問的過程，還是無法有系統的製作出完整的提問單。而在共備夥伴妍君分享培訓的內容以及實習指導淑卿老師的建議下，毅然報名種子教師培訓活動。

◆ 撥雲見霧

我所知道的 MAPS

收到錄取通知的當下，內心萬分悸動，對即將到來的課程充滿期待，殊不知因疫情被迫延期，只能靜待時機的到來，把這份情緒置於心底，小火慢熬。二〇二二年豔夏，疫情趨緩，第四屆種子教師培訓正式開辦，我帶著緊張、期待的心，開始一系列的培訓課程。白天，有政忠老師的解說，與夥伴一起實作；晚上，協作老師從旁引導，夥伴們一同討論、分析文本，很精實也很過癮，慢慢解開我在備課時遇到的諸多疑惑，讓我在心中大喊「賺到了」！以下是我對 MAPS 的體悟，和大家分享。

※ 有意識的分析文本

在分析文本的過程中，首先要設定是從文章的「形式架構」進行解析，還是針對「內容」的歸納理解。在培訓中，政忠老師以〈紙船印象〉為例，帶我們重新理解文本；和夥伴共作時，丟掉備課用書，重新回到文本中去踏尋。一開始既熟悉又陌生，熟悉的字句，卻似乎不是過往的認知，既有的基模被迫重組，這過程很煎熬、很燒腦，但毫無疑問的，來回修正的過程中，回到段落重新理解，找尋段落間的脈絡，語句的意涵變得可以完整的理解。而在繪製心智圖的過程中，文本中的地圖全貌也因細緻的理解而昭然若現，我們要帶領學生探尋的美景就在其中。

※ 有目的的安排提問——三層次提問設計的目的及用法

為了讓學生理解文本，必須有意識的設計提問。MAPS 教學法的特色，除了文本的分析外，透過三層次的提問幫助學生理解文本的全貌，也是一大特點。在分析完文本後，接下來就是設計提問。提問設計的第一步是依照心智圖的脈絡，從「架構」、「段落」、「細節」的模式，向外擴展設計。過程中，可依學生的程度進行差異化的設計，並透過題目敘述埋入更多的知識內容。依照不同的使用目的，便有不同的

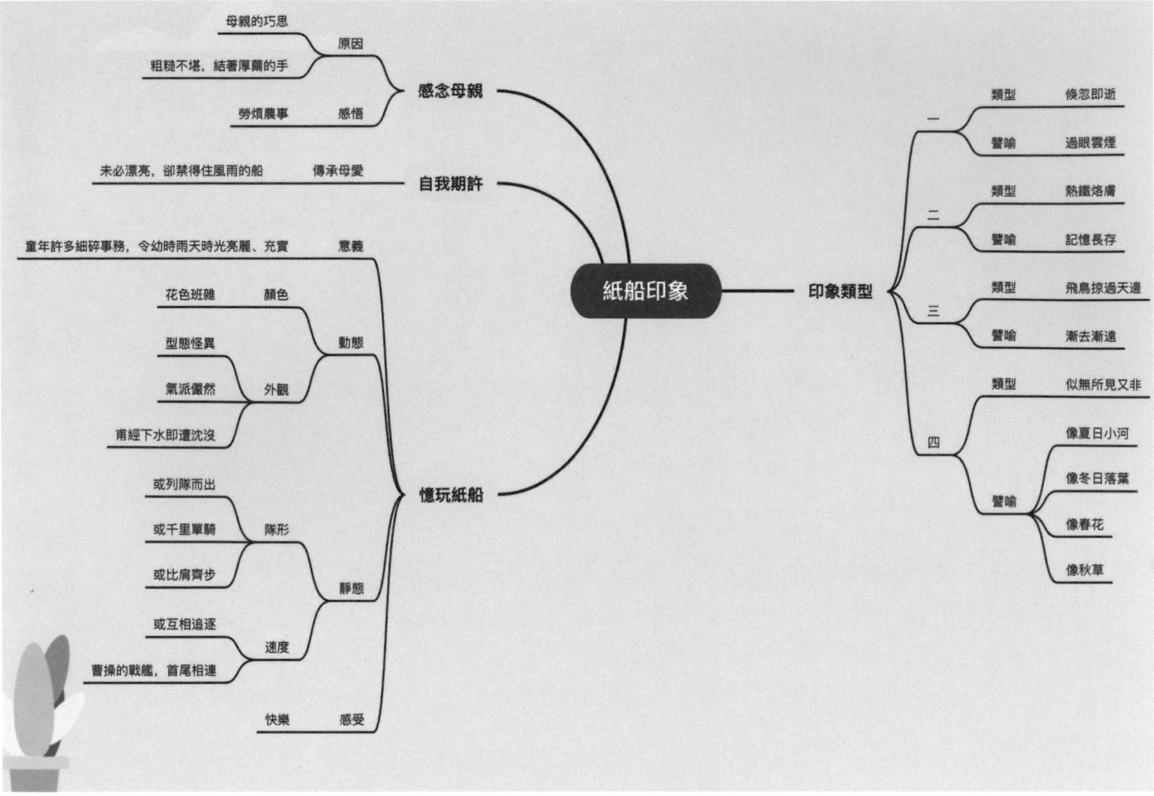

紙船印象
- 感念母親
  - 原因
    - 母親的巧思
    - 粗糙不堪，結著厚繭的手
  - 感悟
    - 勞煩農事
- 自我期許
  - 傳承母愛
    - 未必漂亮，卻禁得住風雨的船
- 憶玩紙船
  - 意義
    - 童年許多細碎事務，令幼時雨天時光亮麗、充實
  - 動態
    - 顏色
      - 花色班雜
    - 外觀
      - 型態怪異
      - 氣派儼然
      - 甫經下水即遭沈沒
  - 靜態
    - 隊形
      - 或列隊而出
      - 或千里單騎
      - 或比肩齊步
    - 速度
      - 或互相追逐
      - 曹操的戰艦，首尾相連
  - 感受
    - 快樂
- 印象類型
  - 一
    - 類型：倏忽即逝
    - 譬喻：過眼雲煙
  - 二
    - 類型：熱鐵烙膚
    - 譬喻：記憶長存
  - 三
    - 類型：飛鳥掠過天邊
    - 譬喻：漸去漸遠
  - 四
    - 類型：似無所見又非
    - 譬喻
      - 像夏日小河
      - 像冬日落葉
      - 像春花
      - 像秋草

▲〈紙船印象〉文本分析（四〇三小組共作）。

設計次序，就我習慣先設計基礎題再進行暖身題、挑戰題的擴想，目的是使題目的脈絡層次能環環相扣。

※同樣課次，各自精彩

與夥伴共備時，政忠老師提醒我們：「每個人的學生都不一樣，只有你能解決你的課堂問題！」同樣的課次，在小組發表時，因為構想不同，畫出不同的心智圖，也設計出截然不同的提問，只為了符應各自學生的需求。看著輪流上臺分享的老師說明各組的設計歷程時，覺得這一切實在太有趣，一樣的文本竟有這麼多不同的做法、設計。

※思考數位融入的應用及面向

隨著疫情肆虐，停課不停學的政策，使身在教育現場的我們被迫以數位教學。為了拉近老師與學生在網課中的距離，老師十八般武藝樣樣試遍，只為搏取學生有限的注意力。回到實體課堂後，數位的融入已然成為趨勢。置身數位洪流的我們，在課程設計與各式軟體APP中來回擺盪、逡巡，試圖找出最適合自己課堂的軟體及環境。而在種子教師進階研習中，政忠老師提醒我們，當「數位成為有效工具才能彰顯它的價值」，這給我很大的啟發，也促使我回到課堂實行T-MAPS時更謹慎的規劃、實行。

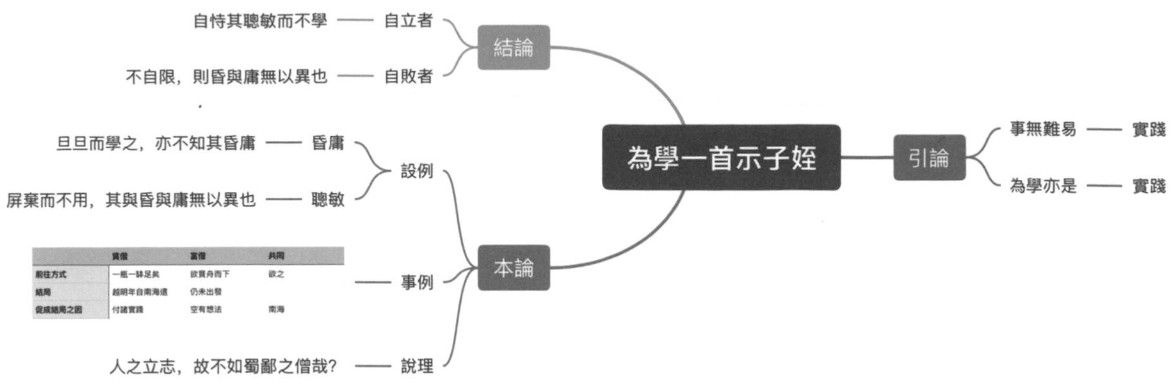

自恃其聰敏而不學 —— 自立者
不自限，則昏與庸無以異也 —— 自敗者
結論

旦旦而學之，亦不知其昏庸 —— 昏庸
屏棄而不用，其與昏與庸無以異也 —— 聰敏
設例

	貧僧	富僧	共同
前往方式	一瓶一缽足矣	欲買舟而下	欲之
結局	越明年自南海還	仍未出發	
促成結局之因	付諸實踐	空有想法	南海

—— 事例
人之立志，故不如蜀鄙之僧哉？ —— 說理
本論

為學一首示子姪

引論
事無難易 —— 實踐
為學亦是 —— 實踐

▲〈為學一首示子姪〉的文本分析。

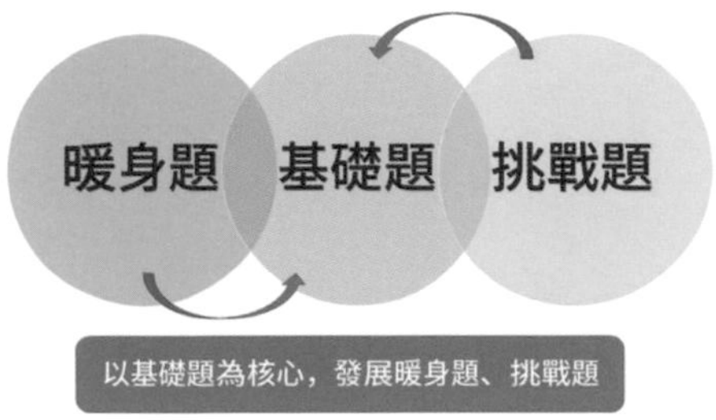

暖身題 基礎題 挑戰題

以基礎題為核心，發展暖身題、挑戰題

▶提問三層次建構說明。

以「基礎題」為始的按圖索驥——我的 MAPS 提問設計

設計三層次提問的第一步便是心智圖的繪製，依當課教授目標不同，而有不同模式的分析，透過文本分析理解文章的「作者觀點」。而繪製的過程中，我習慣將自己靈光乍現的點子寫在心智圖的周邊，成為三層次提問的點子庫。

※轉化培訓所學

在文本分析結束後，緊接著是三層次提問的設計，可分為「暖身題」、「基礎題」、「挑戰題」，每個階段有各自的特點及呼應關係。

首先是「暖身題」設計。在理解作者觀點後，對文本內容進行設題，目的是「連結」經驗及想像「猜測」。「連結」主要是透過孩子過往的學習經驗及生活經驗，提取與課程相關的元素作為暖身；而「猜測」則是透過預測，嘗試解讀文本內容的可能性。

其次是「基礎題」設計。在暖身題的提問中預告將要學習的內容後，透過「文本架構」、「統整寫作主題」、「閱讀理解策略」等方式，帶學生走入文本，理解作者觀點，以培養學生的基礎閱讀能力。

最後是「挑戰題」設計。挑戰題是立基於基礎題「作者觀點」的理解以及暖身題的「呼應學習重點」，踏出文本、回歸讀者自身與文本的連結，更具體展現所學。可以透過「讀寫合一」、「觀點探究」、「跨域延展」、「建構素養」等方式設計題目，讓中低成就的孩子能進一步遷移所學，而能力較高的孩子則可以有更深一層的挑戰、學習。

在提問設計的過程中，以「基礎題」為核心，扣緊設題的重點，再設計暖身題如何導入，最後設計挑戰題讓學生遷移，透過這樣的設計步驟，更能幫助我貫串各課的教學目標。

以下就三層次的題目設計，分享設題理念及實踐過程的收穫、省思。

暖身題

在暖身題的部分，我常用「猜測想像」或「連結生活經驗」的題目，協助學生建立初步的理解，如：〈古詩選〉一文，透過詩名「四月十五夜鐵窗下作」，請學生嘗試分析當中提供的訊息。學生在閱讀「詩」這類的韻文時，常常忽略標題，但透過標題可以提供更基礎而重要的訊息。在學生分析的內容中，已將整首詩的內容大概提取出來，對於基礎題中詩句的理解，也就沒有太大問題。

〈張釋之執法〉內容談及法律議題，就字面的解釋稍嫌生硬，所以在暖身題的設計中，我用「連結生活經驗」為策略，請同學閱讀新聞案例，並應用探究策略的表態光譜，請

☆四月十五夜鐵窗下作★

(一)、暖身題

1. 從標題判斷「四月十五夜鐵窗下作」我們可以得知哪幾項訊息？

答：鐵窗 ⇒ 鐵窗、晚上 地、日期、時間

2. 在這樣的時空情境中，作者的情緒可能是如何的？

答：想家、自由、難過、孤單、掛念

☆四月十五夜鐵窗下作★

(一)、暖身題

1. 從標題判斷「四月十五夜鐵窗下作」我們可以得知哪幾項訊息？

答：日期、時間、地點。

2. 在這樣的時空情境中，作者的情緒可能是如何的？

答：悲傷、思念、孤單、擔心。

▶〈古詩選〉暖身題。

2. 請用一句話完整解釋，你認為「法律的作用」是什麼？

答：管理秩序，維持公平正義。

3. 接下來觀看影片，請注意事件過程及判決結果，並在長條圖畫記、說明「你認為判決合理嗎」？

1	2 ✓	3	4	5	6	7	8	9	10

不合理　　合理

為什麼：因為就算是不小心的也還是讓別人失去了生命應該找別的方式。

張釋之執法-5

(三)、挑戰題

1. 在討論完〈張釋之執法〉的內容後，我們可以理解「法律之前人人平等」、「執法的公正性」等概念，請同學再回頭思考，在「暖身題」提到的新聞事件，請問你的想法有所改變嗎？為什麼？

1	2 ✓	3	4	5	6	7	8	9	10

不合理　　合理

原因：我還是覺得不太合理，因為公平不等於正義，如果一條法律大家都一樣但卻不合理，那這樣也算對的嗎？

張釋之執法-7

▶▲〈張釋之執法〉暖身題學生答案以及課堂互動。

學生判定新聞中該案件的判決是否合理。透過更貼近現代生活的案件，揭示不管古今都有一樣的問題，而在討論的過程中，學生對於案件幾乎一致認定：判決並不合理，無法接受法官的判決。不過在進入挑戰題時，我再次提問同樣的問題，學生仍認為判決不合理，依舊覺得刑責太輕，但有趣的是學生的思考開始轉變，能更進一步思考法律的意義，甚至提出「公平」是否等於「正義」的議題。

基礎題

繪製心智圖的第一層是「架構」，而在提問設計時，通常也安排在第一題，如：〈木蘭詩〉在翻譯大挑戰後，請孩子進行意義段的區分，題目敘述中我將約瑟夫．坎貝爾在《千面英雄》裡對於英雄旅程的階段融入題幹，除了符合文本的敘述歷程，同時也增加課外的補充，同時為後面的提問定錨，搭起鷹架。不過，對學生而言，這需要適應的歷程，一開始孩子對敘述太長的題目抓不到重點，但在幾次練習後，孩子大概能理解當中的意涵，回答也更能聚焦。

此外，在處理段落內容時，我也嘗試採用「題組」的形式設計提問。由於提問設計源自於文本分析的架構，基本上每一支線就應有提問，但這樣會讓提問顯得零碎，學生回答時也容易失去方向、缺乏耐心，不過透過「題組」或「表格化」的方式將內容有層次的彙整，我戲稱：一次一小口，適口性會更好！在〈鳥〉這一課，透過層層的提問引導，學生將段落的脈絡梳理完整，對學生來說更能清楚理解作者寫作的用意，而這樣脈絡清晰的架構，也有助學生更順利的完成心智圖的繪製。

挑戰題

與孩子一同爬梳完文本，回到讀者觀點時，依照文本特色或生活相關的議題等因素，我會採用「讀寫合一」、「觀點探究」、「跨域延展」、「建構素養」、「學歷拔尖」這幾種手法，協助學生將所學遷移再應用，如：〈古詩選〉，我運用「跨域延展」及「讀寫合一」，在了解作者創作的時空背景及情緒後，扣住詩中「情感」的特點，引導孩子運用同理心，進行換位思考。課堂中，除了可以看見學生換位思考後天馬行空的想像情境，更可以看見學生融入其中，嘗試表達自己的理解，這過程真的很有趣。以跨域的方式嘗試理解作者後，回歸學科本質，我請孩子運用現代歌詞，寫一封信來安慰當時的作者，讓學生走出文本，回到自己的角度來看待詩中意涵。看見孩子的作品時，我深刻感受到孩子的真誠。

誠如前文所述，挑戰題有時是為高成就的學生提供更進

3-1 在第二段作者採用反諷的筆法構成此段，請閱讀此段內容並將細節整理至表格中：

駱駝的鷹	狀態	1. 頭上蒙著一塊皮子
		2. 羽翮不整地蜷伏著不動
	神情	1. 沒有半點睥睨昂藏的神氣
籠子的鳥	狀態	1. 常年地關在柵欄裡
		2. 飲啄方便
		3. 冬天還有遮風的綿罩，十分地「優待」。
	神情	1. 無描寫

3-2 根據第二段，作者特別用「優待」二字強調鳥的「處境」，其「表面含義」與「實際意義」有何不同？呈現怎樣的閱讀效果？

表面上	過得很爽	閱讀效果： 反諷、倒反
實際上	不自由	

3-3 作者在第二段結束前運用了「相互比較」的方式收尾，試整理兩者之間的關係。

情緒項目	苦悶	快樂
兩者之間的關係 ( )以<、>、=填入即可	駱駝鷹、籠中鳥（ < ）黏在膠紙上的蒼蠅	籠中鳥（ > ）在標本室裡住著

雖可統稱為「鳥」，但還是可以從中找出語句中的對應之處。

3-4. 承 3-1、3-2、3-3 三題，作者如此安排有什麼用意？想要藉此表達什麼？

答：

(1) 用意：嘲諷

(2) 表達什麼想法：嘲諷這些鳥不自由（被虐待）

(1) 反襯：以鳥的苦悶 v.s. 鳥的自由自在

倒反：書寫鳥的可憐

(2) 想法

人類為了自己的喜好囚禁動物使之失去自由。

▲〈鳥〉基礎題題組。

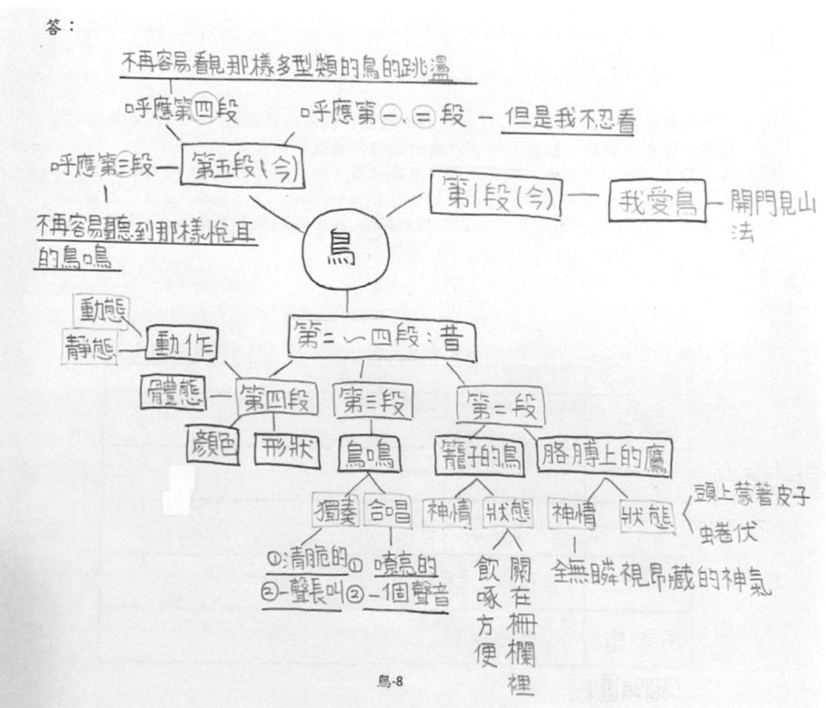

▲學生繪製的心智圖。

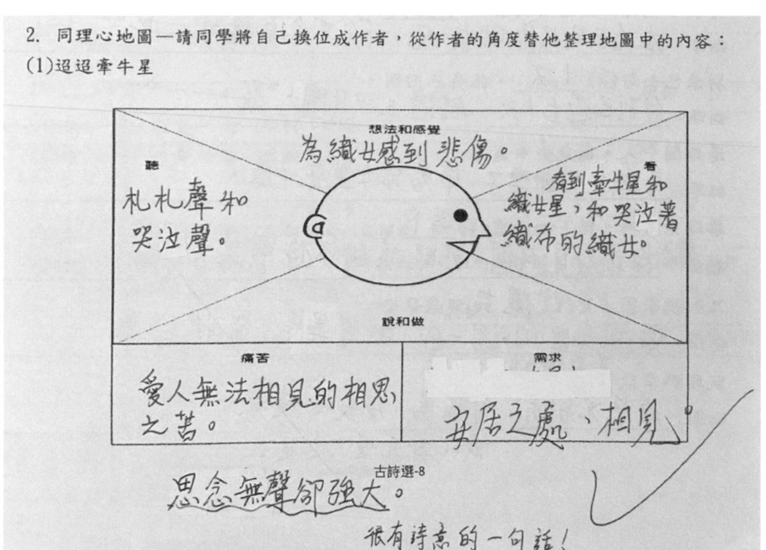

2. 同理心地圖－請同學將自己換位成作者，從作者的角度替他整理地圖中的內容：
(1)迢迢牽牛星

想法和感覺：為織女感到悲傷。

聽：札札聲和哭泣聲。

看：看到牽牛星和織女星，和哭泣著織布的織女。

說和做

痛苦：愛人無法相見的相思之苦。

需求：安居之處、相見。

思念無聲卻強大。

很有詩意的一句話！

古詩選-8

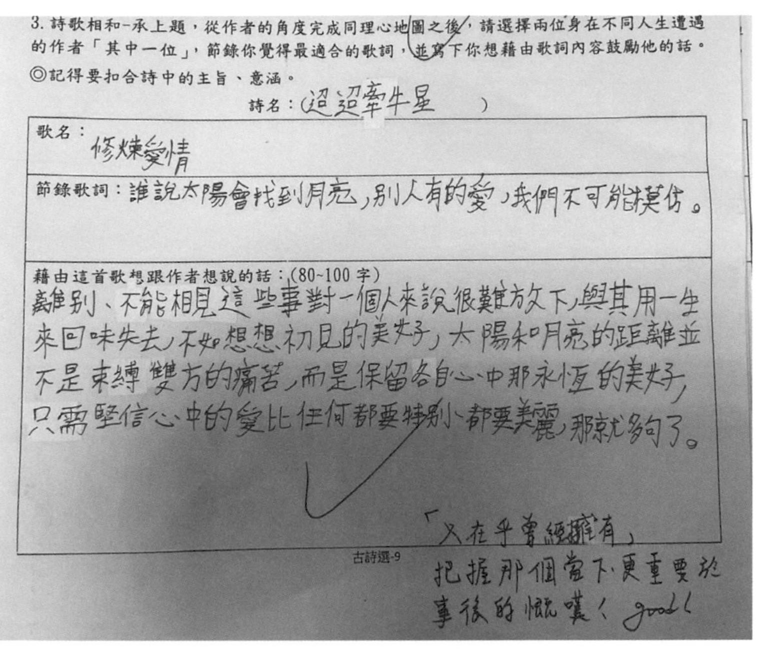

3. 詩歌相和－承上題，從作者的角度完成同理心地圖之後，請選擇兩位身在不同人生遭遇的作者「其中一位」，節錄你覺得最適合的歌詞，並寫下你想藉由歌詞內容鼓勵他的話。
◎記得要扣合詩中的主旨、意涵。

詩名：(迢迢牽牛星　　)

歌名：修煉愛情

節錄歌詞：誰說太陽會找到月亮，別人有的愛，我們不可能模仿。

藉由這首歌想跟作者想說的話：(80~100字)
離別、不能相見這些事對一個人來說很難放下，與其用一生來回味失去，不如想想初見的美好，太陽和月亮的距離並不是束縛雙方的痛苦，而是保留各自心中那永恆的美好，只需堅信心中的愛比任何都要特別、都要美麗，那就夠了。

「人在乎曾經擁有，把握那個當下，更重要於事後的慨嘆！good！

古詩選-9

▲〈古詩選〉跨域延展及讀寫合一練習。

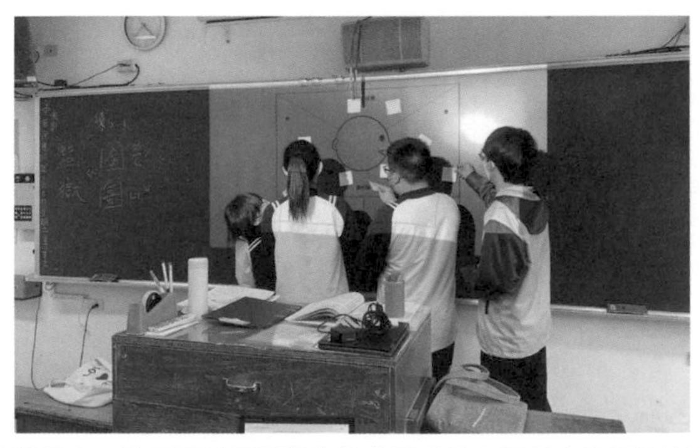

▲課堂中，除了可以看見學生換位思考後天馬行空的想像情境，更可以看見學生融入其中嘗試表達自己的理解，這過程真的很有趣。

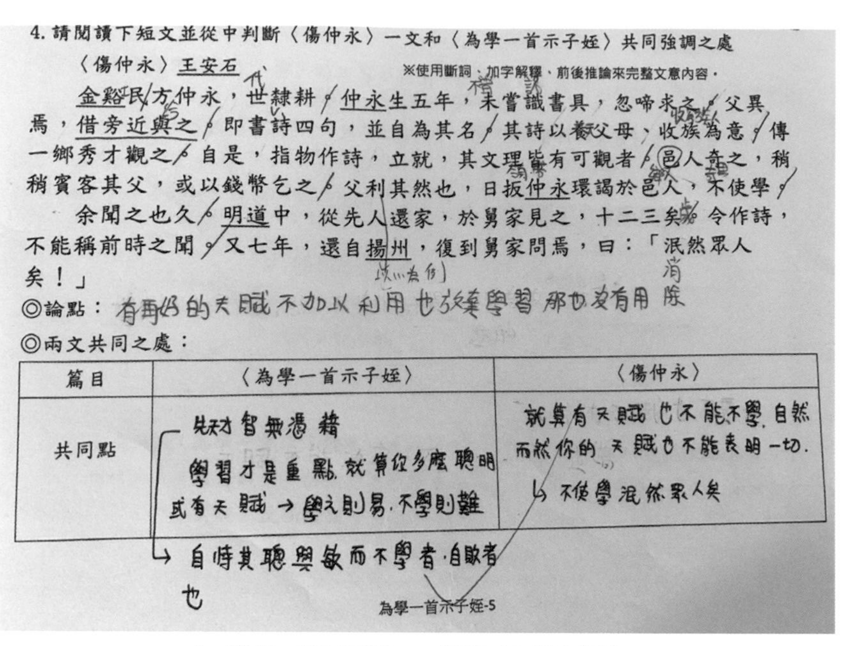
4. 請閱讀下短文並從中判斷〈傷仲永〉一文和〈為學一首示子姪〉共同強調之處

〈傷仲永〉王安石

※使用斷詞、加字解釋、前後推論來完整文意內容。

金谿民方仲永，世隸耕。仲永生五年，未嘗識書具，忽啼求之。父異焉，借旁近與之，即書詩四句，並自為其名。其詩以養父母、收族為意，傳一鄉秀才觀之。自是，指物作詩，立就，其文理皆有可觀者。邑人奇之，稍稍賓客其父，或以錢幣乞之。父利其然也，日扳仲永環謁於邑人，不使學。

余聞之也久。明道中，從先人還家，於舅家見之，十二三矣。令作詩，不能稱前時之聞。又七年，還自揚州，復到舅家問焉，曰：「泯然眾人矣！」

◎論點：有再好的天賦不加以利用也要學習 那也沒有用

◎兩文共同之處：

篇目	〈為學一首示子姪〉	〈傷仲永〉
共同點	財智無憑藉 學習才是重點 就算你多麼聰明或有天賦 → 學之則易 不學則難 → 自恃其聰與敏而不學者 自敗者也	就算有天賦也不能不學 自然而然你的天賦也不能表明一切。 → 不使學 泯然眾人矣

為學一首示子姪-5

▲〈為學一首示子姪〉、〈傷仲永〉雙文對讀。

一步的延伸，因而進行「學歷拔尖」的練習，以〈為學一首示子姪〉為例：理解完文意後，在挑戰題加入〈傷仲永〉一文，讓孩子比較異同，這也是會考命題趨勢「雙文對讀」，從課內文本出發並結合相關文章，訓練孩子比較、尋找異同，讓學生在讀課文中慢慢長出會考的能力。然而學生還是容易卡關，因為文句過長、理解需要耗費較多時間，也讓孩子在表格統整時，不敢輕易下手。課後，因應學生的課堂反饋，我覺得文本的內容要再刪整，或許可以讓孩子更聚焦核心。

※數位融入的T-MAPS

身處數位時代，科技與教育早已密不可分，數位更已融入生活，那麼教育怎能落後？因此，如何善用數位資源，營造「有效的教與學」，變得至關重要。在我的課堂中，融入的數位軟體有Padlet、Slido、Kahoot和Google簡報，透過這些軟體，能協助學生以更多元的方式彙整所學的內容，或是搜尋更多元的資訊。如：〈鳥〉的暖身題，我請學生將自己過往看過的鳥類樣態記錄下來，接著念給同學聽，再請同學記錄下聽到的內容，然後上傳Slido的文字雲。透過科技可以更快速的呈現集思廣益的成果，學生也覺得新鮮、有趣，同時也扣合我在〈鳥〉這一課想請學生分析作者從哪些面向描寫的目的。

Kahoot為大家所熟知的功能便是測驗系統，透過評量可以即時了解學生的學習狀況，立即檢核、當下解決問題；此外因為Kahoot具有遊戲性質，更能吸引學生的注意力，而教師亦可在後臺觀看學生作答數據，進行更進一步的分析。

另外，製作圖卡時，PPT或Google簡報是很好的利器。如：〈運動家的風度〉一文的挑戰題，我請學生尋找代表臺灣參加東京奧運的選手的訪談或發言，製作成圖卡，以扣合〈運動家的風度〉中提及的分論點。透過數位的融入，學生能更立即的搜尋資料，製作合適的圖卡內容。運用科技進行學習的遷移，讓學生可以融合所學、再展現，而這過程也變成檢核，檢驗學生是否正確理解各分論點的內容。

四、提問單

(一)、暖身題

1. 想一想，在日常生活中「可見」或「常見」的鳥類有哪些？並就你所知的形象以完整的語句從各面向描述這種鳥。(描述內容的字數不得少於30字)

(1)鳥類名稱：麻雀

(2)描述內容：體形嬌小但牠五臟俱全，活蹦亂跳自由自在，喜歡停在電線上、馬路上、樹上休息、聊天、唱歌，但性格膽小，一見到較大的動物就逃跑了。

2. 請同學互相分享，並請聆聽的同學分析，你所介紹的內容可歸類為哪些類別，再把內容上傳至slido。

815-搜尋slido.com 輸入代碼：3093599	語句歸類： 顏色	語句歸類： 叫聲	語句歸類： 習性

▲數位融入讓學習更有效率。

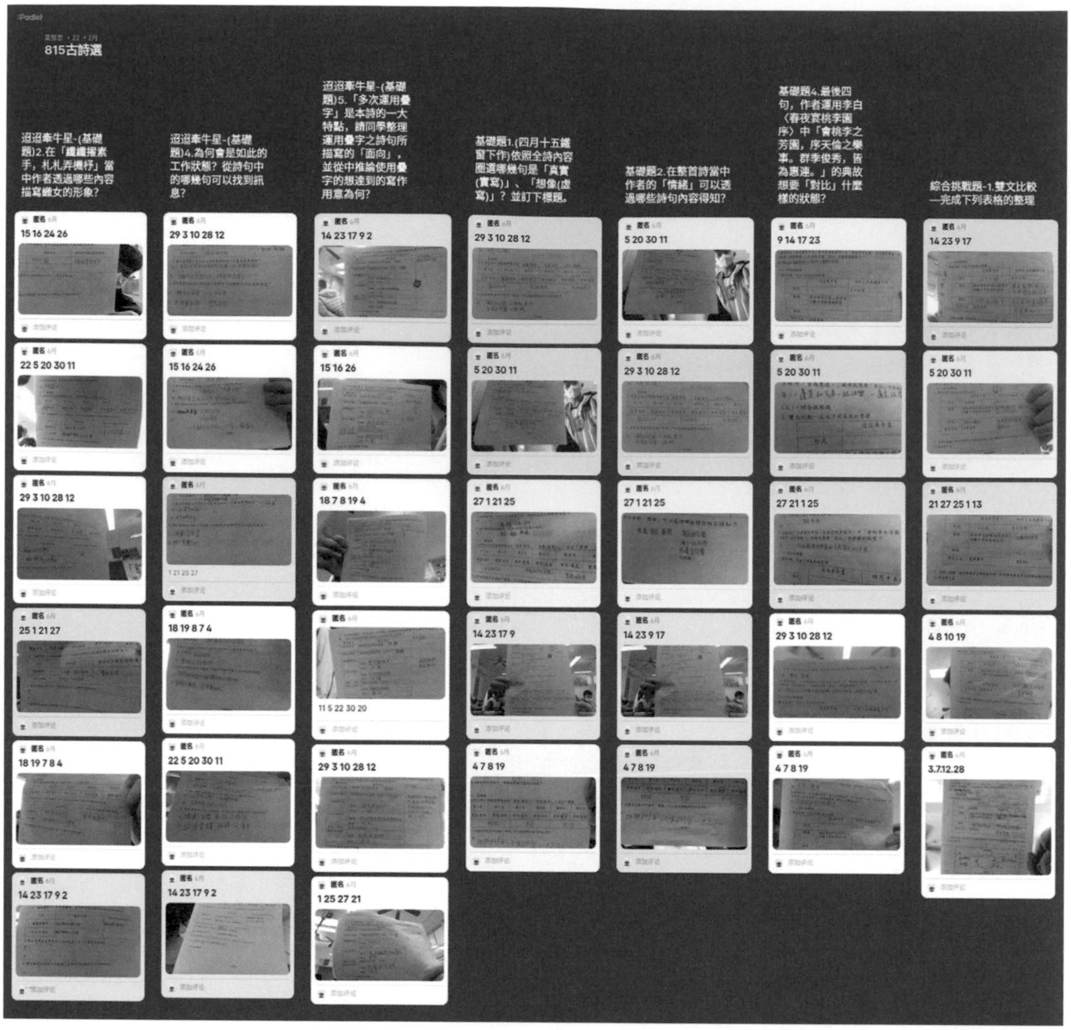

815古詩選
迢迢牽牛星-(基礎題)2.在「纖纖擢素手，札札弄機杼」當中作者透過哪些內容描寫織女的形象?
迢迢牽牛星-(基礎題)4.為何會是如此的工作狀態? 從詩句中的哪幾句可以找到訊息?
迢迢牽牛星-(基礎題)5.「多次運用疊字」是本詩的一大特點，請同學整理運用疊字之詩句所描寫的「面向」，並從中推論使用疊字的想達到的寫作用意為何?
基礎題1.(四月十五鐵窗下作)依照全詩內容圈選哪幾句是「真實(實寫)」、「想像(虛寫)」? 並訂下標題。
基礎題2.在整首詩當中作者的「情緒」可以透過哪些詩句內容得知?
基礎題4.最後四句，作者運用李白〈春夜宴桃李園序〉中「會桃李之芳園，序天倫之樂事。群季俊秀，皆為惠連。」的典故想要「對比」什麼樣的狀態?
綜合挑戰題-1.雙文比較—完成下列表格的整理

818 翻譯大挑戰
整理版
第一段翻譯
第二段翻譯
第三段翻譯
第四段翻譯
第五段翻譯
第六段翻譯

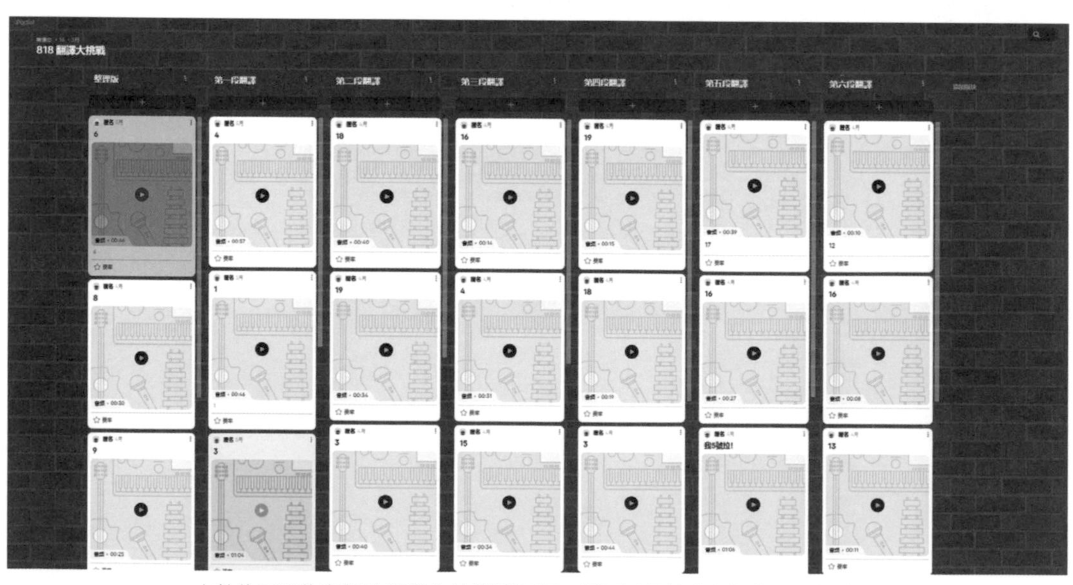

▲數位工具能完整收錄學生的學習歷程，還可以彙編成班級的學習紀錄。

在開始進行數位融入的討論，我習慣將所有提問單都放上Padlet，並要求學生上傳討論結果，不僅能完整收錄學生的學習歷程，還可以彙編成班級的學習紀錄，我覺得很有意義。但後來覺得條目太過繁雜，所以改採只記錄基礎題的內容，保留更精簡的內容，提供同學複習、參考，同時也將學生最需要的歷程記錄下來，讓工具的使用更加精準有效。

※至於分組……

在分組合作的操作上，使用模式有以下幾種。

異質性分組

透過不同能力的學生互相合作，由高成就學生帶領中、低成就的同學學習。過程中，針對學生個別的能力不同，分配的任務也有所差異。在異質性分組中，依照能力高低，可分為「狀元、榜眼、探花、進士」四類，當中「狀元」負責領導討論、「榜眼」負責記錄、「探花」負責發表、「進士」負責搶答以及設備的借還，透過人人有任務，彼此互助合作，帶動學習氛圍，而且在這模式中，學生比較有安全感，可以在需要的時刻透過同組同學的協助，完成任務；而老師在學生回答的過程中，適時的加分、鼓勵，對於學生而言，除了有組別之間的遊戲競爭，更能激起學生學習動力。

同質性分組

面對能力落差，或組內開始有依賴高成就學生的狀況，為了提升動機，我會採用同質性模式刺激學生學習，讓高成就的學生進行同質性共學，中、低成就的學生就必須嘗試合作完成任務。過程中發現，中成就的部分學生能力被激發。此外，我也會因應課程內容，有時改採同質性分組，讓能力不同的學生有各自適合的學習步驟，例如：在〈木蘭詩〉的翻譯大挑戰中，高成就的學生兩兩共學，針對特定難點像是「朔氣傳金柝，寒光照鐵衣」等句，無法順暢翻譯時，教師才去協助引導，其他部分則是讓他們自己完成，在中、低成就學生完成任務後，老師再為高成就學生解惑。

隨機分組

透過觀察學生課堂反應，我會採用以「排」為「組」或左右兩兩共學的模式，進行課堂的分組合作，這樣的模式機動性更高，學生間的磨擦也更少，在課堂實作的過程中，有其便利性。

透過三層次的提問設計，搭配不同的分組模式，目的是希望能夠協助學生進行「有效學習」，當學生不是客人，而是教室中的主角，那麼學習才能發生，知識也才能在教室中流動。

學生的回饋

在實踐MAPS教學法的這一年，學生的回饋總是最真實。設計提問時，總以為一切已了然於胸，然而在師生互動中，再一次看見隱沒於細節中的盲點，讓我知道如何修正才能更有助學生學習；在同學自評的回饋單中，提及在國文學習上的感受，看見孩子的成長與進步，雖然成績未必顯著提升，但當我們願意把學習的權力交回孩子手中，更可以看見孩子在課堂中找到學習的價值。此外，也有學生提及「課堂」變得更有趣。在MAPS教學中，除了「聽、說、讀、寫」的訓練外，還有更多元的遷移展現，學生因為思考，也因為我們給予更多的發揮空間，能從中展現自我，從而體現學習的意義。

回到老師的自身……

看見學生的成長是老師最大的期望。學習的過程從來不輕鬆，但孩子在過程中能養成有意識的思考，從共學走向自學，慢慢在手中長出屬於自己的MAPS，邁向專屬自己的未來。這是老師最開心的一件事！以MAPS教學法進行教學，

▲花蓮的共備夥伴。

5. 分組對於我的學習：

5-1 學習意願

☑讓我很有學習意願　□讓我比較有學習意願　□讓我有一些學習意願

□讓我很少有學習意願，因為：加分會讓人產生攀比心，就會很努力的搶答

5-2 學習表現

☑讓我有更多腦力激盪　□讓我比較有腦力激盪　□讓我有一些腦力激盪

□讓我很少有腦力激盪，因為：狀元搶了那組怎麼辦

6. 加入平板載具的使用你覺得：

6-1 ☑讓我很有學習意願　□讓我比較有學習意願　□讓我有一些學習意願

□讓我很少有學習意願

6-2 因為：可以看到其他人的想方，能將更多的答案彙整起來參考

7. 我還想跟您說：謝謝老師您的用心，每一課都有發講義，而且給你教後感覺自己的國文變好了，您的教學方式很棒我很喜歡，您辛苦了。

5. 分組對於我的學習：

5-1 學習意願

□讓我很有學習意願　☑讓我比較有學習意願　□讓我有一些學習意願

□讓我很少有學習意願，因為：

5-2 學習表現

□讓我有更多腦力激盪　☑讓我比較有腦力激盪　□讓我有一些腦力激盪

□讓我很少有腦力激盪，因為：

6. 加入平板載具的使用你覺得：

6-1 ☑讓我很有學習意願　□讓我比較有學習意願　□讓我有一些學習意願

□讓我很少有學習意願

6-2 因為：加入平板學習後讓我們小組一起互相幫忙完成課堂的學習單。

7. 我還想跟您說：老師辛苦了！加油！

5. 分組對於我的學習：

5-1 學習意願

□讓我很有學習意願　☑讓我比較有學習意願　□讓我有一些學習意願

□讓我很少有學習意願，因為：

5-2 學習表現

□讓我有更多腦力激盪　□讓我比較有腦力激盪　☑讓我有一些腦力激盪

□讓我很少有腦力激盪，因為：

6. 加入平板載具的使用你覺得：

6-1 □讓我很有學習意願　☑讓我比較有學習意願　□讓我有一些學習意願

□讓我很少有學習意願

6-2 因為：這些東西與我們生活連結所以有動力去學

7. 我還想跟您說：您教學方式讓課程不太無聊。

▲學生的回饋。

讓學生不是客人、不是旁觀者，在一來一往的思考拋接中，展現課堂多元的風景。

在種子教師培訓這一年，總有沉思困惑、分享成長的時刻。我是一名新手，不像組內的老師們教學經驗豐富，操作多次的提問設計。在培訓過程中，和夥伴共創、請益，自己總能感受到同組夥伴們對於教育的熱忱，讓我也在不知不覺中變得想要投入更多。每當回到教學現場苦思備課，想不出更好的設計時，每個月與夥伴們的共備，變得極為可貴。在共備的過程中，不管拋出怎樣的問題，老師們都是積極的協助、大力的鼓勵、給出很多的建議，幫助我完善提問單的設計。同時，聆聽大家分享教學的心得、感觸，遭遇各式的問題，而有更多觸發思考的契機。謝謝桃園市東興國中洪婉真老師、桃園市內壢國中林育玫老師、臺中市大華國中廖思婷老師，這些經驗實在太寶貴了！

MAPS種子教師的培訓已然結束，但真正的實踐才剛要啟程。

【國中領域】

8

周盈均／走入 MAPS 帶一片風景走

南投縣中寮鄉爽文國民中學

山中大叔導讀

盈均，一個感性浪漫醉心於文學並理性經營國文課堂的老師，從小鎮遷徙到城市再到偏鄉，始終不忘對自己對學生的承諾。

為什麼一定要離鄉才能得到競爭力？這個大哉問在 MAPS 裡獲得安頓。

我看見盈均的教學方法不斷演進，除了努力讓學生在課堂中感受文學，更在 MAPS 啟發下，讓教學設計更加系統化，課堂運行更有章法，學習路徑更具脈絡，更有效的達到學習目標。

還需要離鄉嗎？盈均給了答案。

在盈均身上，我看見不斷成長和改進的過程，對學生的愛在文字中淋漓盡致，在課堂裡深耕不輟。

下筆前，思考著「拿起這本書翻閱的讀者起心動念會是什麼呢？」我想是「改變」，也是「勇氣」吧！因為這也是我在MAPS教學法的路上不斷在尋找與獲得的。在電影《媽的多重宇宙》裡提到：「每一個過去都是自己的多重宇宙，當時的我迷失在多重宇宙之間，不停的問自己，哪一個才是我想要的自己。靜下心來聽自己心裡的聲音，對抗混亂要更加勇敢。」曾經，我在教學的路上迷失，在教育行政與教學理想之間不停的跳躍，當現實的混亂已看不清來時路的自己，靜下心來聽心裡的聲音，「我是誰？」「我在哪？」「我想要去哪裡？」回想踏上教育路的初衷，找回初心的勇敢，心之所向，帶我找到MAPS課堂風景。

◆羈鳥戀舊林

小鎮出生，都市長大，國中便隨著父母的安排到臺北市讀書，母親說：「外面的競爭力比較好。」我便順勢而行。在學習過程中，心裡卻一直存著疑問：「為什麼一定要離鄉才能得到競爭力？」踏上教育路，選擇實習學校時，我決定離開都市回到小鎮，在心裡許下一個願望：「能不能讓孩子不需要離鄉背井，就能得到有競爭力的學習？」就此埋下了偏鄉教育服務的種子。

修教程那一年，華語熱正開始流行，因此，進入中等教育前，我的教學現場是華語中心。華語教學著重在語言性，國文教學著重在文學性。華語教學的教室裡最重要的教學目標是「說」，運用各種教具與教學法讓「學生」能夠將華語「說」出口；而轉到國文教學，我的課堂卻鴉雀無聲。我任教的第一所學校是山腳下的學校，雖不是偏鄉小校，但地屬郊區。第一年的國文課堂，我幾乎都是流著淚回家的。課堂上學生總是張大眼睛看著老師，手上的筆空轉，似懂非懂，眼神彷彿說著：「老師你快說，我等著寫呢。」卻鮮少回應。文學是要讀出感動的，不該只是一張張測驗卷。我的腦海裡不斷盤旋著：這不是我想要的課堂。

「教室應該是學生的課堂，不只是老師的舞臺。」於是，我開始思考如何讓學生能在課堂上「感受文學」。第一件事是「課本是文集」，先讓學生改變課本封面，用紙書套包裝，並繪製成自己喜好的模樣。接著以學習單設計提問，看見文字更深一層的思考。最後，參與作家學者演講、教學研習、或蒐集生活中各種靈感想法，希望讓學生感受到「文學即生活，生活即文學」。釐清了自己想教什麼、為什麼而教，便以各種教學法，搭配任務型導向的活動等等，希望能活化課堂。幾經嘗試，學生的反應很不錯。一次，被稱為「地獄班」的體育生說：「老師，為什麼不是你講就好，很累耶，這樣都不能睡覺。」我心一驚：「沒錯！就是不讓你睡啊。」學生成為了課堂的主人，我更堅定自己的改變，改變學生對於國文課的思考。然而當下，我的行政業務一年比一年重，時常壓縮備課時間與精力，許多的課程安排常常只能曇花一現，或者提問單混亂而無章法。甚至在配合行政工作下，國文班從三個班降至一個班，也因此讓我在僅存的身為「教師」的意義中，思索我的初衷。

◆路轉溪橋忽見

二〇一五年，對我而言是相當重要的轉捩點，那是充滿轉變與反思的一年，思考著身為老師的初衷，思考著該何去何從；同時這也是許多機會湧上的一年。一個機會的來臨，我轉換跑道，邁向海外華語教學；一個機會的到來，我踏上了偏鄉教師研習——我有一個夢。帶著海外聘約參加夢一研習，原本只是赴同事邀約，再加上對「偏鄉教育」的期望，以為兩天一夜的研習像是小旅行，扛著行李，踏著輕鬆的步伐走入會場。報到時，全場所有人的用心讓我震懾了；研習時，紮實的課程活動安排，完全推翻我對研習的印象。大家共同討論產出心智圖、提問設計，每一個投入學習的神情，是教學現場的一道道光芒，閃耀著對自己教學的使命。身在其中，我深受感動，而帶來希望的那一盞燈——MAPS 教學法，已在我心中點亮。

心中的那一盞燈引領我走入爽文國中。二〇一八年，「因緣際會」來到臺中，我帶著「拜師學技」的心入山，一方面觀摩理想中的課堂，另一方面也希望能走出自己想要的課堂風景。

起初，無論學校環境或學生背景，對我而言都是陌生的，我既要認識學校也要熟悉學生。當時已有數年教學經驗的我，只想把自己過去的認知與經驗一股腦的放入課堂，結果只有一個「慘」字。滿心期待一展抱負的我，只想著「我想教」，卻忘了學生「怎麼學」，因此，一頭熱的教學，學生的反應讓我重挫，甚至一度懷疑自己。我彷彿回到第一年教學，每天幾乎都是流著淚回家的。

靜下來聽聽自己的聲音，反思後，「帶人要帶心，那就從了解學生開始備課吧。」除了課堂對學生的觀察，我也向身邊的夥伴請益，了解爽文國中的學生背景。在教學上，一邊到政忠主任的課堂觀課，一邊在自己的課堂操作 MAPS 教學。由於對於提問設計沒有把握，又深怕耽誤孩子，於是我先保守的「借用」政忠主任的提問單，心想：「一樣的學校、一樣的學生，提問單應該都適用吧！」備課時，我彷彿是學生，先把提問單設想了一遍，如有想不透的地方，再向政忠

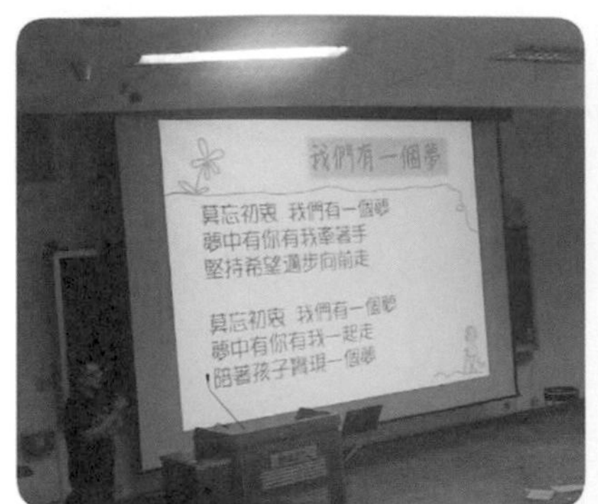

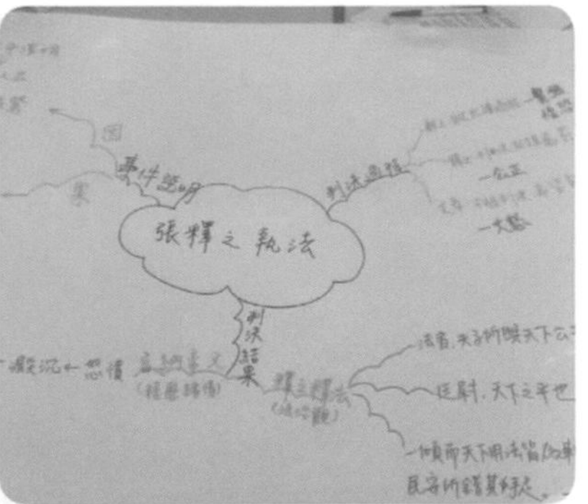

▲參加二〇一五年夢一研習。

▲加入 MAPS 種子教師培訓協作。

主任詢問設題目標。到了課堂上，我就像是大師兄帶著小徒弟般，把師父的功夫「傳達」給小徒弟們。但過程中，我只是運用提問設計單，似乎還談不上什麼教學；這好像是我的課堂，卻又不像是我的課堂。這種「雖不中亦不遠矣」的模糊感覺，始終令我不安，更覺察自己提問能力的缺乏。

◆坐看雲起時

二〇二〇年直搗黃龍，我報名了第三屆 MAPS 種子教師培訓。三天深入的教學工作坊課程，政忠主任手把手的教學與評點，教育夥伴們心連心的共備與分享，從理論到實作，更澈底且踏實的了解與實作 MAPS 教學法，吸取了 MAPS 夥伴們的經驗與意見，帶著滿滿的能量回到自己的課堂。有人說，運動的實踐最難在於穿上布鞋，踏出家門——「改變的力量來自於開始」，於是我決心放手一搏，鼓起勇氣踏出第一步，並期許自己不求跑得快，不求跑得遠，而是在自己的節奏裡持續邁開步伐。

逐步追求精實的文本分析，經由繪製心智圖來確保鞏固的文本架構，再設計出具章法的三層次提問單，以搭建清晰的閱讀鷹架，期許自己能在一步一步的累積中，帶著學生看見更寬廣的閱讀視野。也因為心中有了明確的備課流程、教學目標與文本分析建構出的三層次提問設計，讓教學更具脈絡，課堂上的操作也就更加流暢，與學生的互動也自然提升。當教學地圖清晰，學生的學習也就更有效的抵達目的地。我在 MAPS 教學法看到的不是煙花絢麗的短暫浪漫，而是細水長流的永不止息。

◆橫看成嶺側成峰

課堂實踐一年後，成為夢N實踐家，想把帶給我教學希望的那一盞明燈，傳遞下去。擔任實踐家是教學分享，也是教學檢視，在準備分享的過程中，一方面肯定自己的努力，一方面也省思實踐歷程中的困難，而看到讓教學更好的可能。

三層次提問設計是 MAPS 教學法的靈魂，從基礎題的分析，經由暖身題的鋪墊，到挑戰題的收束，不僅在每一層的分析中建構閱讀理解的鷹架，也在每一層的思考中拆解鷹架，讓學生從文學、哲理的思考看見自己。過去我的教學總是以課為單位，一課一課的提問單帶著學生解讀文本，寫完一課提問單便是教完，彷彿每一課都是新的開始。然而，如果每一個文本的三層次提問設計是一座山峰，帶領學生登高而望遠；那麼，文本與文本間的提問設計則是峰峰相連的山脈，讓學生不只望遠，更能開闊視野。因此，在漸漸掌握三層次提問設計之後，我嘗試讓提問設計在文本與文本間更具

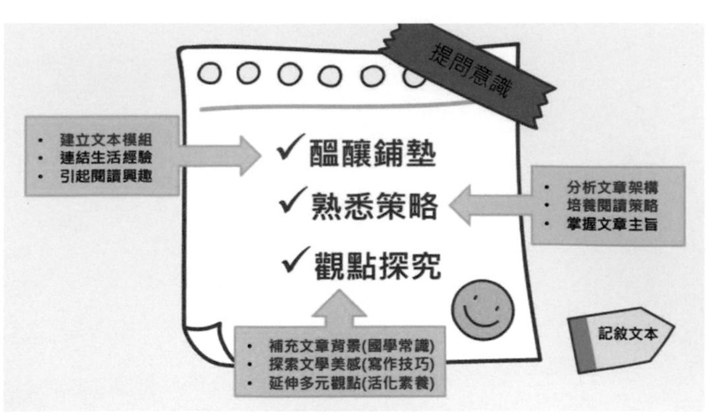

▶ MAPS 教學法的提問意識。

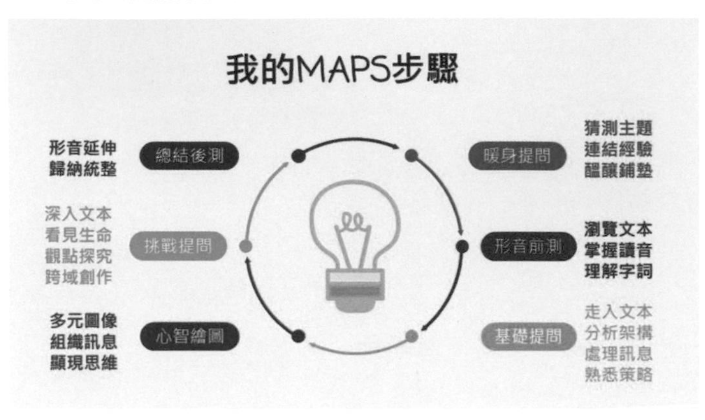

◀我的 MAPS 課堂操作流程。

連結性，以段考導學三篇文本來說，文本間的提問設計目標為：第一篇先建構概念，第二篇再強化基礎，第三篇達活用遷移。

以記敘文本為例，依〈木蘭詩〉、〈空城計〉、〈田園之秋選〉為序。在〈木蘭詩〉的提問設計中，藉由基礎題鞏固學生對記敘文本架構的基本概念，並在挑戰題引導學生認識記敘文本各種寫作手法的「重點」、「要點」。學生在〈木蘭詩〉已搭建的學習鷹架上，進入〈空城計〉的閱讀理解時，藉由三層次的提問設計適時的嵌入〈木蘭詩〉中已建構的文本概念，讓學生明顯感受到學習的實質遷移，致使學生在進入新文本的閱讀經驗具成就感。〈空城計〉是經典的小說文本，有許多精彩的「特點」，例如：人物刻劃、對話設計。老師便能運用提問設計，讓學生在已有的記敘文本概念上，更清楚掌握文本架構；老師則能運用更多的課堂時間處理〈空城計〉寫作手法中的特點以及觀點探究。有了〈木蘭詩〉與〈空城計〉奠定記敘文本的閱讀基礎，學生大多已能熟悉掌握記敘文本的基本架構與寫作手法。在〈田園之秋選〉收束的提問設計中，就能給學生更大的自學空間，引導學生將舊經驗遷移運用，在閱讀過程中自行發現文章的不同之處，例如：補敘法。挑戰題也有更多的餘地，發展讀寫合一與跨域延展的應用與練習。

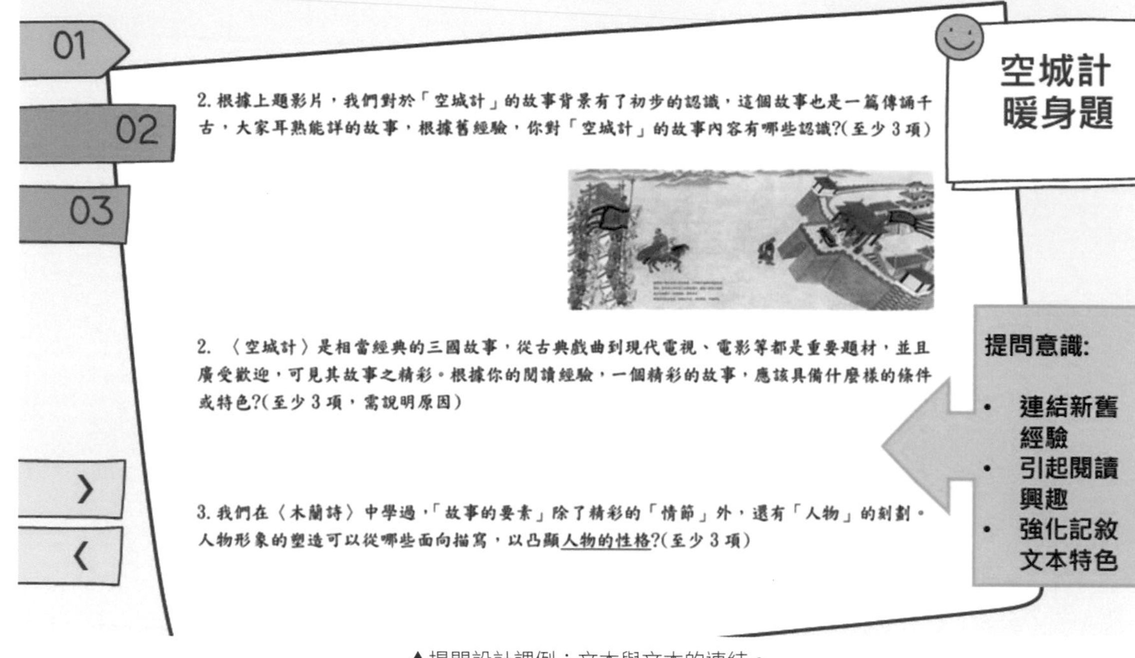

▲提問設計課例：文本與文本的連結。

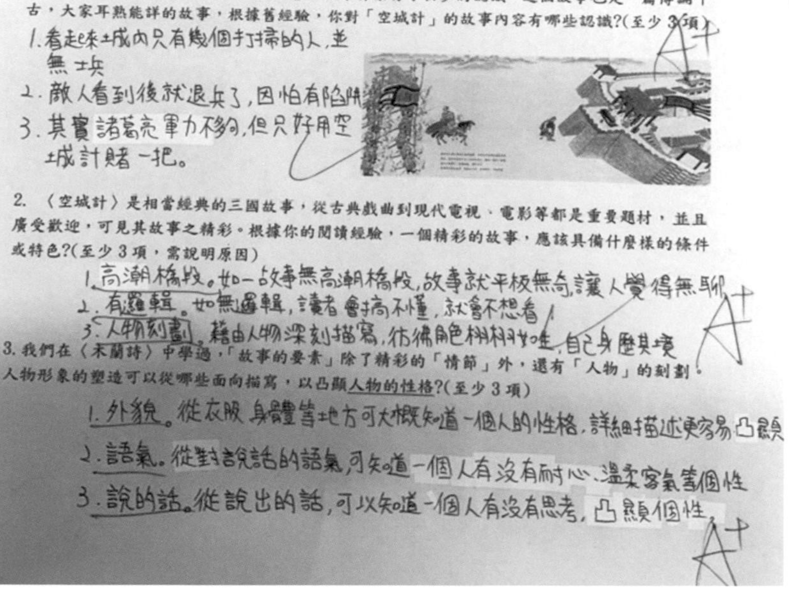

▲〈空城計〉暖身題學生作品。

課堂討論

5. 故事中從各個面向、寫作手法刻畫了人物形象，根據你的閱讀理解分析其中的人物形象。

角色	人物形象	原因
孔明	機智、臨危不亂，值得信任	在面臨絕單的攻打仍面不改色，且冷靜的策畫計，屬下也信賴他。
司馬懿	機智，有自信，疑慮重	料到孔明生平謹慎，且堅信自己的判斷。懷疑有埋伏而退兵。
司馬昭	好戰(勝)心強　聽從父親	不滿意父親的決定，認為孔明是因兵馬不足故作此態，心想進攻，但聽完父親的話後便不再堅持己建

6. 承上題，從小說閱讀中的描寫，你欣賞哪一個角色？為什麼？(可複選)

孔明 & 司馬懿

故事由兩人的爾虞我詐呈現，互相猜疑對方的想法使故事變得精采，首先是司馬懿料孔明心，後卻因此反被孔明利用中計，兩人的表現都十分了不起，若兩人不是敵人，或許真的會成為朋友吧！

▲〈空城計〉挑戰題學生作品之一。

延伸觀點

8.〈空城計〉中刻畫了孔明與司馬懿兩位軍師對峙的情節，根據

為一位軍師應具備哪些條件？你認為誰最適合擔任班上軍師的角色

(1) ①反應力 ④可以信任

②冷靜

③機智

我認為是英航，因為他的點子很多，但我覺得信任度有點低，所以可以找個信任度較高的帥慈一起和作。

明與司馬懿兩位軍師對峙的情節，根據這篇小說內容的刻劃，你認

件？你認為誰最適合擔任班上軍師的角色？為什麼？

色，顧全大局，具領導能力

劃戰略　懂得觀察戰情　帶領軍

曾思旻，因為很有領導能力，點子很多，觀察力好

▲〈空城計〉挑戰題學生作品之二。

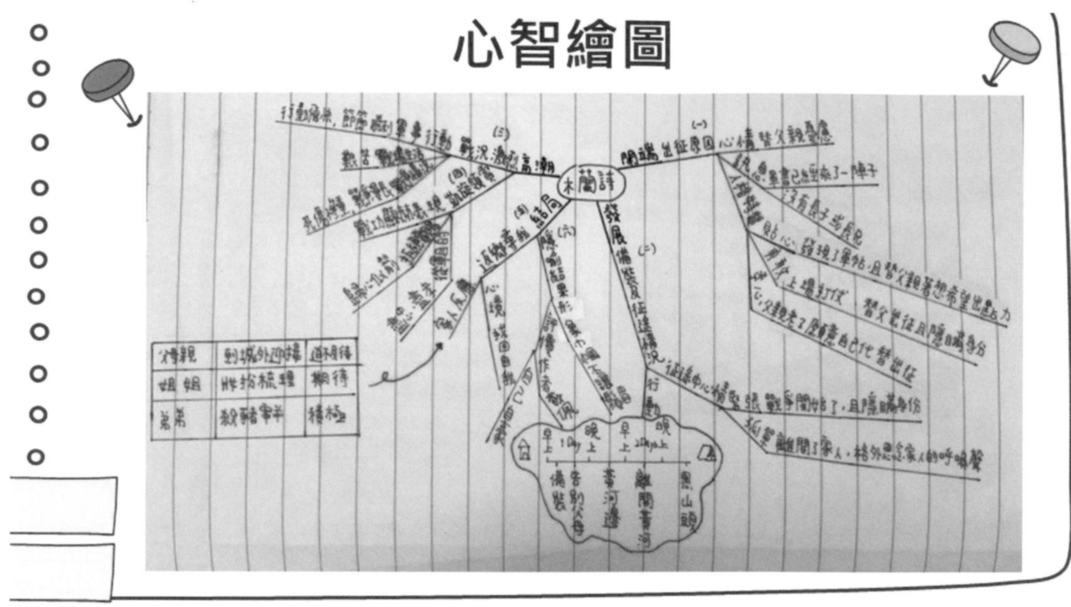

▲心智繪圖課例：〈木蘭詩〉（學生文青筆記）。

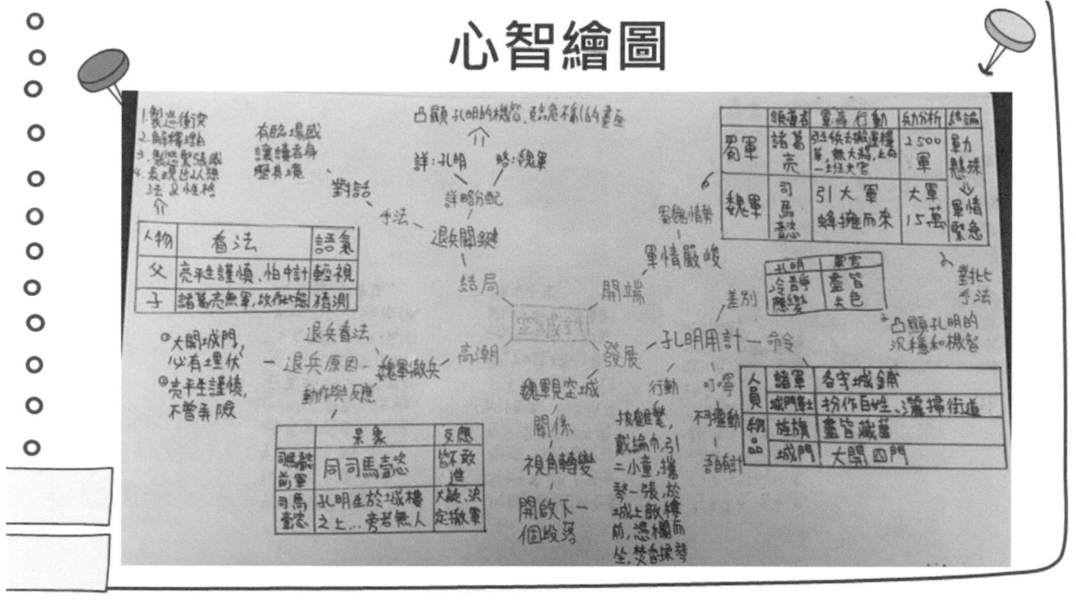

▲心智繪圖課例：〈空城計〉（學生文青筆記）。

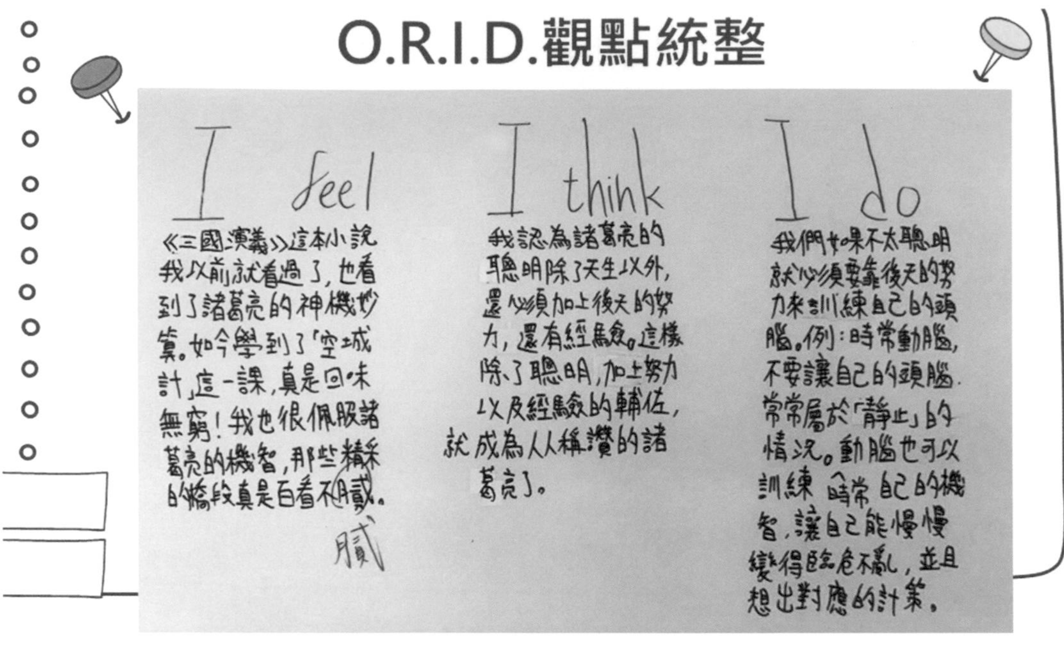

▲運用 ORID 統整全文觀點（學生文青筆記）。

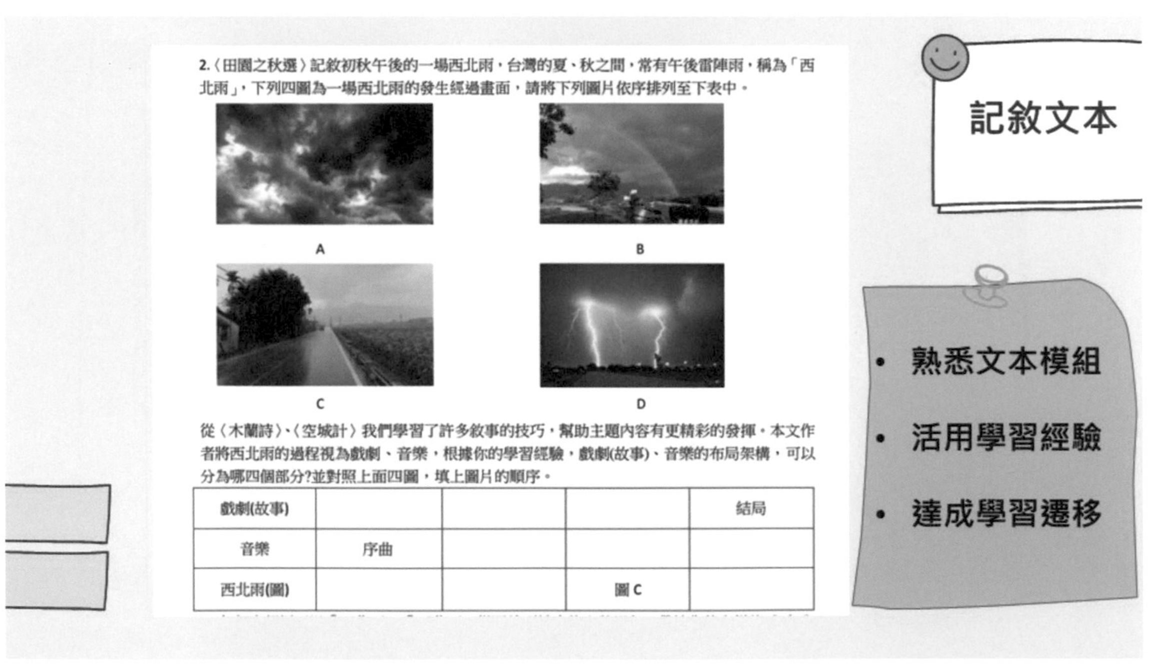

2.〈田園之秋選〉記敘初秋午後的一場西北雨，台灣的夏、秋之間，常有午後雷陣雨，稱為「西北雨」，下列四圖為一場西北雨的發生經過畫面，請將下列圖片依序排列至下表中。

A　B　C　D

從〈木蘭詩〉、〈空城計〉我們學習了許多敘事的技巧，幫助主題內容有更精彩的發揮。本文作者將西北雨的過程視為戲劇、音樂，根據你的學習經驗，戲劇(故事)、音樂的布局架構，可以分為哪四個部分?並對照上面四圖，填上圖片的順序。

戲劇(故事)				結局
音樂	序曲			
西北雨(圖)			圖C	

▲文本與文本的連結：〈田園之秋選〉。

◆ 千錘萬鑿出深山

疫情時代，實體課程與線上課程不停的轉換，科技融入於教學而被迫成長，我再一次面對改變的挑戰，然而，疫情結束後呢？「純文組」的我，對於科技總是「欲迎還拒」，總能找到理由把教學留在舒適圈。當疫情後回歸實體課程，科技融入教學也一併回歸，直到二〇二二年，加入第四屆 MAPS 種子教師培訓的協作，讓我遇見了 T-MAPS，自此能更勇於接受且面對 AI 世代不同的學習需求。

學生的學習差異不只存在於空間，也存在於時間，因此學習的差異不只在城鄉，學習的差異也在世代。空轉的抄寫，書面的查索，限制了學生的學習。MAPS 教學順應時勢，打破時空的限制，將科技融入教學「運用」而進化為 T-MAPS。在 MAPS 種子教師的培訓課程，政忠主任以科技融入引導課程中，學員們彷彿「試用者」一般，體驗並感受到 T-MAPS 的學習力量。當下立刻放入心裡的許願池——將 T-MAPS 帶回我的課堂。

科技融入教學的目的是提升師生的教與學，以達到有效教學。政忠主任在 MAPS 種子教師的培訓課程中，以 Padlet 融入教學，讓我感受到其提升學習效率與動力的目標。有鑑於自己對科技的慣性逃避，於是把心一橫，直接將 Padlet 升級，T-MAPS 勢在必行。教學夥伴看到我的 Padlet 首頁，總是會先驚訝：「你買了？」我的想法是「這是值得的投資」，因此我總開玩笑的說：「年費大概一雙鞋的價錢，鞋子落地會折價，但換成 Padlet 會越用越增值。」經過這段時間的使用，證實這是玩笑話也是事實。

會選擇使用 Padlet 有幾點考量。原先，最吸引我的功能是將學生在 Padlet 上的回應即時轉為 PDF 檔，可便於教課，也可留存並於課後發給學生當作筆記。「課堂是思考討論，回家再筆記複習。」Padlet 的融入讓學生在課堂獲得更多「學習」的機會，回家複習有足夠的時間把知識吸收消化，達到複習的效果。其次，將三層次提問單轉換至 Padlet 頁面十分順暢，並未因使用科技工具增加備課壓力。此外，在課堂討論後的答案分享，不會受限於白板空間，而無法將學生的觀點完整呈現，甚至，科技的融入讓閱讀任務不只是文字的呈現，而是讓 MAPS 教學更多元，學生展能更具空間。

T-MAPS 的核心是 MAPS 教學法，因此 MAPS 三層次提問設計的靈魂不可滅。以此為中心思想，我的 T-MAPS 操作如下：首先，審視原有的三層次提問單，嘗試在原有設題中思考，是否能融入科技輔助教學，讓教學目標更清楚，或對學生學習更有幫助，評估後在適當的題目中加入科技的元素。接著，在 Padlet 教學的第一堂課，先確認學生能使用 iPad 登入 Padlet，再經由老師簡易設題，例如：「給夥伴的一句話」，讓學生了解 Padlet 操作方式。無需擔心花費過多

▶ Padlet 轉 PDF 檔便於分享與統整。

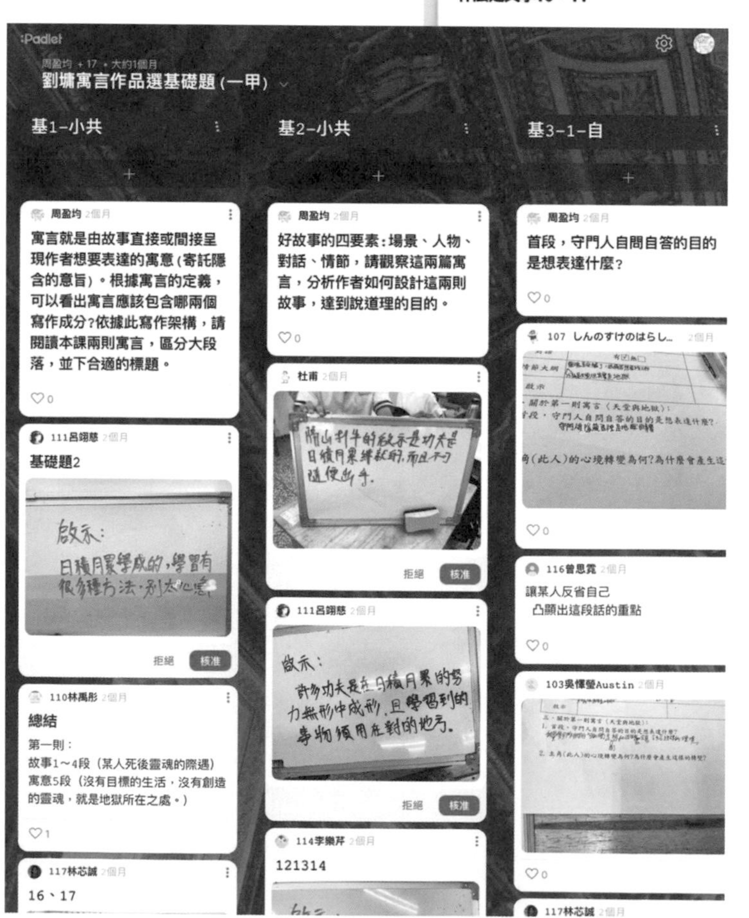

Padlet
劉墉寓言作品選基礎題（一甲）
基1-小共
基2-小共
基3-1-自
寓言就是由故事直接或間接呈現作者想要表達的寓意（寄託隱含的意旨）。根據寓言的定義，可以看出寓言應該包含哪兩個寫作成分?依據此寫作架構，請閱讀本課兩則寓言，區分大段落，並下合適的標題。
好故事的四要素：場景、人物、對話、情節，請觀察這兩篇寓言，分析作者如何設計這兩則故事，達到說道理的目的。
首段，守門人自問自答的目的是想表達什麼?
基礎題2
總結
第一則：
故事1～4段（某人死後靈魂的際遇）
寓意5段（沒有目標的生活，沒有創造的靈魂，就是地獄所在之處。）
讓某人反省自己
凸顯出這段話的重點
121314
16、17

◀學習工具（平板、小白板、提問單、課本）交互運用。

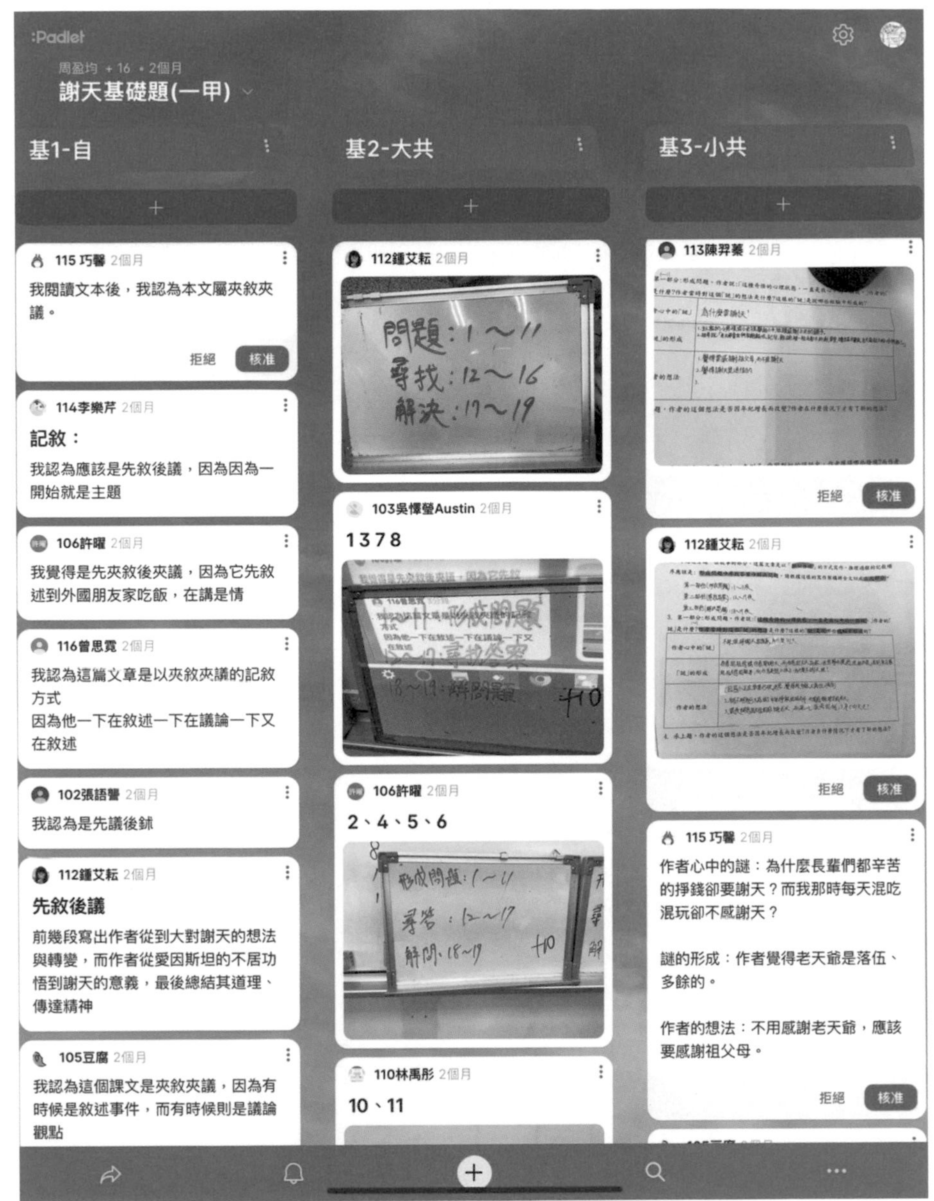

▲ Padlet 頁面的設題與回饋。

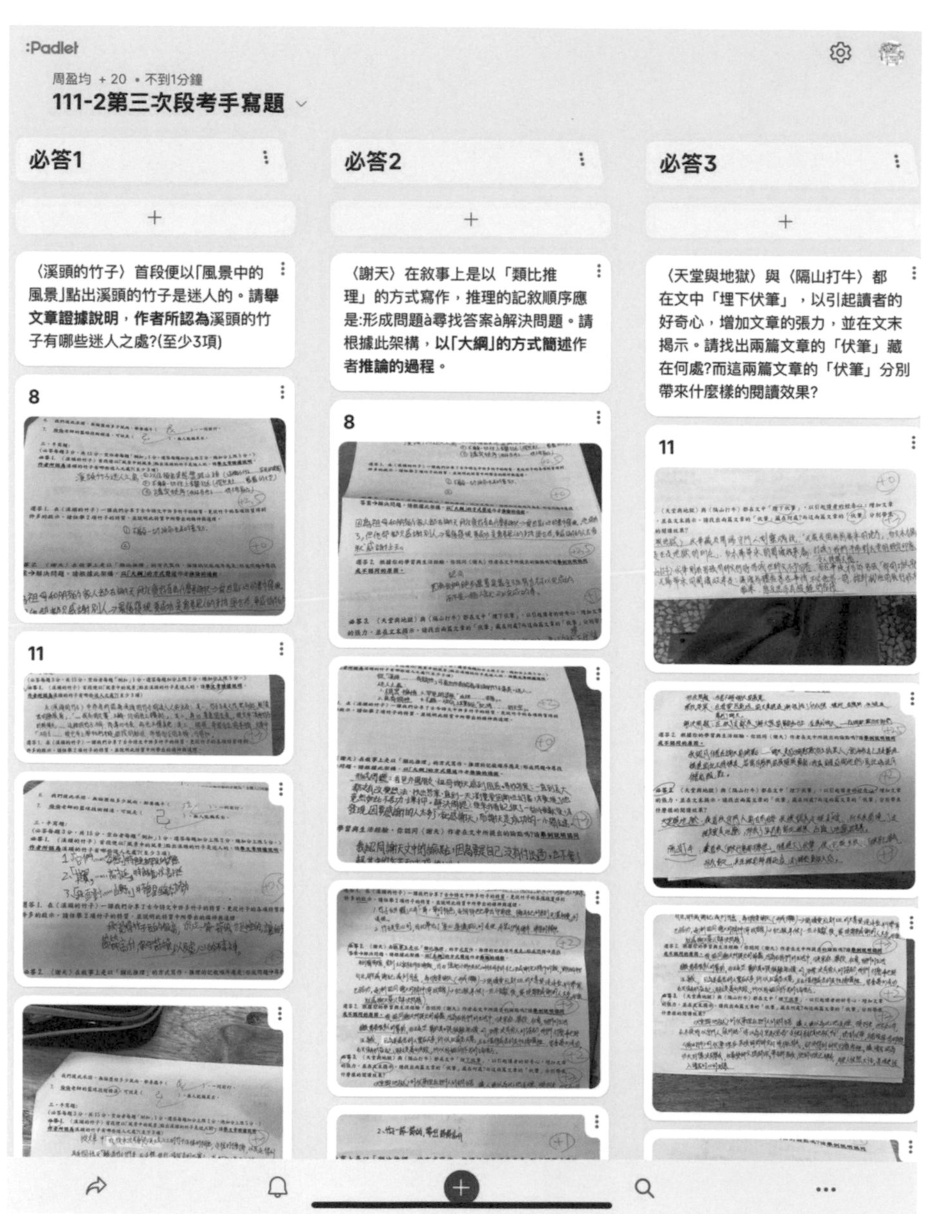

▲運用 Padlet 收集段考手寫題答案並檢討。

課堂時間，如同前言，科技是AI世代的自然存在，學生對於科技工具的使用大多得心應手，因此只要向學生展示功能及相關位置，學生多數能很快摸索出軟體的使用模式。熟悉基本回覆功能後，再進一步嘗試其他功能的靈活運用，例如：錄音錄影、繪畫表格、上網搜尋等。我在第一課〈新詩選〉便嘗試讓學生以Padlet錄製新詩朗讀並上傳，又刻意在提問設計幾題後，不特別指定回答模式，學生已自行摸索其他的回應功能，並且針對問題找出自己需要的答題模式。另外，在課堂流程以及合作學習上的運用，我先將設計好的提問設置於Padlet版面，在大標上設定題號與學習模式：自學、大共（大組共學）、小共（小組共學），如：基礎題第一題由大組共學，便標註「基1－大共」，而詳細題目則設定於第一則貼文，原因是有時題目過長，因版面限制會造成閱讀不便。

操作Padlet的課堂，我大多使用在T-MAPS教學的基礎題與挑戰題。課堂討論中，基礎題是閱讀理解文本，挑戰題是分享多元觀點，學生藉由提問單主動複習、思考，讓自己吸收他人經驗，並達到融會貫通，轉化成更寬廣的思維。每一堂課開始，學生掃描QR Code進入該堂課的Padlet頁面，老師先預告這一節課的任務，學生能夠依據Padlet上的指令，自學或共學依序答題，再由老師掌控每一題的答題時間，最後進行口說發表與統整討論，完成簡要筆記後便自行進入下一階段的回答。每位學生的答題速度不同，不同程度的學生也不會互相干擾，在學生回答的過程中，我也會在自己的頁面上確認學生的答案，適時提醒或提供建議，達到差異化的教學。另外，因爽文國中的段考題中有十五分的手寫題，題目來自三層次提問單的整合，檢討考卷前，我先將題目設於Padlet版面上，再請該題獲得滿分（三分）的同學將答案拍照上傳，課堂上便可藉由同學的答案說明回答要點與評分標準。平時單課的Padlet版面是分班設定，但段考的題目則是兩班整合成一個版面，目的希望學生能彼此觀摩，也能展現完成階段的學習。

◆仁者樂山，智者樂水

MAPS教學法的兼容並蓄是其可貴之處，隨著學習環境、學習對象，教學者能隨之靈活轉化教學，自成一家，而不背離「以學生為本」的理念。王家衛拍攝《一代宗師》籌備十年，拍攝內容從一個人擴展到一群人；政忠主任創立MAPS教學法十年，從一個人的課堂走出一群人的課堂。武術只論武功，不論門派，千拳歸一路，教學亦如是。走入MAPS教學後，每一次的新嘗試都是帶著不安，但我總在每一次的改變後看見學生們驚喜的神情，那灼爍的眼神帶給我無限的勇氣。《一代宗師》：「有燈就有人！」在教學路上，希望我能帶著這一盞明燈，傳承教學的勇氣與希望。

系列——言無盡07

夢的實踐4：MAPS種子教師教學現場紀實

總策劃　王政忠
作者　第四屆MAPS種子教師：丁思與、孫靖婷、蔡惠玉、黃郁珊、葉翠婷、陳美珠、陳綵菁、徐紫庭、林育玫、沈賜宏、許鈴佑、官容任、林岑璟、葉憬忠、周盈均（依篇目順序）
特約編輯　李玉霜
特約校對　林冠妏
美術設計　林恆葦一源生設計
版面編排　黃秋玲
總編輯　顏少鵬
發行人　顧瑞雲
出版者　方寸文創事業有限公司
地址　臺北市106大安區忠孝東路四段221號10樓
傳真　（02）8771-0677
客服信箱　ifangcun@gmail.com
出版訊息　方寸之間 http://ifangcun.blogspot.tw
精彩試閱　方寸文創 http://medium.com/@ifangcun
FB粉絲團　方寸之間 http://www.facebook.com/ifangcun
限量品商店　方寸文創（蝦皮） http://shopee.tw/fangcun
法律顧問　郭亮鈞律師
印務協力　蔡慧華
印刷廠　華展彩色印刷股份有限公司
總經銷　時報文化出版企業股份有限公司
地址　桃園市333龜山區萬壽路二段351號
電話　（02）2306-6842
ISBN　978-626-97934-2-6
初版一刷　2023年12月
定價　新臺幣420元

MAPS教學推廣網站

看更多好書與電子書

方寸文創

Printed in Taiwan

教學沒有最好的一天，只有更好的一天。

國家圖書館出版品預行編目（CIP）資料
夢的實踐4：MAPS種子教師教學現場紀實｜MAPS種子教師合著｜王政忠總策劃｜初版｜臺北市：方寸文創｜2023.12
224面｜26X19公分（言無盡系列：7）｜ISBN 978-626-97934-2-6（平裝）｜
1.CST：教學法 2.系統化教學 3.文集｜521.407｜112018922